W9-CCC-784

BESTSELLER

Roberto Saviano nació en 1979 en Nápoles, donde vivía y trabajaba hasta que en septiembre de 2006 el éxito de *Gomorra*, su primer libro, en el que cita nombres y lugares, le ha obligado a vivir oculto y bajo protección policial permanente. Miembro del grupo de estudios sobre la Camorra y la ilegalidad, y colaborador de los periódicos *Il Manifesto* e *Il Corriere del Mezzogiorno*, sus narraciones y reportajes han aparecido en numerosas publicaciones y antologías.

ROBERTO SAVIANO

Gomorra

Traducción de
**Teresa Clavel y
Francisco J. Ramos Mena**

DEBOLS!LLO

Título original: *Gomorra*

Decimosexta edicion en DeBOLS!LLO: abril, 2009

© 2006, Roberto Saviano
© 2006, Arnoldo Mondadori Editore S.p.A.
© 2007, de la presente edición en castellano para todo el
   mundo:
   Random House Mondadori, S. A.
   Travessera de Gràcia, 47-49. 08021 Barcelona
© 2007, Francisco J. Ramos Mena y Teresa Clavel, por la
   traducción

Printed in Spain – Impreso en España

ISBN: 978-84-8346-846-3
Depósito legal: B-20604-2009

Compuesto en Fotocomposición 2000, S. A.

Impreso en Liberdplex, S.L.U.
Sant Llorenç d'Hortons (Barcelona)

P 868463

Para S., maldición

Comprender qué significa lo atroz,
no negar su existencia,
afrontar sin prejuicios la realidad.

HANNAH ARENDT

Los que vencen,
 cualesquiera que sean los medios empleados,
nunca se avergüenzan.

NICOLÁS MAQUIAVELO

La gente es escoria
y debe seguir siendo escoria.
De una grabación de un teléfono pinchado

El mundo es tuyo.
El precio del poder, 1983

Índice

PRIMERA PARTE

El puerto

El contenedor se balanceaba mientras la grúa lo transportaba hacia el barco. Como si estuviera flotando en el aire, el spreader, el mecanismo que engancha el contenedor a la grúa, no lograba controlar el movimiento. Las puertas mal cerradas se abrieron de golpe y empezaron a llover decenas de cuerpos. Parecían maniquíes. Pero en el suelo las cabezas se partían como si fueran cráneos de verdad. Y eran cráneos. Del contenedor salían hombres y mujeres. También algunos niños. Muertos. Congelados, muy juntos, uno sobre otro. En fila, apretujados como sardinas en lata. Eran los chinos que no mueren nunca. Los eternos que se pasan los documentos de uno a otro. Ahí es donde habían acabado. Los cuerpos que las imaginaciones más calenturientas suponían cocinados en los restaurantes, enterrados en los huertos de los alrededores de las fábricas, arrojados por la boca del Vesubio. Estaban allí. Caían del contenedor a decenas, con el nombre escrito en una tarjeta atada a un cordón colgado del cuello. Todos habían ahorrado para que los enterraran en su ciudad natal, en China. Dejaban que les retuviesen un porcentaje del sueldo y, a cambio, tenían garantizado un viaje de regreso una vez muertos. Un espacio en un contenedor y un agujero en un pedazo de tierra china. Cuando el hombre que manejaba la grúa del puerto me lo contó, se tapó la cara con las manos y siguió mirándome a través del espacio que había dejado entre los dedos. Como si aquella máscara de manos le infundiera valor para hablar. Había visto caer cuerpos y ni siquiera había tenido que dar la voz de alarma, que avisar a nadie. Simplemente había depositado el contenedor en el suelo, y decenas de personas surgidas de la nada los habían metido todos dentro y habían retirado los restos con un aspirador. Así era como funcionaban las cosas. Todavía no acababa de creérselo, esperaba que fuese una alucinación debido al exceso de horas extraordinarias. Juntó los dedos para taparse la cara por completo y prosiguió su relato gimoteando, pero yo ya no entendí lo que decía.

Todo lo que existe pasa por aquí. Por el puerto de Nápoles. No hay producto manufacturado, tela, artículo de plástico, juguete, martillo, zapato, destornillador, perno, videojuego, chaqueta, pantalón, taladro o reloj que no pase por el puerto. El puerto de Nápoles es una herida. Ancha. Punto final de los interminables viajes de las mercancías. Los barcos llegan, entran en el golfo y se acercan a la dársena como cachorros a las ubres, con la diferencia de que no tienen que succionar sino, por el contrario, ser ordeñados. El puerto de Nápoles es el agujero del mapamundi por donde sale lo que se produce en China, o Extremo Oriente, como todavía se divierten en llamarlo los cronistas. Extremo. Lejanísimo. Casi inimaginable. Si uno cierra los ojos ve kimonos, la barba de Marco Polo y una pierna levantada de Bruce Lee dando una patada. En realidad, ese Oriente está más unido al puerto de Nápoles que ningún otro lugar. Aquí, el Oriente no tiene nada de extremo. El cercanísimo Oriente, el vecino Oriente deberían llamarlo. Todo lo que se produce en China es vertido aquí. Como volcar un cubo lleno de agua en un hoyo hecho en la arena: el agua, al caer, erosiona todavía más el hoyo, lo ensancha, lo ahonda. El puerto de Nápoles mueve el 20 por ciento del valor de las importaciones textiles de China, pero más del 70 por ciento de su volumen pasa por aquí. Es una peculiaridad difícil de entender, pero las mercancías tienen una extraña magia, consiguen estar sin que estén, llegar aunque no lleguen nunca, ser caras para el cliente aun siendo de mala calidad, resultar de poco valor para el fisco aun siendo valiosas. Lo cierto es que en el textil hay mercancías de muchas categorías, y basta hacer una marca con el bolígrafo en el impreso correspondiente para bajar radicalmente los costes y el IVA. En el silencio del agujero negro del puerto, la estructura molecular de las cosas parece descomponerse para reagruparse después, una vez fuera del perímetro de la costa. La mercancía debe salir rápidamente del puerto. Todo sucede tan deprisa que mientras está aconteciendo desaparece. Como si nada hubiera pasado, como si todo hubiera sido un simple gesto. Un viaje inexistente, un atraque falso, un buque fantasma, una carga evanescente. Como si nunca hubiera existido. Una volatilización. La mercancía debe llegar a manos del comprador sin dejar rastro del recorrido, debe llegar a su almacén deprisa, inmediatamente, antes de que el tiempo pueda empezar a pasar, el tiempo que podría permitir un control. Toneladas de mercancía se mueven como si fueran un paquete contra reembolso entregado a domicilio por el cartero. En el puerto de Nápoles, en sus 1.336.000 metros cuadrados por 11,5 kilómetros, el tiempo presenta dilataciones únicas. Lo que fuera de allí se tardaría una hora en hacer, en el puerto de Nápoles parece suceder en poco más de un minuto. La lentitud proverbial que en el imaginario hace lentísimos todos y cada uno de los gestos de un napolitano queda aquí invalidada, desmentida, negada. La aduana activa su control en una dimensión temporal que las mercancías chinas rebasan. Despiadadamente veloces. Aquí cada minuto parece asesinado. Una escabechina de minutos, una matanza de segundos hurtados al papeleo, perseguidos por los aceleradores de los camiones, empujados por las grúas, acompañados por las carretillas elevadoras que arrancan las entrañas de los contenedores.

En el puerto de Nápoles opera el mayor armador estatal chino, Cosco, que posee la tercera flota más grande del mundo y ha tomado el control de la mayor terminal de contenedores asociándose con MSC, propietaria de la segunda flota del mundo, con sede en Ginebra. Suizos y chinos se han asociado y han decidido realizar en Nápoles sus inversiones más importantes. Aquí disponen de más de 950 metros de muelles, 130.000 metros cuadrados de terminal de contenedores y 30.000 metros cuadrados exteriores, que absorben prácticamente todo el tráfico en tránsito por Nápoles. Es preciso llevar al límite la imaginación para comprender cómo la inmensidad de la producción china puede descansar sobre la débil plataforma del puerto napolitano. La imagen evangélica parece apropiada: el ojo de la aguja es el puerto y el camello que lo atraviesa son los barcos. Proas que chocan, enormes naves que esperan en fila india fuera del golfo poder entrar entre una confusión de popas que cabecean, emitiendo gruñidos de anclas, chapas y pernos que se introducen lentamente en el pequeño agujero napolitano. Como un ano de mar que se ensancha con gran dolor de los esfínteres.

Pero no. No es así. Ninguna confusión aparente. Todos los barcos entran y salen ordenada y regularmente, o al menos eso parece mirando desde tierra firme. Y sin embargo, ciento cincuenta mil contenedores transitan por aquí. En el puerto se levantan ciudades enteras de mercancías para ser transportadas a otros lugares. La virtud del puerto es la velocidad; la lentitud burocrática, el control meticuloso transforman el guepardo del transporte en un perezoso lento y pesado.

En el muelle siempre me pierdo. El muelle Bausan es exactamente igual que las construcciones de Lego. Una estructura inmensa, pero que parece no tener espacio sino más bien inventárselo. Hay un rincón del muelle que parece un retículo de avisperos. Panales bastardos que llenan una pared. Son miles de tomas de corriente para la alimentación de los contenedores *reefer*, los contenedores con los alimentos congelados y las colas unidas a este avispero. Todos los bocaditos de patata y las varitas de pescado del mundo están almacenados en esos contenedores helados. Cuando voy al muelle Bausan, tengo la sensación de ver por dónde pasan todas las mercancías producidas por la especie humana. Dónde pasan la última noche antes de ser vendidas. Como contemplar el origen del mundo. Por espacio de unas horas transitan por el puerto las prendas que vestirán los niños parisinos durante un mes, las varitas de pescado que comerán en Brescia durante un año, los relojes que ceñirán las muñecas de los catalanes, la seda de todos los vestidos ingleses de una temporada. Sería interesante poder leer en algún sitio no solo dónde se produce la mercancía, sino incluso qué trayecto ha seguido para llegar hasta las manos del comprador. Los productos tienen nacionalidades múltiples, híbridas y bastardas. Nacen a medias en el centro de China, se completan en alguna periferia eslava, se perfeccionan en el nordeste de Italia, se elaboran en Apulia o en el norte de Tirana para acabar en quién sabe qué almacén de Europa. La mercancía tiene en sí misma los derechos de circulación que ningún ser humano podrá tener jamás. Todos los tramos de carretera, los recorridos accidentales y oficiales desembocan en Nápoles. Cuando los barcos se aproximan al puerto, los enormes *fullcontainers* parecen animales ligeros, pero en cuanto entran en el golfo lentamente, acercándose al muelle, se convierten en pesados mamuts de planchas y cadenas con suturas herrumbrosas en los costados que rezuman agua. Barcos en los que imaginas que viven tripulaciones numerosísimas, y en cambio descargan puñados de hombrecillos que te parecen incapaces de controlar esas bestias mar adentro.

La primera vez que vi arribar un barco chino me pareció que estaba ante toda la producción del mundo. Mis ojos no conseguían contar, cuantificar los contenedores presentes. No conseguía llevar la cuenta. Puede parecer imposible no conseguir manejar los números, pero perdía la cuenta, las cifras se elevaban demasiado, se mezclaban.

En la actualidad, en Nápoles se descarga casi exclusivamente mercancías procedentes de China: 1.600.000 toneladas. Las declaradas. Al menos otro millón pasa sin dejar rastro. Según la Agencia de Aduanas, en el puerto de Nápoles el 60 por ciento de la mercancía escapa a la inspección de la aduana, el 20 por ciento de los recibos de aranceles no se comprueban y hay cincuenta mil falsificaciones: el 99 por ciento es de procedencia china, y se calculan doscientos millones de euros de impuestos evadidos al semestre. Los contenedores que deben desaparecer antes de ser inspeccionados se encuentran en las primeras filas. Todos los contenedores están numerados, pero hay muchos con la misma numeración. De este modo, un contenedor inspeccionado da vía libre a todos sus homónimos ilegales. Lo que se descarga el lunes, el jueves puede venderse en Módena o Génova, o acabar en los escaparates de Bonn y Mónaco. Gran parte de la mercancía que es introducida en el mercado italiano solo debería haber estado de paso en el país, pero la magia de las aduanas permite que el punto de paso se convierta en punto de llegada. La gramática de las mercancías tiene una sintaxis para los documentos y otra para el comercio. En abril de 2005, en cuatro operaciones puestas en marcha casi por casualidad, a poca distancia unas de otras, el Servicio de Vigilancia Antifraude de la Aduana se incautó de veinticuatro mil pantalones vaqueros destinados al mercado francés; de cincuenta y un mil objetos procedentes de Bangladesh con el sello «made in Italy»; y de alrededor de cuatrocientos cincuenta mil muñecos —Barbie, Spiderman—, más otros cuarenta y seis mil juguetes de plástico, por un valor total de aproximadamente treinta y seis millones de euros. En unas pocas horas estaba pasando una fina loncha de economía por el puerto de Nápoles. Y del puerto al mundo. No hay hora o minuto en que eso no suceda. Y las lonchas de economía se convierten en chuletones, y después en cuartos de buey y en bueyes enteros de comercio.

El puerto está separado de la ciudad. Un apéndice infestado que nunca ha degenerado en peritonitis, que siempre ha permanecido en el abdomen de la costa. Hay partes desérticas encerradas entre el agua y la tierra, pero que parecen no pertenecer ni al mar ni a la tierra. Un anfibio terrestre, una metamorfosis marina. Humus y basura, años de restos llevados a la orilla por las mareas han creado una nueva formación. Los barcos vacían sus letrinas, limpian las bodegas dejando que la espuma amarilla caiga al agua, las lanchas y los yates purgan motores y ponen orden echándolo todo al cubo de la basura marino. Y todo se concentra en la costa, primero como masa blanda y luego como corteza dura. El sol crea el espejismo de mostrar un mar hecho de agua. En realidad, la superficie del golfo se asemeja al brillo de las bolsas de basura. Las negras. Y más que de agua, el mar del golfo parece una enorme balsa de lixiviados. Los muelles con miles de contenedores multicolores parecen un límite infranqueable. Nápoles está rodeada de murallas de mercancías. Murallas que no defienden la ciudad; al contrario, la ciudad defiende las murallas. No hay ejércitos de descargadores ni románticas poblaciones populares portuarias. Uno se imagina el puerto como un lugar ruidoso, de incesante ir y venir de hombres, de cicatrices y de lenguas imposibles, un frenesí de gente. En cambio, impera un silencio de fábrica mecanizada. Se diría que en el puerto ya no hay nadie; los contenedores, los barcos y los camiones parecen desplazarse animados por un movimiento perpetuo. Velocidad sin estruendo.

Iba al puerto para comer pescado. La proximidad del mar no garantiza la calidad de un restaurante; en el plato encontraba piedras pómez, arena y hasta alguna que otra alga hervida. Las almejas las echaban a la cazuela tal como las pescaban. Una garantía de frescura, una ruleta rusa de infección. Pero hoy día todo el mundo se ha resignado al sabor del criadero, que hace iguales una sepia y un pollo. Para encontrar el indefinible sabor de mar, en cierto modo había que arriesgarse. Y yo corría gustoso ese riesgo. Mientras estaba en el restaurante del puerto, pregunté dónde podía encontrar un alojamiento.

—No tengo ni idea. Aquí cada vez hay menos casas. Las están comprando los chinos…

En cambio, un tipo que destacaba en medio de la sala, corpulento, aunque menos de lo que se hubiera dicho por la voz que tenía, dijo mirándome:

—¡A lo mejor todavía queda algo!

No añadió nada más. Después de que los dos hubiéramos terminado de comer, echamos a andar por la calle que bordea el puerto. Ni siquiera hizo falta que me dijese que lo acompañara. Llegamos al vestíbulo de un edificio casi fantasma, un bloque de pisos dormitorio. Subimos a la tercera planta, donde estaba el único piso de estudiantes que había sobrevivido. Estaban echando a todo el mundo para dejar espacio al vacío. En las casas no debía quedar nada. Ni armarios, ni camas, ni cuadros, ni mesillas de noche… ni siquiera paredes. Solo debía haber espacio, espacio para los fardos, espacio para los enormes armarios de cartón, espacio para las mercancías.

En el piso me asignaron una especie de habitación; más bien habría que decir un cuartito en el que apenas cabían una cama y un armario. No se habló de mensualidad, de facturas que hubiera que compartir, de conexiones telefónicas. Me presentaron a cuatro chicos, mis coinquilinos, y ahí acabó la cosa. Me explicaron que era el único piso realmente habitado del edificio y que servía para alojar a Xian, el chino que vigilaba «los edificios». No tenía que pagar ningún alquiler, pero me pidieron que trabajara todos los fines de semana en los pisos-almacén. Había ido en busca de una habitación y encontré un trabajo. Por la mañana se derribaban las paredes; por la tarde se recogían los restos de cemento, papel pintado y ladrillos. Se metían los escombros en bolsas de basura normales. Echar abajo una pared produce ruidos insospechados. No de piedra golpeada, sino como de cristales que se rompen al caer. Cada piso se convertía en un almacén sin paredes. No me explico cómo puede seguir en pie el edificio en el que trabajé. Más de una vez derribamos varias paredes maestras, conscientes de estar haciéndolo. Pero hacía falta espacio para la mercancía, y la conservación de los productos importaba más que la de cualquier equilibrio de cemento.

El proyecto de almacenar los fardos en los pisos había sido ideado por algunos comerciantes chinos a raíz de que la autoridad portuaria de Nápoles presentara a una delegación del Congreso estadounidense el plan sobre la seguridad. Este último prevé dividir el puerto en cuatro zonas —para cruceros, para cabotaje, para mercancías y para contenedores— y determinar los riesgos en cada una de ellas. Tras la publicación de este plan de seguridad, para evitar que se pudiese obligar a la policía a intervenir, que los periódicos escribieran demasiado tiempo sobre la cuestión e incluso que algunas cámaras de televisión se colaran en busca de alguna escena jugosa, muchos empresarios chinos decidieron que había que cubrirlo todo de un mayor silencio. Debido, asimismo, a un incremento de los costes, había que hacer todavía más imperceptible la presencia de las mercancías. Hacerlas desaparecer en las naves alquiladas en rincones perdidos de la provincia, entre vertederos y campos de tabaco, presentaba el inconveniente de no eliminar el transporte por carretera. Por consiguiente, todos los días entraban al puerto y salían de él no más de diez furgonetas, cargadas de fardos hasta los topes. Solo tenían que recorrer unos metros para llegar a los garajes de los edificios situados frente al puerto. Entrar y salir, bastaba con eso.

Movimientos inexistentes, imperceptibles, perdidos en las maniobras cotidianas del tráfico rodado. Pisos alquilados. Con los tabiques derribados. Garajes que se comunicaban unos con otros, sótanos abarrotados hasta el techo de mercancías. Ningún propietario se atrevía a quejarse. Xian les había pagado todo: alquiler e indemnización por los derribos ilegales. Miles de fardos subían en un ascensor reconvertido en un montacargas. Una jaula de acero metida dentro de los edificios, que hacía deslizarse por sus raíles una plataforma que subía y bajaba continuamente. El trabajo se concentraba en unas horas. La elección de los fardos no era casual. Me tocó descargar a primeros de julio. Un trabajo que cunde, pero que no puedes hacer si no estás entrenado. Hacía un calor tremendamente húmedo. Nadie se atrevía a pedir un aparato de aire acondicionado. Nadie. Y no por miedo a represalias o por una cuestión cultural de obediencia y sumisión. Las personas que descargaban procedían de todos los rincones del mundo. De Ghana, de Costa de Marfil, de China, de Albania… y también de Nápoles, Calabria o Lucania. Nadie pedía nada; todos constataban que las mercancías no pasan calor y eso constituía una razón suficiente para no gastar dinero en acondicionadores.

Amontonábamos fardos de cazadoras, gabardinas, chubasqueros, camisetas de hilo, paraguas. Estábamos en pleno verano; parecía una decisión descabellada proveerse de prendas otoñales en vez de acumular vestidos de tirantes, pareos y chanclas. Sabía que en los pisos-depósito no se acostumbraba a guardar productos como en un almacén, sino solo mercancías para sacar inmediatamente al mercado. Pero los empresarios chinos habían previsto que haría un agosto poco soleado. Nunca he olvidado la lección de John Maynard Keynes sobre el concepto de valor marginal: la diferencia, por ejemplo, entre el precio de una botella de agua en un desierto y el de la misma botella junto a una cascada. En consonancia con ello, ese verano el empresariado italiano ofrecía botellas junto a las fuentes, mientras que el chino construía manantiales en el desierto.

Al cabo de unos días de trabajo en el edificio, Xian vino a dormir a casa. Hablaba un italiano perfecto, con la única peculiaridad de que transformaba ligeramente las «erres» en «uves». Como los nobles decadentes que imita Totò en sus películas. Xian Zhu se había cambiado el nombre por el de Nino. En Nápoles, casi todos los chinos que se relacionan con los nativos se ponen un nombre partenopeo. Es una práctica tan extendida que ya no sorprende oír a un chino presentarse como Tonino, Nino, Pino o Pasquale. Xian Nino, en lugar de dormir, se pasó la noche sentado a la mesa de la cocina, telefoneando y echando de vez en cuando un vistazo a la televisión. Yo estaba acostado, pero resultaba imposible dormir. La voz de Xian no se interrumpía nunca. Su lengua salía disparada de entre los dientes como una ráfaga de ametralladora. Hablaba sin siquiera respirar por la nariz, como en una apnea de palabras. Además, las flatulencias de sus guardaespaldas, que impregnaban la casa de un olor dulzón, habían apestado también mi cuarto. Lo desagradable no era solo el hedor, sino también las imágenes que el hedor suscitaba en tu mente. Rollitos de primavera en proceso de descomposición en sus estómagos y arroz a la cantonesa macerado en los jugos gástricos. Los otros inquilinos estaban acostumbrados. Una vez cerrada la puerta, no existía otra cosa que su sueño. Para mí, en cambio, no existía otra cosa que lo que estaba sucediendo detrás de mi puerta. Así que me presenté en la cocina, espacio común y, por lo tanto, parcialmente mío también. O así debería ser. Xian dejó de hablar y se puso a cocinar. Freía pollo. A mi mente acudían decenas de preguntas que hacerle, de curiosidades, de lugares comunes que quería rascar para ver qué se escondía debajo. Empecé a hablar de la Tríada. La mafia china. Xian seguía friendo. Yo quería pedirle detalles. Aunque solo fueran simbólicos; no pretendía, desde luego, confesiones sobre su afiliación. Le daba a entender que conocía en líneas generales el mundo mafioso chino, como si haber leído las diligencias sumariales equivaliera a poseer un calco de la realidad. Xian llevó el pollo frito a la mesa, se sentó y no dijo nada. No sé si le parecía interesante lo que yo decía. Nunca he sabido y sigo sin saber si formaba parte de aquella organización. Bebió cerveza y luego levantó medio trasero de la silla, se sacó la cartera del bolsillo de los pantalones, rebuscó con los dedos sin mirar y extrajo tres monedas. Las puso sobre la mesa y las cubrió con un vaso boca abajo.

—Euro, dólar, yuan. Esa es mi tríada.

Xian parecía sincero. Ninguna otra ideología, ninguna clase de símbolo y de pasión jerárquica. Beneficio, negocio, capital. Nada más. Tendemos a considerar oscuro el poder que determina ciertas dinámicas y, en consecuencia, lo atribuimos a una entidad oscura: mafia china. Una síntesis que tiende a excluir todos los términos intermedios, todos los traspasos financieros, todos los tipos de inversión, todo aquello que constituye la fuerza de un grupo económico criminal. Desde hacía al menos cinco años, todos los informes de la Comisión Antimafia señalaban «el peligro creciente de la mafia china», pero en diez años de investigación la policía solo se había incautado, en Campi Bisenzio, junto a Florencia, de seiscientos mil euros, de algunas motos y parte de una fábrica. Algo que no se correspondía con una fuerza económica capaz de mover capitales de cientos de millones de euros, según lo que escribían a diario los analistas estadounidenses. El empresario me sonreía.

—La economía tiene un arriba y un abajo. Nosotros entramos por abajo y salimos por arriba.

Antes de irse a dormir, Nino Xian me hizo una propuesta para el día siguiente.

—¿Te levantas temprano?

—Depende…

—Si mañana consigues estar en pie a las cinco, vienes con nosotros al puerto y nos echas una mano.

—¿Haciendo qué?

—Si tienes una sudadera con capucha, póntela, es mejor.

No me dijo nada más, y yo, demasiado interesado en participar en el asunto, tampoco insistí. Hacer más preguntas podría haber comprometido la propuesta de Xian. Me quedaban pocas horas para dormir. Y estaba demasiado nervioso para descansar.

A las cinco en punto estaba listo; en la entrada del edificio se reunieron con nosotros otros chicos. Además de uno de mis compañeros de piso y yo, había dos magrebíes de pelo canoso. Nos metimos en la furgoneta y entramos en el puerto. No sé qué recorrido hicimos ni por qué recovecos nos metimos. Me dormí apoyado en la ventanilla de la furgoneta. Bajamos junto a unas rocas; un pequeño muelle se extendía en el entrante. Allí estaba atracada una lancha, con un enorme motor que parecía una cola pesadísima en relación con la estructura estrecha y alargada de la embarcación. Con las capuchas subidas, parecíamos una ridícula banda de cantantes de rap. Yo creía que la capucha era necesaria para no ser reconocido, pero su única utilidad era proteger de las salpicaduras de agua helada y tratar de conjurar la jaqueca que al amanecer, en mar abierto, se incrusta entre las sienes. Un joven napolitano puso en marcha el motor y otro empezó a conducir la lancha. Parecían hermanos. O por lo menos tenían la cara idéntica. Xian no vino con nosotros. Después de una media hora de viaje, nos acercamos a un barco. Parecía que fuéramos a chocar con él. Era enorme. No conseguía estirar el cuello lo suficiente para ver dónde terminaba el costado. En el mar, los barcos profieren gritos de hierro, como el aullido de los árboles cuando son talados, y siniestros sonidos de vacío que te hacen tragar al menos dos veces una mucosidad salada.

Desde el barco, con una polea, hacían bajar a trompicones una red llena de grandes cajas. Cada vez que el bulto aterrizaba sobre las tablas de la embarcación, esta cabeceaba tanto que me preparaba para darme un chapuzón de un momento a otro. Sin embargo, no acabé en el agua. Las cajas no pesaban desmesuradamente. Pero, después de haber colocado en la popa una treintena, tenía las muñecas doloridas y los antebrazos rojos a causa del continuo roce con los cantos de cartón. Después, la lancha dio media vuelta hacia la costa. Detrás de nosotros, otras dos lanchas se acercaron al barco para recoger más fardos. No habían salido del mismo muelle que nosotros, pero de repente se habían puesto a seguir nuestra estela. Notaba que el estómago se me subía a la garganta cada vez que la lancha golpeaba la superficie del agua con la proa. Apoyé la cabeza sobre unas cajas. Intentaba imaginar por el olor qué contenían. Pegué una oreja para tratar de deducir por el ruido qué había allí dentro. Empecé a experimentar un sentimiento de culpa. Quién sabe en qué había participado sin saberlo, sin haber llevado a cabo una verdadera elección. Condenarme, vale, pero al menos de forma consciente. En cambio, había acabado descargando mercancía clandestina por curiosidad. Creemos estúpidamente que, por alguna razón, un acto criminal debe ser más premeditado y deliberado que un acto inocuo. En realidad, no hay diferencia. Los actos poseen una elasticidad de la que los juicios éticos carecen. Una vez de vuelta en el muelle, vi que los magrebíes eran capaces de bajar de la lancha con dos cajas sobre los hombros. A mí, por el contrario, para hacerme tambalear las piernas me bastaban y me sobraban. En las rocas nos esperaba Xian. Se acercó a una caja enorme con un cúter en las manos y cortó una cinta adhesiva anchísima que unía dos alas de cartón. Eran zapatillas. Zapatillas deportivas, originales, de las marcas más famosas. Modelos nuevos, los últimos, los que todavía no habían llegado a las tiendas italianas. Había decidido descargar en mar abierto por miedo a una inspección de Hacienda. Así, una parte de la mercancía podía ser introducida sin el lastre de los aranceles, los mayoristas la recibirían sin los gastos de aduana. A la competencia se la ganaba con los descuentos. Mercancía de la misma calidad, pero con un 4, un 6, un 10 por ciento de descuento. Porcentajes que ningún agente comercial habría podido ofrecer, y los porcentajes de descuento hacen crecer o morir un negocio, permiten abrir centros comerciales, tener ingresos seguros, y con los ingresos seguros, los avales bancarios. Los precios hay que rebajarlos. Todo debe llegar, moverse deprisa, a escondidas. Comprimirse cada vez más en la dimensión de la venta y de la compra. Un balón de oxígeno inesperado para los comerciantes italianos y europeos. Ese oxígeno entraba por el puerto de Nápoles.

Amontonamos todos los bultos en varias furgonetas. Llegaron las otras lanchas. Las furgonetas iban hacia Roma, Viterbo, Latina, Formia. Xian mandó que nos llevaran a casa.

Todo había cambiado en los últimos años. Todo. De improviso. Repentinamente. Algunos intuyen el cambio, pero todavía no lo comprenden. Hasta hace diez años, el golfo era surcado por planeadoras de contrabandistas. Por la mañana iban montones de minoristas a abastecerse de cigarrillos. Calles abarrotadas, coches llenos de cartones de tabaco, esquinas con silla y mostrador para la venta. Las batallas se libraban entre la guardia costera, la policía aduanera y los contrabandistas. Se cambiaban toneladas de cigarrillos por un arresto no practicado, o uno se dejaba arrestar para salvar toneladas de cigarrillos amontonados en el doble fondo de una planeadora. Noches de guardia, *pali** y silbidos para observar movimientos sospechosos

---

* Personas que vigilan mientras sus cómplices están realizando un acto delictivo, como robar, atracar, vender droga, etcétera. *(N. de los T.)*

de vehículos, walkie-talkies encendidos para dar la señal de alarma e hileras de hombres a lo largo de la costa pasándose deprisa las cajas. Coches saliendo disparados desde la costa apuliense hacia el interior y desde el interior hacia la Campania. Nápoles-Brindisi era un eje fundamental, la ruta de la economía boyante de los cigarrillos baratos. El contrabando, la FIAT del sur, el Estado del bienestar de los sin Estado, veinte mil personas trabajando exclusivamente en el contrabando entre Apulia y la Campania. El contrabando provocó la gran guerra de la Camorra de principios de los años ochenta.

Los clanes de Apulia y la Campania reintroducían en Europa los cigarrillos que ya no estaban sometidos a los monopolios estatales. Importaban miles de cajas al mes de Montenegro y facturaban por ellos quinientos millones de liras. Ahora todo eso se ha acabado, se ha transformado. A los clanes ya no les conviene. Pero, en la realidad, la máxima de Lavoisier tiene valor de dogma: nada se crea y nada se destruye, todo se transforma. En la naturaleza, pero también y sobre todo en las dinámicas del capitalismo. Los productos de uso cotidiano —y ya no el vicio de la nicotina— son el nuevo objeto del contrabando. Está naciendo la guerra, terriblemente despiadada, de los precios. Los porcentajes de descuento de los agentes, de los mayoristas y de los comerciantes determinan la vida y la muerte de cada uno de estos sujetos económicos. Los aranceles, el IVA y la carga máxima de los camiones son lastres para el beneficio, auténticas aduanas de cemento armado para la circulación de mercancías y de dinero. Ahora las grandes empresas trasladan la producción a los países del Este (Rumanía, Moldavia) y a Oriente (China) para tener mano de obra barata. Pero no es suficiente. La mercancía producida a bajo coste tendrá que ser vendida en un mercado al que cada vez más personas acceden con sueldos precarios, ahorros mínimos, mirando el céntimo. La producción no vendida aumenta, y entonces las mercancías, originales, falsas, semifalsas o parcialmente auténticas, llegan en silencio. Sin dejar rastro. De una forma menos visible que los cigarrillos, puesto que no tendrán una distribución paralela. Como si nunca hubieran sido transportadas, como si crecieran en los campos y una mano anónima las hubiera recogido. Si el dinero no apesta, la mercancía, en cambio, perfuma. Pero no trae el olor del mar que ha atravesado ni el de las manos que la han producido, ni tampoco desprende la grasa de los brazos mecánicos que la han montado. La mercancía huele a lo que huele. Ese olor no aparece hasta que llega al mostrador del vendedor, no desaparece hasta que llega a la casa del comprador.

Dejando el mar a nuestras espaldas, llegamos a casa. La furgoneta apenas nos dio tiempo para bajar. Luego volvió al puerto a recoger, recoger, recoger más fardos y mercancías. Subí medio desfallecido al ascensor-montacargas. Me quité la camiseta empapada de agua y de sudor antes de echarme en la cama. No sé cuántas cajas había transportado y colocado, pero la sensación que tenía era la de haber descargado zapatos para los pies de media Italia. Estaba tan cansado como si fuera el final de una jornada ajetreadísima y agotadora. En casa, los otros chicos estaban despertándose. Era primera hora de la mañana.

Angelina Jolie

En los días sucesivos acompañé a Xian a sus reuniones de negocios. En realidad, me había escogido para que le hiciera compañía durante los desplazamientos y las comidas. O me pasaba hablando o no soltaba prenda. Los dos extremos le gustaban. Me enteraba de cómo se sembraba y cultivaba la *simiente* del dinero, de cómo se dejaba en barbecho el terreno de la economía. Llegamos a Las Vegas. Al norte de Nápoles. Aquí llamamos a esa zona Las Vegas por diversas razones. Al igual que Las Vegas de Nevada, está construida en medio del desierto, así que estas aglomeraciones también parecen emerger de la nada. Se llega por un desierto de carreteras. Kilómetros de asfalto, de carreteras inmensas que en unos minutos te llevan fuera de este territorio para conducirte a la autopista hacia Roma, directo hacia el norte. Carreteras hechas no para turismos sino para camiones, no para trasladar a ciudadanos sino para transportar ropa, zapatos, bolsos. Viniendo de Nápoles, estos pueblos aparecen de repente, plantados en el suelo uno junto a otro. Grumos de cemento. Las carreteras se enmarañan a los lados de una recta en la que se alzan sin solución de continuidad Casavatore, Caivano, Sant'Antimo, Melito, Arzano, Piscinola, San Pietro a Patierno, Frattamaggiore, Frattaminore, Grumo Nevano. Marañas de carreteras. Pueblos idénticos que parecen una sola gran ciudad. Carreteras, que partidas por la mitad, una pertenece a un pueblo y la otra, a otro.

Habré oído cientos de veces llamar a la zona de Foggia «Califoggia», o al sur de Calabria «Calafrica» o «Calabria Saudí», o incluso decir «Sahara Consilina» en lugar de Sala Consilina, o «Tercer Mundo» para referirse a una zona de Secondigliano. Pero aquí Las

Vegas es *realmente* Las Vegas. Durante años, cualquier persona que hubiera querido hacer carrera empresarial en este territorio habría podido hacerlo. Convertir el sueño en realidad. Con un préstamo, una liquidación o unos buenos ahorros, montaba su fábrica. Establecía una empresa: si ganaba, obtenía eficiencia, productividad, rapidez, silencios y trabajo a bajo coste. Ganaba como se gana apostando al rojo o al negro. Si perdía, cerraba al cabo de unos meses. Las Vegas. Porque nada era el resultado de precisas planificaciones administrativas y económicas. Zapatos, trajes, prendas de vestir en general, eran producciones que se imponían oscuramente en el mercado internacional. Las ciudades no hacían ostentación de esta valiosa producción. Los productos tenían tanto más éxito cuanto más en silencio y clandestinamente se fabricaran. Territorios que producían desde hacía décadas las mejores prendas de la moda italiana. Y por lo tanto, las mejores prendas de vestir del mundo. No había asociaciones de empresarios, no había centros de formación, no había nada que no fuera el trabajo, la máquina de coser, la pequeña fábrica, los artículos embalados, la mercancía enviada. Nada más que una repetición de estas fases. Cualquier otra cosa era superflua. La formación la llevabas a cabo en la mesa de trabajo, la calidad empresarial la demostrabas ganando o perdiendo. Ni financiaciones, ni proyectos, ni prácticas. De la noche a la mañana, en la arena del mercado. O vendes o pierdes. Con el aumento de los salarios, las casas han mejorado, los automóviles que se compran son de los más caros. Todo sin una riqueza que pueda llamarse colectiva. Una riqueza saqueada, arrebatada con esfuerzo por alguien para llevársela a su propio agujero. Llegaban de todas partes para invertir, fábricas que producían prendas de vestir, camisas, faldas, chaquetas, cazadoras, guantes, sombreros, zapatos, bolsos, carteras para empresas italianas, alemanas, francesas. En esta zona, desde la década de 1950 no hacía falta tener permisos, contratos, espacios. Garajes, sótanos y trasteros se convertían en fábricas. En los últimos años, la competencia china ha acabado con las que fabricaban productos de calidad media. No ha dejado espacio para el desarrollo de las capacidades de los obreros. O trabajas mejor que nadie y deprisa, o alguien será capaz de trabajar mejor y más rápidamente. Un elevado número de personas se han quedado sin trabajo. Los propietarios de las fábricas han acabado machacados por las deudas, por la usura. Muchos viven en la clandestinidad.

Hay un sitio que, con la desaparición de estas fábricas de baja calidad, ha dejado de respirar, de crecer, de sobrevivir. Parece el emblema del fin de la periferia. Con las casas siempre iluminadas y llenas de gente, con los patios abarrotados. Los coches permanentemente aparcados. Nadie sale nunca de allí. De vez en cuando entra alguien. Pocos se detienen. En ningún momento del día reina el silencio, ese que se oye por la mañana cuando todo el mundo se ha ido a trabajar o al colegio. Aquí, en cambio, siempre hay gente, un murmullo continuo de vida. Parco Verde, en Caivano.

Parco Verde despunta nada más salir del eje central, una cuchilla de asfalto que corta a cercén todos los pueblos de los alrededores de Nápoles. Más que un barrio, parece una mole de cemento, ventanas de aluminio que se hinchan como pústulas en todos los balcones. Parece uno de esos sitios que el arquitecto ha proyectado inspirándose en las construcciones de playa, como si hubiese concebido esos edificios pensando en las torres de arena que salen al volcar el cubo. Edificios descarnados, grises. En una esquina hay una capillita minúscula, casi imperceptible. Aunque no siempre ha sido así. Antes era una capilla. Grande, blanca. Un auténtico mausoleo dedicado a un chico, Emanuele, que murió en el trabajo. Un trabajo que en algunas zonas es incluso peor que el trabajo clandestino en las fábricas. Pero es un oficio. Emanuele cometía atracos. Y los cometía siempre los sábados, todos los sábados, desde hacía algún tiempo. Y siempre en la misma carretera. La misma hora, la misma carretera, el mismo día. Porque el sábado era el día de sus víctimas. El día de las parejitas. Y la Nacional 87 es el lugar al que van todas las parejas de la zona. Una carretera de mierda, entre asfalto parcheado y microvertederos. Cada vez que paso por allí y veo a las parejitas, pienso que es preciso echar mano de toda tu pasión para conseguir estar bien en medio de tanta porquería. Justo ahí, Emanuele y dos amigos suyos se escondían, esperaban a que una pareja aparcara, a que apagase los faros del coche. Dejaban pasar unos minutos después de que las luces se hubieran apagado para darles tiempo de desnudarse y, en el momento de máxima vulnerabilidad, aparecían. Rompían la ventanilla con la culata de la pistola y después apuntaban al chico con el arma. Limpiaban a las parejitas y terminaban los fines de semana con decenas de atracos cometidos y quinientos euros en el bolsillo: un botín minúsculo que puede saber a tesoro.

Pero resulta que una noche una patrulla de carabineros los interceptó. Emanuele y sus compinches son tan imprudentes que no prevén que hacer siempre los mismos movimientos y atracar siempre en las mismas zonas es la mejor manera de ser detenido. Los dos coches se persiguen, se embisten y se producen disparos. Después, todo queda en suspenso. Emanuele está muerto en el coche. Tenía una pistola en la mano y había hecho el ademán de apuntar a los carabineros. Lo mataron disparando once veces en pocos segundos. Disparar once veces a quemarropa significa llevar la pistola desenfundada y estar preparado para disparar a la más mínima señal. Disparar para matar y después pensar en hacerlo para que no te maten. Los otros dos habían parado el coche. Los proyectiles habían atravesado el coche como un rayo. Todos atraídos por el cuerpo de Emanuele. Sus amigos habían intentado abrir las ventanillas, pero en cuanto se habían percatado de que Emanuele estaba muerto se habían quedado quietos. Habían abierto las portezuelas sin oponer resistencia a los puñetazos que preceden a cualquier arresto. Emanuele estaba doblado sobre sí mismo, tenía en la mano una pistola falsa. Una de esas de juguete que antes se usaban en el campo para alejar a los vagabundos de los gallineros. Un juguete que se utilizaba como si fuera de verdad. Por lo demás, Emanuele era un chaval que actuaba como si fuera un hombre maduro: mirada asustada que fingía ser implacable, el deseo de un poco de calderilla que fingía ser anhelo de riqueza. Emanuele tenía quince años. Todos lo llamaban simplemente Manù. Tenía un semblante adusto, ceñudo y hosco, uno de esos que asocias al arquetipo de chaval cuya compañía hay que evitar. Emanuele era un chico en este rincón de territorio donde el honor y el respeto no te los dan unas monedas, sino cómo las obtienes. Emanuele formaba parte de Parco Verde. Y no existe error o crimen que pueda borrar la pertenencia a determinados lugares que te marcan a fuego. Todas las familias de Parco Verde habían hecho una colecta. Y habían levantado un pequeño mausoleo. Dentro habían puesto una fotografía de la

Virgen del Arco y un marco con el rostro sonriente de Manù. Apareció también la capilla de Emanuele, entre las otras veinte que los fieles habían construido a todas las vírgenes posibles, una por cada año de desempleo. Pero el alcalde no podía permitir que se construyera un altar a un golfo y mandó una excavadora para que lo derribase. En un instante, la construcción de cemento se desmoronó como un castillo de arena. En cuestión de minutos se corrió la voz por el Parco y los chavales llegaron con ciclomotores y motos donde estaba la excavadora. Nadie pronunciaba palabra. Pero todos miraban al hombre que estaba moviendo las palancas. Bajo el peso de las miradas, el hombre interrumpió su trabajo e hizo ademán de mirar al oficial de los carabineros. Era él quien le había dado la orden. Fue como un gesto para señalar el objetivo de la rabia, para retirar la diana de su pecho. Tenía miedo. Se encerró dentro. Asediado. En un momento empezó el ataque. El hombre consiguió escapar en el coche de la policía. La emprendieron a puñetazos y patadas con la excavadora, vaciaron botellas de cerveza y las llenaron de gasolina. Inclinaron los ciclomotores para verter el carburante en las botellas directamente de los depósitos. Y se pusieron a apedrear los cristales de un colegio cercano al Parco. Si cae la capilla de Emanuele, debe caer todo lo demás. Desde las casas tiraban platos, vasos, cubiertos. Acto seguido, las botellas incendiarias contra la policía. Pusieron en fila los contenedores a modo de barricada. Prendieron fuego a todo lo que pudiese arder y extender las llamas. Se prepararon para la guerrilla. Eran cientos, podían resistir bastante. La revuelta se estaba extendiendo, hasta llegar a los barrios napolitanos.

Entonces llegó alguien, no de muy lejos. Todo estaba rodeado de coches de la policía y de los carabineros, y sin embargo un todoterreno negro consiguió cruzar las barricadas. El conductor hizo una seña, alguien abrió la portezuela y un grupito de revoltosos entró. En poco más de dos horas todo fue desmantelado. Se quitaron los pañuelos de la cara y dejaron que se apagaran las barricadas de basura. Los clanes habían intervenido, pero ve a saber cuáles. Parco Verde es un filón para la Camorra. Todo el que quiere recluta allí la tropa más tirada, mano de obra a la que se paga incluso menos que a los camellos nigerianos o albaneses. Todos buscan a los jóvenes de Parco Verde: los Casalesi —el clan que opera en Casal di Principe—, los Mallardo de Giugliano, los «cachorros» de Crispano. Se convierten en traficantes a sueldo sin porcentaje sobre las ventas. Y más tarde, en chóferes y *pali*, para vigilar territorios en ocasiones a kilómetros de distancia de sus casas. Y con tal de trabajar, ni siquiera piden que les paguen la gasolina. Chicos de confianza, escrupulosos en su trabajo. A veces acaban en la heroína. La droga de los miserables. Alguno se salva, se enrola, ingresa en el ejército y se va lejos; algunas chicas consiguen marcharse para no volver a poner los pies allí. Casi ninguno de las nuevas generaciones es afiliado. La mayoría trabajan para los clanes, pero nunca serán «camorristas». Los clanes no los quieren, no los afilian, los hacen trabajar aprovechando esta gran oferta. No tienen aptitudes, talento comercial. Muchos hacen de correo. Llevan mochilas llenas de hachís a Roma. El motor al máximo de revoluciones, y en una hora y media ya están a las puertas de la capital. No reciben nada a cambio de estos viajes, pero al cabo de unas veinte expediciones les regalan la moto. Lo consideran una ganancia valiosa, casi inigualable, sin duda inalcanzable en cualquier otro trabajo que se pueda encontrar allí. Pero han transportado una mercancía con la que se puede obtener diez veces lo que vale la moto. No lo saben, y no alcanzan a imaginarlo. Si los paran en un control de carretera, los condenarán a penas por debajo de los diez años de prisión, y al no ser afiliados no tendrán los gastos legales pagados ni la asistencia familiar garantizada por los clanes. En la cabeza solo tienen el estruendo del tubo de escape y Roma como meta.

Alguna barricada continuó desfogándose aunque lentamente, según la cantidad de rabia acumulada en el vientre. Luego todo se desinfló. Los clanes no temían la revuelta ni las protestas. Podían pasarse días matándose e incendiando, no habría pasado nada. Pero la revuelta no los habría dejado trabajar. Habría hecho que Parco Verde dejara de ser la cantera de emergencia donde conseguir siempre mano de obra a precio bajísimo. Todo debía volver a la normalidad cuanto antes. Todos debían regresar al trabajo o, mejor dicho, a estar disponibles para el posible trabajo. El juego de la revuelta debía acabar.

Yo había estado en el funeral de Emanuele. En algunas latitudes del mundo, quince años son simplemente un número. Morir a los quince años en esta zona parece, más que ser privado de la vida, adelantar una condena a muerte. En la iglesia había muchos, muchísimos jóvenes, todos con el semblante sombrío; de vez en cuando proferían un grito, e incluso se les oía entonar a coro un estribillo fuera de la iglesia: «Siem-pre con no-so-tros, es-ta-rás siem-pre con no-so-tros... siem-pre con no-so-tros...». Los hinchas suelen cantarlo cuando alguna vieja gloria se retira del fútbol. Parecía que estuvieran en el estadio, pero eran cantos de rabia. Había policías de paisano que intentaban permanecer lejos de los bancos. Todos los habíamos reconocido, pero no había espacio para refriegas. Dentro de la iglesia conseguí identificarlos enseguida; o, mejor dicho, ellos me identificaron a mí al no encontrar rastro de mi cara en su archivo mental. Como para mitigar mi tristeza, uno de ellos se acercó y me dijo:

—Todos estos tienen antecedentes. Tráfico de drogas, robo, encubrimiento, atracos... Alguno hasta hace chapas. No hay ninguno limpio. Aquí, cuantos más mueran, mejor para todos...

Palabras a las que se responde con un puñetazo o con un cabezazo contra el tabique nasal. Aunque en realidad era lo que todos pensaban. Y quizá hasta era un pensamiento sabio. Yo miraba uno por uno a aquellos jóvenes que acabarán en la cárcel por un robo de doscientos euros: escoria, sucedáneos de hombres, traficantes. Ninguno de ellos pasaba de los veinte años. El padre Mauro, el párroco que celebraba el oficio, sabía a quién tenía delante, y también sabía que los niños que estaban a su alrededor no tenían el marchamo de la inocencia.

—Hoy no ha muerto un héroe...

No tenía las manos abiertas, como los sacerdotes cuando leen las parábolas los domingos. Tenía los puños cerrados. Su tono no era en absoluto el propio de las homilías. Cuando empezó a hablar, su voz estaba afectada por una ronquera extraña, como la que sobreviene cuando llevas callado demasiado tiempo. Hablaba con rabia, ninguna compasión por la criatura, ninguna concesión.

Parecía uno de esos sacerdotes sudamericanos que, durante los movimientos guerrilleros en El Salvador, a fuerza de celebrar tantos funerales de matanzas, dejaban de compadecer y empezaban a gritar. Pero aquí nadie conoce a Romero. El padre Mauro posee una rara energía.

Por más responsabilidades que podamos atribuir a Emanuele, no hay que olvidar que tenía quince años. A esa edad, los hijos de las familias que nacen en otros lugares de Italia van a la piscina o a clases de baile. Aquí no. El Padre Eterno tendrá en cuenta el hecho de que el error ha sido cometido por un chico de quince años. Si en el sur de Italia quince años son suficientes para trabajar, decidir atracar, matar y ser matado, son suficientes también para asumir la responsabilidad de tales hechos.

A continuación aspiró con fuerza el aire viciado de la iglesia:

—Pero quince años son tan pocos que nos permiten ver mejor qué hay detrás y nos obligan a repartir la responsabilidad. Quince años es una edad que llama, no con los nudillos sino con las uñas, a la conciencia de aquellos a los que se les llena la boca hablando de legalidad, de trabajo, de esfuerzo.

El párroco acabó la homilía. Nadie entendió del todo lo que quería decir, ni tampoco había autoridades o instituciones. Se produjo un trasiego enorme entre los jóvenes. El ataúd salió de la iglesia, cuatro hombres lo sostenían, hasta que de repente dejó de estar apoyado en sus hombros y empezó a flotar sobre la multitud. Todos lo aguantaban con la palma de las manos, como se hace con las estrellas de rock cuando se lanzan desde el escenario sobre los espectadores. El féretro navegaba por el mar de dedos. Un cortejo de jóvenes en moto formó junto al coche, el largo coche de muertos, preparado para trasladar a Manù al cementerio. Aceleraban. Apretando el freno. El rugido de los motores acompañó el último recorrido de Emanuele. Haciendo chirriar los neumáticos, dejando tronar el tubo de escape. Parecía que quisieran escoltarlo con las motos hasta las puertas del más allá. Al poco, un humo denso y una peste a gasolina lo invadió todo e impregnó la ropa. Intenté entrar en la sacristía. Quería hablar con aquel sacerdote que había pronunciado palabras encendidas. Se me adelantó una mujer. Quería decirle que en el fondo el chico se lo había buscado, que su familia no le había enseñado nada. Luego confesó con orgullo:

—Mis nietos, aunque estén en paro, nunca atracarían a nadie…

Y añadió, nerviosa:

—Pero ¿qué había aprendido ese chico? Nada.

El sacerdote miró al suelo. Iba en chándal. No intentó contestar, ni siquiera la miró a la cara; sin apartar los ojos de las zapatillas de deporte, susurró:

—Lo cierto es que aquí solo se aprende a morir.

—¿Qué dice, padre?

—Nada, señora, nada.

Pero no todos están aquí bajo tierra. No todos han acabado en el pantano del fracaso. Por el momento. Todavía existen fábricas ganadoras. La fuerza de dichas empresas es tal que consiguen hacer frente al mercado de la mano de obra china porque trabajan con las grandes marcas. Velocidad y calidad. Altísima calidad. El monopolio de la belleza de las prendas excepcionales todavía es suyo. El «made in Italy» se construye aquí. Caivano, Sant'Antimo, Arzano… el Las Vegas al completo de la Campania. «El rostro de Italia en el mundo» tiene las facciones de tela adheridas al cráneo desnudo de la provincia napolitana. Las firmas no se atreven a mandarlo todo al Este, a firmar contratos en Oriente. Las fábricas se hacinan en los sótanos, en las plantas bajas de las casas adosadas. En las naves de las afueras de estos pueblos de las afueras. Se trabaja cosiendo, cortando pieles, montando zapatos. En fila. Con la espalda del compañero delante de los ojos y la tuya delante de los ojos del que está detrás de ti. Un obrero del sector textil trabaja unas diez horas al día. Los sueldos oscilan entre quinientos y novecientos euros. Las horas extraordinarias suelen estar bien pagadas. Hasta quince euros más respecto al valor normal de una hora de trabajo. Las empresas raramente superan los diez empleados. En las habitaciones donde se trabaja, destaca una radio o una televisión sobre una repisa. La radio se escucha por la música, y como mucho alguien canturrea. Pero en los momentos de máxima producción, todo está en silencio y solo repiquetean las agujas. Más de la mitad de los empleados de estas empresas son mujeres. Hábiles, nacidas ante las máquinas de coser. Aquí, las fábricas no existen formalmente; ni siquiera existen los trabajadores. Si el mismo trabajo de alta calidad se legalizara, los precios subirían y dejaría de haber mercado, y el trabajo se iría fuera de Italia. Los empresarios de esta zona se saben al dedillo esta lógica. En estas fábricas no suele haber enfrentamientos entre obreros y propietarios. Aquí, la lucha de clases es más blanda que una galleta en remojo. En muchos casos, el patrón es un ex obrero, comparte las horas de trabajo con sus empleados en la misma habitación, en el mismo banco. Cuando se equivoca, paga directamente con hipotecas y préstamos. Su autoridad es paternalista. Se discute por un día de fiesta o por un aumento de unos céntimos. No hay contratos, no hay burocracia. Cara a cara. Y así se delimitan los espacios de concesiones y obligaciones que tienen el sabor de derechos y atribuciones. La familia del empresario vive en el piso de arriba de donde se trabaja. En estas fábricas, muchas veces las empleadas dejan a sus niños a cargo de las hijas del propietario, que se convierten en canguros, o de las madres, que se transforman en abuelas vicarias. Los niños de las empleadas crecen con las familias de los propietarios. Todo esto crea una vida en común, hace realidad el sueño horizontal del posfordismo: hacer que obreros y dirigentes coman juntos, hacer que se relacionen en la vida privada, hacer que se sientan parte de una misma comunidad.

En estas fábricas no hay miradas clavadas en el suelo. Saben que hacen un trabajo excelente y saben que cobran sueldos ínfimos. Pero sin lo uno, no se tiene lo otro. Trabajas para comprar lo que necesitas, de la mejor manera posible, así nadie encontrará motivos para echarte. No hay red de protección. Derechos, causas justas, permisos, fiestas. El derecho te lo ganas. Las fiestas las tienes que implorar. No hay por qué quejarse. Todo sucede como debe suceder. Aquí solo hay un cuerpo, una habilidad, una máquina y un sueldo. No se conocen datos precisos sobre cuántos trabajadores clandestinos hay en esta zona. Ni sobre cuántos están, por el contrario, regularizados, pero se ven obligados a firmar todos los meses nóminas en las que figuran sumas no percibidas.

Xian tenía que participar en una subasta. Entramos en el aula de una escuela primaria. Ningún niño, ninguna maestra; solo cartulinas pegadas en las paredes con enormes letras dibujadas. En el aula esperaba una veintena de personas en representación de sus empresas; Xian era el único extranjero. Solo saludó a dos de los presentes y aun así sin demasiada confianza. Un coche se detuvo en el patio del colegio. Entraron tres personas. Dos hombres y una mujer. La mujer llevaba una falda de piel y zapatos de charol con tacón alto. Todos se levantaron para saludarla. Los tres tomaron asiento y empezaron la subasta. Uno de los hombres trazó tres líneas verticales en la pizarra. Empezó a escribir lo que le dictaba la mujer. La primera columna:

«800».

Era el número de vestidos que había que producir. La mujer enumeró los tipos de tela y la calidad de las prendas. Un empresario de Sant'Antimo se acercó a la ventana y, dando la espalda a todos, propuso su precio y su plazo:

—Cuarenta euros por pieza en dos meses…

Apuntaron en la pizarra su propuesta:

«800 / 40 / 2».

Los semblantes de los otros empresarios no parecían preocupados. Con semejante propuesta no se había atrevido a entrar en los límites de lo imposible. Lo cual, evidentemente, complacía a todos. Pero los comisionistas no estaban satisfechos. La subasta continuó.

Las subastas que las grandes firmas italianas hacen en estos lugares son extrañas. Nadie pierde y nadie gana la contrata. El juego consiste en participar o no en la carrera. Alguien se lanza con una propuesta, dice el plazo y el precio que puede garantizar. Pero, si sus condiciones son aceptadas, no será el único ganador. Su propuesta es como un impulso que los otros empresarios pueden tratar de seguir. Cuando los intermediarios aceptan un precio, los empresarios presentes pueden decidir si participan o no. Los que aceptan reciben el material: las telas. Las hacen enviar directamente al puerto de Nápoles y cada empresario va a recogerlas allí. Pero solo se le pagará a uno, una vez finalizado el trabajo. Al que entregue el primero las prendas confeccionadas, siempre que tengan la máxima calidad. Los otros empresarios que han participado en la subasta podrán quedarse el material, pero no cobrarán un céntimo. Las empresas de la moda ganan tanto así que sacrificar tela no supone una pérdida relevante. Si un empresario deja de entregar varias veces, lo que significa que aprovecha la subasta para obtener material gratis, es excluido de las posteriores subastas. Mediante este sistema, los intermediarios de las firmas se aseguran la rapidez en la producción, porque si alguien intenta retrasar la entrega, otro le quitará el puesto. No hay ninguna prórroga posible para los plazos de la alta costura.

Otro brazo se alzó, para alegría de la mujer sentada tras la mesa. Un empresario bien vestido, elegantísimo.

—Veinte euros en veinticinco días.

Al final aceptaron esta última propuesta. Se le sumaron nueve de veinte. Ni siquiera Xian se atrevió a declararse disponible. No podía coordinar rapidez y calidad en plazos tan cortos y con precios tan bajos. Finalizada la subasta, la mujer tomó nota de los nombres de los empresarios, las direcciones de las fábricas y los números de teléfono. El ganador invitó a comer en su casa. Tenía la fábrica en la planta baja; en el primer piso vivía él con su mujer, y el segundo piso lo ocupaba su hijo. Contaba con orgullo:

—Ahora he pedido permiso para levantar otra planta. Mi otro hijo va a casarse.

Mientras subíamos, seguía hablándonos de su familia, en construcción igual que su chalet.

—No pongáis nunca hombres a controlar a las trabajadoras; no dan más que disgustos. Dos hijos varones tengo yo, y los dos se han casado con nuestras empleadas. Poned maricas. Poned maricas a organizar turnos y controlar el trabajo, como se hacía antes…

Las trabajadoras y los trabajadores subieron a brindar por la contrata. Tendrían que hacer turnos muy estrictos: de las seis de la mañana a las nueve de la noche, con un descanso de una hora para comer, y otro turno de las nueve de la noche a las seis de la mañana. Todas las trabajadoras iban maquilladas, con pendientes y una bata para protegerse de las colas, del polvo, de la grasa de las máquinas. Como Supermán, que se quita la camisa y ya lleva debajo su mono azul, estas chicas, cuando se quitaban la bata, estaban listas para ir a cenar fuera. Los trabajadores, en cambio, iban bastante desaliñados, con sudaderas y pantalones de faena. Después del brindis, el anfitrión se apartó con un invitado. Se escabulló junto con los otros que habían aceptado el precio de subasta. No se escondían, sino que respetaban la antigua costumbre de no hablar de dinero en la mesa. Xian me explicó con todo detalle quién era aquella persona. Era idéntico a la imagen que nos hacemos de los cajeros de banco. Debía anticipar liquidez y estaba discutiendo los tipos de interés. Pero no representaba a un banco. Las firmas italianas solo pagan cuando el trabajo está terminado. Mejor dicho, solo después de haber dado el visto bueno al trabajo. Sueldos, costes de producción e incluso de envío: todo lo adelantan los productores. Los clanes, según su influencia territorial, prestan dinero a las fábricas. En Arzano, los Di Lauro; en Sant'Antimo, los Verde; los Cennamo en Crispano, y así en cada territorio. Estas empresas reciben liquidez de la Camorra con tipos de interés bajos. Entre el 2 y el 4 por ciento. Ninguna empresa podría acceder más que las suyas a los créditos bancarios: producen para la flor y nata italiana, para el mercado de los mercados. Pero son fábricas vacías, y los espectros no son recibidos por los directores de banco. La liquidez de la Camorra es también la única posibilidad para los empleados de acceder a un préstamo. De ese modo, en municipios donde más del 40 por ciento de los residentes vive del trabajo clandestino, seis de cada diez familias consiguen comprar una casa. Los empresarios que no satisfacen las exigencias de las firmas también encontrarán un comprador. Lo venderán todo a los clanes para que lo introduzcan en el mercado de las imitaciones. Toda la moda de las pasarelas, toda la luz de las galas más mundanas procede de aquí. De Nápoles y de Salento. Los centros principales de la industria textil clandestina. Los pueblos de Las Vegas y los de «dintra lu Capu».* Casarano, Tricase, Taviano, Melissano, o sea, Capo di Leuca, el bajo Salento. De aquí parte. De este agujero. Todas las mercancías tienen un origen oscuro. Es la ley del capitalismo. Pero observar el agujero, tenerlo delante, produce una sensación extraña. Una pesadez inquietante. Como tener la verdad en el estómago.

* Lu Capu es Salento en el dialecto de la zona. (N. de los T.)

Entre los empleados del empresario ganador, conocí a uno particularmente hábil. Pasquale. Era una espingarda. Alto, flaco y un poco encorvado: se doblaba a la altura de los hombros, detrás del cuello. Un físico ganchudo. Trabajaba con material y diseños enviados directamente por los diseñadores. Modelos enviados en exclusiva para sus manos. Su sueldo no era distinto, pero lo que se le encargaba sí. En cierto modo parecía satisfecho. Pasquale me cayó bien enseguida. En cuanto vi su narizota. Tenía cara de viejo aunque era un hombre joven. Una cara siempre metida entre tijeras, cortes de tela, dedos aplanando costuras. Pasquale era uno de los pocos que podía comprar directamente la tela. Algunas firmas, confiando en su capacidad, le hacían pedir directamente los materiales a China y después él mismo comprobaba su calidad. Por esa razón, Xian y Pasquale se habían conocido. En el puerto, donde una vez quedamos para comer juntos. Acabada la comida, Xian y Pasquale se despidieron y nosotros montamos enseguida en el coche. Nos dirigíamos hacia el Vesubio. Habitualmente, los volcanes se representan con colores oscuros. El Vesubio es verde. Visto desde lejos, parece un manto infinito de musgo. Pero antes de tomar la carretera que lleva a los pueblos vesubianos, el coche entró en el zaguán de una casa. Allí estaba Pasquale esperándonos. Salió de su coche y se metió directamente en el portaequipajes del coche de Xian. Intenté pedir explicaciones:

—¿Qué pasa? ¿Por qué se mete en el maletero?

—No te preocupes. Ahora vamos a Terzigno, a la fábrica.

Se puso al volante una especie de Minotauro. Había salido del coche de Pasquale y parecía saberse de memoria lo que tenía que hacer. Dio marcha atrás, salió de la cochera y, antes de adentrarse en la carretera, sacó una pistola. Una semiautomática. Le quitó el seguro y se la puso entre las piernas. Yo no dije esta boca es mía, pero el Minotauro veía a través del espejo retrovisor que lo miraba con preocupación.

—Una vez quisieron quitarnos de en medio.

—¿Quién?

Intentaba que me lo explicara todo desde el principio.

—Esos que no quieren que los chinos aprendan a trabajar con la alta costura. Esos que quieren de China las telas y nada más.

No entendía. Seguía sin entender. Xian intervino con su habitual tono tranquilizador.

—Pasquale nos ayuda a aprender. Aprender a trabajar con prendas de calidad que todavía no nos encargan. Aprendemos de él cómo hacer los vestidos...

Después del resumen de Xian, el Minotauro trató de justificar la presencia de la pistola:

—Una vez apareció uno ahí, justo ahí, ¿ves?, en medio de la plaza, y disparó contra el coche. Le dieron al motor y al limpiaparabrisas. Si querían liquidarnos, nos liquidaban. Pero era una advertencia. Aunque si vuelven a intentarlo, esta vez estoy preparado.

Después el Minotauro me explicó que, cuando vas conduciendo, llevar la pistola entre los muslos es la mejor técnica; dejarla en el salpicadero ralentizaría los gestos, los movimientos para cogerla. Para llegar a Terzigno, la carretera ascendía, el embrague olía que apestaba. Más que temer una ráfaga de metralleta, temía que el vaivén del automóvil pudiera hacer que la pistola se disparase en el escroto del conductor. Llegamos sin incidentes. Nada más detenerse el coche, Xian fue a abrir el maletero. Pasquale salió. Parecía un kleenex estrujado intentando estirarse. Se me acercó y dijo:

—Siempre la misma historia... ¡Ni que fuera un fugitivo de la justicia! Pero más vale que no me vean en el coche. Si no...

E hizo el gesto de rebanarse el cuello. La nave era grande. No enorme. Xian me la describía con orgullo. Era de su propiedad, pero en el interior había nueve microfábricas asignadas a nueve empresarios chinos. Al entrar, parecía que estuvieras ante un damero. Cada fábrica tenía sus propios obreros y sus propios bancos de trabajo perfectamente circunscritos dentro de los cuadrados. Xian había concedido a cada fábrica el mismo espacio de que disponían las fábricas de Las Vegas. Las contratas las concedía por subasta. El método era el mismo. Había decidido no dejar que hubiera niños en la zona de trabajo, y los turnos los había organizado igual que lo hacían las fábricas italiana. Además, cuando trabajaban para otras empresas, no pedían dinero anticipado. En resumen, Xian estaba convirtiéndose en un auténtico empresario de la moda italiana.

Las fábricas chinas de China estaban haciendo la competencia a las fábricas chinas de Italia. Por eso Prato, Roma y las Chinatown de media Italia estaban hundiéndose miserablemente: habían experimentado un auge tan rápido que hacía la caída aún más brusca. Las fábricas chinas solo podrían salvarse de un modo: convirtiendo a los obreros en expertos en alta costura, capaces de hacer un trabajo de calidad en Italia. Aprender de los italianos, de los pequeños empresarios diseminados por Las Vegas, dejar de ser productores de artículos de pacotilla para convertirse en referentes de las firmas en el sur de Italia. Quitarles el puesto a las fábricas clandestinas italianas, adoptar su lógica de actuación, ocupar sus espacios, copiar su lenguaje para hacer el mismo trabajo que ellas. Solo que por un poco menos e invirtiendo unas horas más.

Pasquale sacó una tela del maletín. Era un vestido que debería haber cortado y confeccionado en su fábrica. En lugar de eso, realizó la operación sobre una mesa, delante de una cámara de vídeo que lo filmaba y enviaba la imagen a un enorme telón colgado a su espalda. Una chica con un micrófono traducía al chino lo que él decía. Era su quinta clase.

—Debéis tener muchísimo cuidado con las costuras. El cosido debe ser flojo, pero no inexistente.

El triángulo chino. San Giuseppe Vesuviano, Terzigno y Ottaviano. Es el eje del empresariado textil chino. Todo lo que sucede en las comunidades chinas de Italia ha sucedido antes en Terzigno. Las primeras manufacturas, las calidades de producción y también los primeros asesinatos. Aquí mataron a Wang Dingjm, un inmigrante de cuarenta años que había venido en coche desde Roma para participar en una fiesta de compatriotas. Lo invitaron y después le pegaron un tiro en la cabeza. Wang era una cabeza de serpiente, o sea, un guía. Ligado a los cárteles criminales pequineses que organizan la entrada clandestina de ciudadanos chinos. Las diferentes cabezas de serpiente chocan a menudo con los compradores de mercancía humana. Prometen a los empresarios un número de personas que en realidad después no traen. De la misma manera que se mata a un camello cuando se ha quedado una parte de las ganancias, se mata a una cabeza de serpiente porque ha jugado sucio con su mercancía, con los seres humanos. Pero los que mueren no son solo mafiosos. Fuera de la fábrica había una foto colgada en una puerta. La foto de una chica menuda. Una cara bonita, pómulos rosados, ojos tan negros que parecían pintados. Estaba puesta justo en el sitio donde, en la iconografía tradicional, se espera ver el rostro amarillo de Mao. Era Zhang Xiangbi, una chica embarazada a la que habían matado y arrojado a un pozo hacía unos años. Trabajaba aquí. Un mecánico de la zona le había echado el ojo; ella pasaba por delante de su taller, a él le había gustado, y creía que eso era suficiente para tenerla. Los chinos trabajan como animales, se arrastran como culebras, son más silenciosos que los sordomudos, no pueden oponer resistencia ni expresar su voluntad. En la mente de todos, o de casi todos, está ese axioma. Zhang, en cambio, se había resistido, había intentado escapar cuando el mecánico la había abordado, pero no podía denunciarlo. Era china, y a los chinos les está negado cualquier gesto que pueda delatar su existencia. Cuando lo intentó de nuevo, el hombre no soportó el rechazo. La acribilló a patadas hasta hacerle perder el conocimiento y luego le cortó el cuello y echó el cadáver al fondo de un pozo artesiano, donde estuvo días hinchándose a causa del agua y la humedad. Pasquale conocía esa historia, le había impresionado muchísimo; cada vez que daba una clase, tenía el detalle de acercarse al hermano de Zhang y preguntarle cómo estaba, si necesitaba algo, y siempre recibía la misma respuesta:

—No, gracias.

Pasquale y yo nos hicimos muy amigos. Cuando hablaba de los tejidos, parecía un profeta. En las tiendas era puntilloso a más no poder; era imposible pasear con él: se plantaba delante de todos los escaparates para criticar el corte de una chaqueta, o para sentir vergüenza ajena por el diseño de una falda. Era capaz de prever la duración de la vida de unos pantalones, de una chaqueta, de un vestido. El número exacto de lavadas que soportarían esos tejidos antes de estropearse. Pasquale me inició en el complicado mundo de los tejidos.

Había empezado también a ir a su casa. Su familia, sus tres hijos y su mujer me transmitían su alegría. Estaban siempre moviéndose, pero no de un modo frenético. Aquella noche los niños más pequeños también corrían por la casa descalzos. Pero sin alborotar. Pasquale había encendido el televisor y, mientras cambiaba de un canal a otro, se había quedado inmóvil delante de la pantalla, con los ojos fruncidos como un miope pese a que veía de maravilla. Nadie estaba hablando, pero el silencio pareció hacerse más denso. Luisa, su mujer, intuyó algo, porque se acercó al televisor y se llevó las manos a la boca, como cuando se presencia un suceso grave y se ahoga un grito. En la televisión, Angelina Jolie recorría la alfombra de la noche de los Oscar con un traje de chaqueta de raso blanco precioso. Uno de esos hechos a medida, de esos que los diseñadores italianos, disputándoselas, regalan a las estrellas. Ese vestido lo había confeccionado Pasquale en una fábrica clandestina de Arzano. Solo le habían dicho: «Este va a América». Pasquale había hecho cientos de vestidos que habían ido a Estados Unidos. Recordaba perfectamente aquel traje sastre blanco. Todavía recordaba las medidas, todas las medidas. El corte del escote, los milímetros de las muñecas. Y el pantalón. Había pasado las manos por las perneras y todavía recordaba el cuerpo desnudo que todos los modistos imaginan. Un desnudo sin erotismo, dibujado en sus fibras musculares, en sus huesos de porcelana. Un desnudo para vestirlo, una mediación entre músculo, hueso y porte. Había ido a buscar la tela al puerto, aquel día aún lo recordaba perfectamente. Le habían encargado tres vestidos, sin decirle nada más. Sabían a quién estaban destinados, pero nadie le había informado.

En Japón habían ofrecido al modisto de la esposa del heredero al trono un banquete oficial; un periódico berlinés había dedicado seis páginas al modisto de la primera mujer que ocupaba el cargo de canciller en Alemania. Páginas en las que se hablaba de calidad artesanal, de fantasía, de elegancia. Pasquale estaba rabioso, pero era una rabia imposible de exteriorizar. Sin embargo, la satisfacción es un derecho; si existe un mérito, debe ser reconocido. Sentía en lo más hondo, en alguna parte del hígado o del estómago, que había hecho un trabajo excepcional y quería poder decirlo. Sabía que merecía otra cosa. Pero no le habían dicho nada. Se había enterado por ca-

sualidad, por error. Una rabia estéril, que nace cargada de razones
con las que no se puede hacer nada. No podría decírselo a nadie. Ni
siquiera susurrarlo delante del periódico del día siguiente. No podía
decir: «Ese traje lo he hecho yo». Nadie creería una cosa semejante.
La noche de los Oscar, Angelina Jolie lleva un traje hecho en Arzano
por Pasquale. Los dos extremos. Millones de dólares y seiscientos
euros al mes. Cuando todo lo que es posible se ha hecho, cuando talento, habilidad, maestría y tesón se funden en una acción, en una
praxis, cuando todo eso no sirve para cambiar nada, entonces entran
ganas de tumbarse boca abajo sobre la nada, en la nada. Desaparecer
lentamente, dejar pasar los minutos, hundirse en ellos como si fueran
arenas movedizas. Dejar de hacer todo. Y tratar de respirar. Nada más.
Total, nada puede cambiar las condiciones: ni siquiera hacer un traje
para que Angelina Jolie lo luzca la noche de los Oscar.

Pasquale salió de casa sin preocuparse siquiera de cerrar la puerta. Luisa sabía adónde iba, sabía que iría a Secondigliano y sabía a
quién iba a ver. Se dejó caer sobre el sofá y hundió la cabeza en el
cojín, como una niña. No sé por qué, pero cuando Luisa se puso a
llorar me vinieron a la mente unos versos de Vittorio Bodini. Un
poema que hablaba de las estratagemas que empleaban los campesinos del sur para no ser llamados a filas, para no llenar las trincheras
de la Primera Guerra Mundial, en defensa de fronteras cuya existencia desconocían. Decía así:

> En la época de la otra guerra campesinos y contrabandistas / se
> ponían hojas de Xanti-Yaca bajo las axilas / para caer enfermos. / Las
> fiebres artificiales, la presunta malaria / que les hacía temblar y casta-
> ñetear los dientes, / eran su juicio / sobre los gobiernos y la historia.

El llanto de Luisa me pareció también un juicio sobre el gobierno y sobre la historia. No un desahogo. No un disgusto por una
satisfacción no celebrada. Me pareció un capítulo corregido de *El capital* de Marx, un párrafo de *La riqueza de las naciones* de Adam
Smith, un fragmento de la *Teoría general de la ocupación, el interés y el
dinero* de John Maynard Keynes, una nota de *La ética protestante y el es-
píritu del capitalismo* de Max Weber. Una página añadida o suprimida.

Olvidada de escribir o quizá continuamente escrita, aunque no en el espacio de la página. No era un acto desesperado sino un análisis. Severo, detallado, preciso, argumentado. Me imaginaba a Pasquale por la calle, golpeando los pies contra el suelo como cuando te quitas la nieve de las botas. Como un niño que se asombra de que la vida deba ser tan dolorosa. Hasta entonces había salido adelante. Había conseguido reprimirse, ejercer su oficio, querer ejercerlo. Y hacerlo mejor que nadie. Pero en aquel momento, cuando vio aquel traje, aquel cuerpo moviéndose dentro de la tela que él había acariciado, se sintió solo. Solísimo. Porque cuando alguien experimenta una cosa solo en el perímetro de su propia carne y de su propio cráneo es como si no la supiera. Y por lo tanto, cuando el trabajo solo sirve para mantenerse a flote, para sobrevivir, solo para uno mismo, entonces es la peor de las soledades.

Volví a ver a Pasquale dos meses después. Lo habían puesto a trabajar con los camiones. Transportaba todo tipo de mercancías —legales e ilegales— para las empresas vinculadas a la familia Licciardi de Secondigliano. O por lo menos, eso decían. El mejor modisto del mundo conducía los camiones de la Camorra entre Secondigliano y el lago de Garda. Me invitó a comer y me dio un paseo con su enorme camión. Tenía las manos rojas y los nudillos agrietados. Como a todos los camioneros que se pasan horas al volante, se le helaban las manos y tenía mala circulación. La expresión de su cara no era serena, había escogido ese trabajo por despecho, por despecho a su destino, una patada en el culo a su vida. Pero era imposible seguir soportándolo, aunque mandarlo todo al diablo significaba vivir peor. Mientras comíamos, se levantó para ir a saludar a unos amigos. Dejó la cartera encima de la mesa. Vi sobresalir una página de revista doblada en cuatro. La desplegué. Era una foto, una portada de Angelina Jolie vestida de blanco. El vestido confeccionado por Pasquale. La chaqueta directamente sobre la piel. Había que tener talento para vestirla sin esconderla. El tejido debía acompañar el cuerpo, delinearlo haciendo que los movimientos lo marcaran.

Estoy seguro de que algunas veces a Pasquale, cuando está solo, quizá después de comer, cuando en casa los niños, cansados de jugar, se duermen boca abajo en el sofá, cuando su mujer, antes de fregar los platos, se pone a hablar por teléfono con su madre, justo en ese momento se le ocurre abrir la cartera y mirar aquella página de revista. Y estoy seguro de que, mirando esa obra maestra que creó con sus manos, Pasquale es feliz. Una felicidad rabiosa. Pero eso no lo sabrá nunca nadie.

El Sistema

Era el Sistema el que había alimentado el gran mercado internacional de la confección, el enorme archipiélago de la elegancia italiana. Las empresas, los hombres, los productos del Sistema habían llegado a todos los rincones del planeta. Sistema, un término que aquí todo el mundo conoce pero que en otros sitios todavía no ha sido descifrado, una referencia desconocida para quien no está al corriente de las dinámicas del poder de la economía criminal. Camorra es una palabra inexistente, de policía. Utilizada por jueces y periodistas, y por guionistas. Es una palabra que hace sonreír a los afiliados, es una designación genérica, un término de estudiosos, relegado a la dimensión histórica. El término con el que se refieren a sí mismos los pertenecientes a un clan es Sistema: «Pertenezco al Sistema de Secondigliano». Un término elocuente, un mecanismo más que una estructura. La organización criminal coincide directamente con la economía, la dialéctica comercial es la osamenta del clan.

El Sistema de Secondigliano ya dirigía toda la cadena del textil, la periferia de Nápoles era el verdadero territorio productivo, el verdadero centro empresarial. Todo lo que en otros sitios era imposible a causa de la rigidez de los contratos, de la ley, del copyright, en el norte de Nápoles se conseguía. La periferia, estructurándose en torno al poder empresarial del clan, permitía mover capitales astronómicos, inimaginables para cualquier conglomerado industrial legal. Los clanes habían creado polígonos industriales enteros de producción textil y de fabricación de zapatos y de peletería capaces de producir vestidos, americanas, zapatos y camisas idénticos a los de las grandes casas de moda italianas.

Disponían en el territorio de una mano de obra de altísima calidad, que se había formado trabajando a lo largo de décadas en las grandes prendas de la alta costura, en los más importantes diseños de los creadores italianos y europeos. Los mismos oficiales que habían trabajado de forma clandestina para las firmas más importantes eran contratados por los clanes. No solo la ejecución era perfecta, sino que incluso los materiales eran los mismos, se compraban directamente en el mercado chino o eran los que enviaban las firmas a las fábricas clandestinas que participaban en las subastas. Así pues, la ropa pirateada por los clanes secondiglianeses no era la típica mercancía falsificada, la pésima imitación, lo parecido hecho pasar por verdadero. Era una especie de copia auténtica. A la prenda solo le faltaba el último paso, el permiso de la casa madre, su marca, pero ese permiso los clanes se lo adjudicaban sin pedir nada a nadie. Por lo demás, en ninguna parte del mundo el cliente estaba interesado por la calidad y el modelo. La marca estaba, luego la calidad también. Ninguna diferencia, pues. Los clanes secondiglianeses habían creado una red comercial que se extendía por todo el mundo, en condiciones de adquirir cadenas enteras de tiendas y, por lo tanto, de dominar el mercado internacional de la confección. Su organización económica también preveía el mercado del outlet. Producciones de calidad apenas inferior tenían otro mercado, el de los distribuidores ambulantes africanos, los puestos en las calles. Se aprovechaba toda la producción, sin desechar nada. Desde la fábrica hasta la tienda, desde el minorista hasta la distribución, participaban cientos de empresas y de talleres, miles de brazos y de empresarios que empujaban para entrar en el gran negocio textil de los secondiglianeses.

Todo estaba coordinado y gestionado por el Directorio. Oía pronunciar constantemente ese término. En cualquier conversación de bar que tratara sobre algún negocio o sobre la simple queja habitual por la falta de trabajo: «Ha sido el Directorio el que ha tomado esa decisión», «Es el Directorio el que debería moverse y hacer las cosas todavía más a lo grande». Parecían fragmentos de un discurso de la época napoleónica. Directorio era el nombre que los magistrados de la DDA (Dirección de Distrito Antimafia) de Nápoles habían dado a una estructura económica, financiera y operativa compuesta por empresarios y boss representantes de diferentes familias de la Camorra de la zona norte de Nápoles. Una estructura con cometidos propiamente económicos. El Directorio, como el órgano colegial del Termidor francés, representaba el poder real de la organización más que las baterías de fuego y los sectores militares.

Formaban parte del Directorio los clanes correspondientes a la Alianza de Secondigliano, el cártel camorrista que congregaba a diversas familias: Licciardi, Contini, Mallardo, Lo Russo, Bocchetti, Stabile, Prestieri, Bosti y también, en un nivel de más autonomía, los Sarno y los Di Lauro. Un territorio sometido desde Secondigliano, Scampia, Piscinola, Chiaiano, Miano y San Pietro a Paterno hasta Giugliano y Ponticelli. Una estructura federativa de clanes que se han hecho cada vez más autónomos, dejando que se disgregue definitivamente la estructura orgánica de la Alianza. Por el lado de la producción, en el Directorio figuraban empresarios de varias sociedades, como Valent, Vip Moda, Vocos y Vitec, que confeccionaban en Casoria, Arzano y Melito las copias de Valentino, Ferré, Versace y Armani que después se vendían en todos los rincones de la tierra. La investigación de 2004, coordinada por el fiscal Filippo Beatrice, de la DDA de Nápoles, había puesto al descubierto el imperio económico de la Camorra napolitana. Todo había empezado por un detalle, uno de esos que pueden pasar inadvertidos. Una tienda de ropa de Alemania, Nenentz Fashion, en Dresdner Strasse 46, en Chemnitz, había contratado a un boss de Secondigliano. Un hecho extraño, insólito. En realidad, la tienda, puesta a nombre de un testaferro, era de su propiedad. Siguiendo esta pista, salió a la luz toda la red productiva y comercial de los clanes secondiglianeses. La DDA de Nápoles había conseguido, a través de los arrepentidos y de las escuchas telefónicas, reconstruir todas las cadenas comerciales de los clanes, desde los almacenes hasta las tiendas.

No había sitio donde no hubieran establecido sus negocios. En Alemania había tiendas y almacenes en Hamburgo, Dortmund, Frankfurt; en Gneisenaustrasse 800 y en Witzlebenstrasse 15 de Berlín estaban las tiendas Laudano. En España estaban en el paseo de la Ermita del Santo 30 de Madrid y también en Barcelona; en Bélgica, en Bruselas; en Portugal, en Oporto y en Boavista; en Austria, en Viena;

en Inglaterra había una tienda de chaquetas en Londres; en Irlanda, en Dublín; en Holanda, en Amsterdam; y también estaban en Finlandia y en Dinamarca, en Sarajevo y en Belgrado. En la otra orilla del Atlántico, los clanes secondiglianeses habían invertido tanto en Canadá como en Estados Unidos y habían llegado a Sudamérica. Se encontraban en el 253 Jevlan Drive de Montreal y en Woodbridge, en Ontario. La red estadounidense era inmensa: millones de vaqueros habían sido vendidos en las tiendas de Nueva York, Miami Beach, New Jersey y Chicago, y habían monopolizado casi por completo el mercado de Florida. Los propietarios de tiendas y centros comerciales estadounidenses querían tratar exclusivamente con intermediarios secondiglianeses. Prendas de vestir de alta costura, de los grandes diseñadores, a precios asequibles permitían que sus centros comerciales se llenaran de gente. Las marcas impresas en los tejidos eran perfectas.

En un taller de las afueras de Nápoles se encontró una matriz para imprimir la cabeza de medusa de Versace. En Secondigliano se había corrido la voz de que el mercado estadounidense estaba dominado por la ropa del Directorio, y eso facilitaría las cosas a los jóvenes que querían ir a Estados Unidos a hacer de agentes comerciales, a raíz del éxito de los vaqueros de Vip Moda que llenaban las tiendas de Texas, donde se vendían como vaqueros de Valentino.

Los negocios se expandían también por el otro hemisferio. En Australia, el Moda Italiana Emporio de New South Wales, 28 Ramsay Road, Five Dock, se había convertido en uno de los lugares preferidos para comprar ropa elegante, y también en Sidney tenían almacenes y tiendas. En Río de Janeiro y São Paulo, en Brasil, los secondiglianeses dominaban el mercado de la moda. En Cuba tenían pensado abrir una tienda para los turistas europeos y estadounidenses, y en Arabia Saudí y en el Magreb hacía tiempo que habían empezado a invertir. El mecanismo de distribución que utilizaba el Directorio era el de los almacenes. Así los llamaban en las conversaciones telefónicas intervenidas: son auténticos centros de distribución de hombres y mercancías. Depósitos a los que llegaba todo tipo de prendas. Los almacenes eran el centro de la red comercial al que acudían los agentes para retirar la mercancía que se distribuía a las tiendas de los clanes o a otros minoristas. La lógica venía de lejos. De los vendedores ambulantes napolitanos que, después de la Segunda Guerra Mundial, habían invadido medio mundo recorriendo kilómetros cargados de bolsas llenas hasta los topes de calcetines, camisas y chaquetas. Aplicando a una escala mucho mayor su antigua experiencia mercantil, los vendedores ambulantes se convirtieron en verdaderos agentes comerciales capaces de vender en cualquier sitio: desde los mercadillos hasta los centros comerciales, desde los aparcamientos hasta las estaciones de servicio. Los vendedores ambulantes más capacitados podían dar el salto cualitativo y tratar de vender grandes partidas de prendas directamente a los minoristas. Según las investigaciones, algunos empresarios organizaban la distribución de las copias y ofrecían asistencia logística a los agentes, a los «ambulantes». Anticipaban los gastos de viajes y de estancia, proporcionaban coches y furgonetas, en caso de detención o de decomiso de las prendas garantizaban asistencia legal. Y evidentemente se embolsaban el dinero de las ventas. Negocios con una facturación anual que rondaban los trescientos millones de euros para cada familia.

Las firmas de la moda italiana empezaron a protestar contra el gran mercado de las copias gestionado por los cárteles de los secondiglianeses a partir del momento en que la Fiscalía Antimafia descubrió todo el mecanismo. Hasta entonces no habían diseñado una campaña publicitaria contra los clanes, nunca habían hecho ninguna denuncia ni habían revelado a la prensa los mecanismos de producción paralela que padecían. Resulta difícil comprender por qué las firmas nunca se han opuesto a los clanes. Los motivos podrían ser múltiples. Denunciar el gran mercado significaba renunciar para siempre a la mano de obra a bajo coste que utilizaban en la Campania y Apulia. Los clanes habrían cerrado los canales de acceso a las fábricas textiles napolitanas y obstaculizado las relaciones con las fábricas del este de Europa y de Oriente. Denunciar habría comprometido miles de contactos de venta en las tiendas, puesto que muchísimos puntos comerciales eran gestionados directamente por los clanes. En muchos sitios, la distribución, los agentes y el transporte son emanaciones directas de las familias. Denunciar habría supuesto sufrir incrementos de los precios en la distribución. Por lo demás, los clanes no cometían delito alguno que destrozara la imagen de las firmas, sino que aprovechaban simplemente su filón publicitario y simbólico. Producían las prendas sin estropearlas, sin enturbiar la calidad o los modelos. Conseguían no hacer una competencia simbólica a las firmas, sino difundir cada vez más productos cuyos precios de mercado los habían vuelto prohibitivos para el gran público. Difundían la marca. Si ya casi nadie se pone las prendas, si acaban por verse solo en los cuerpos de las modelos de las pasarelas, el mercado se apaga lentamente y el prestigio se debilita. Por otro lado, en las fábricas napolitanas se producían vestidos y pantalones falsos de tallas que las firmas, por cuestiones de imagen, no producen. Los clanes, en cambio, no se planteaban cuestiones de imagen ante la posibilidad de obtener beneficios. A través de la copia auténtica y del dinero del narcotráfico, los clanes secondiglianeses habían logrado comprar tiendas y centros comerciales donde los productos auténticos y los falsificados se mezclaban cada vez más, impidiendo distinguirlos. El Sistema había sostenido en cierto modo el imperio de la moda legal pese al aumento de los precios; más aún, aprovechando la crisis del mercado. El Sistema, ganando cifras cada vez más elevadas, había continuado difundiendo el «made in Italy» por todo el mundo.

En Secondigliano se habían dado cuenta de que la vasta red internacional de puntos de venta era su negocio más exclusivo, por delante del de la droga. En muchos casos, los recorridos del narcotráfico se realizaban a través de los canales de venta de ropa. La fuerza empresarial del Sistema no se detuvo en la confección, invirtió también en tecnología. Según lo que muestra la investigación de 2004, los clanes traen de China y distribuyen por Europa a través de su red comercial diversos productos *hi-tech*. Europa tenía el contenedor, la marca, la fama, la publicidad; China tenía el contenido, el producto en sí, la producción a bajo coste, los materiales a precios irrisorios. El Sistema de la Camorra unió las dos cosas y se proclamó ganador en todos los mercados. Los clanes habían comprendido que el sistema económico estaba agonizando y, siguiendo los recorridos de las empresas que primero invertían en las periferias del sur de Italia y después, lentamente, se trasladaban a China, habían logrado descubrir las zonas industriales chinas que producían para las grandes casas de producción occidentales. Habían pensado encargar partidas de productos de alta tecnología para venderlos en Europa, evidentemente con una marca falsa que los haría más codiciados. Pero al principio desconfiaron: como si se tratara de un alijo de coca, primero probaron la calidad de los productos que les vendían las fábricas chinas a las que se habían dirigido. Tan solo después de haber comprobado en el mercado la validez de los productos, dieron vida a uno de los tráficos intercontinentales más florecientes que la historia criminal haya conocido jamás. Cámaras de fotos digitales y videocámaras, pero también utensilios para la construcción: taladradoras, radiales, martillos neumáticos, esmeriladoras, pulidoras... Todos productos comercializados con las marcas Bosch, Hammer, Hilti... El boss de Secondigliano, Paolo Di Lauro, había decidido invertir en cámaras de fotos y había llegado a China diez años antes de que la Confindustria (Confederación General de la Industria Italiana) estrechara relaciones comerciales con Oriente. Miles de modelos de Canon y de Hitachi fueron vendidos en el mercado del este de Europa por el clan Di Lauro. Productos que antes eran patrimonio de la burguesía media-alta se volvieron, mediante la importación de la Camorra napolitana, accesibles para un público más amplio. Los clanes solo se apropiaban de la marca final, a fin de introducirse mejor en el mercado, pero el producto era prácticamente el mismo.

La inversión en China de los clanes Di Lauro y Contini —en la que se centró la investigación de 2004 de la DDA de Nápoles— demuestra la previsión empresarial de los boss. La gran empresa estaba terminada, y en consecuencia se habían disgregado los conglomerados criminales. La Nueva Camorra Organizada de Raffaele Cutolo de la década de 1980 era una especie de empresa enorme, un conglomerado centralizado. Después vino la Nueva Familia de Carmine Alfieri y Antonio Bardellino, dotada de una estructura federativa, con familias económicamente autónomas y unidas por intereses operativos conjuntos, pero también de proporciones mastodónticas.

Ahora, en cambio, la flexibilidad de la economía ha determinado que pequeños grupos de boss gerentes con cientos de fábricas, cada una con tareas precisas, se hayan impuesto en la arena económica y social. Una estructura horizontal, mucho más flexible que la Cosa Nostra, mucho más permeable a nuevas alianzas que la 'Ndrangheta,* capaz de alimentarse continuamente de nuevos clanes, de nuevas estrategias, entrando en los mercados de vanguardia. Decenas de operaciones policiales realizadas en los últimos años han demostrado que tanto la mafia siciliana como la 'Ndrangheta han tenido necesidad de recurrir a los clanes napolitanos para comprar grandes alijos de droga. Los cárteles de Nápoles y de la Campania proporcionaban cocaína y heroína a precios ventajosos, con lo que en muchos casos resultaba más cómodo y barato que el contacto directo con traficantes sudamericanos y albaneses.

Pese a la reestructuración de los clanes, la Camorra es, por su número de afiliados, la mayor organización criminal de Europa. Por cada afiliado siciliano hay cinco en la Campania, por cada 'ndranghetista, nada menos que ocho. El triple, el cuádruple que las otras organizaciones. La Camorra ha encontrado en el cono de sombra proyectado por la atención permanente que se presta a la Cosa Nostra, por la atención obsesiva que se reserva a las bombas de la Mafia, la distracción mediática perfecta para resultar prácticamente desconocida. Con la reestructuración posfordista de los grupos criminales, los clanes de Nápoles han cortado las donaciones masivas. El aumento de la presión microcriminal sobre la ciudad es una consecuencia de esta interrupción de sueldos, provocada por la progresiva reestructuración de los cárteles criminales que ha tenido lugar en los últimos años. Los clanes ya no necesitan ejercer un minucioso control militarizado, o por lo menos no siempre. Los principales negocios de los grupos camorristas se realizan fuera de Nápoles.

Como demuestran las investigaciones de la Fiscalía Antimafia de Nápoles, la estructura federal y flexible de los grupos camorristas ha transformado por completo el tejido de las familias: en la actualidad, más que hablar de alianzas diplomáticas, de pactos estables, habría que referirse a los clanes como a «comités de negocios». La flexibilidad de la Camorra es la respuesta a la necesidad de las empresas de mover el capital, de fundar y cerrar sociedades, de hacer que circule el dinero y de invertir con agilidad en inmuebles sin que tenga un

* La mafia calabresa. *(N. de los T.)*

peso excesivo la elección territorial o la mediación política. Ahora, los clanes no necesitan constituirse en macrocuerpos. Hoy día, varias personas pueden decidir juntarse, atracar, romper escaparates y robar sin acabar asesinadas o absorbidas por el clan, como sucedía en el pasado. Las bandas que causan estragos en Nápoles no están compuestas exclusivamente de individuos que cometen delitos para llenarse los bolsillos, para comprarse un coche de lujo o disfrutar de comodidades. Suelen ser conscientes de que, si se unen y aumentan la cantidad y la violencia de sus acciones, pueden mejorar su capacidad económica convirtiéndose en interlocutores de los clanes o en sus proveedores. El tejido de la Camorra se compone de grupos que empiezan a chupar como piojos voraces y frenan todo avance económico, y de otros que, por el contrario, como rapidísimas vanguardias, impulsan su propio negocio hacia el máximo grado de desarrollo y actividad comercial. Entre estos dos movimientos opuestos, aunque complementarios, se lacera y desgarra la epidermis de la ciudad. En Nápoles, la crueldad es la práctica más complicada y conveniente para llegar a ser un empresario triunfador, el aire de ciudad en guerra que se respira por todos los poros tiene el olor rancio del sudor, como si las calles fueran gimnasios a cielo abierto donde ejercitar la posibilidad de saquear, robar, atracar, practicar la gimnasia del poder, el *spinning* del crecimiento económico.

El Sistema ha crecido como una masa que se deja fermentar en las artesas de madera de la periferia. La política municipal y regional creyó combatirla en la medida que no hacía negocios con los clanes. Pero no fue suficiente. No prestó la atención necesaria al fenómeno, infravaloró el poder de las familias al considerarlo un deterioro de la periferia, y de este modo la Campania ha batido el récord de ayuntamientos investigados por infiltración de la Camorra. Desde 1991 hasta ahora han sido disueltos nada menos que setenta y un ayuntamientos en la Campania. Solo en la provincia de Nápoles han sido disueltos los concejos municipales de Pozzuoli, Quarto, Marano, Melito, Portici, Ottaviano, San Giuseppe Vesuviano, San Gennaro Vesuviano, Terzigno, Calandrino, Sant'Antimo, Tufino, Crispano, Casamarciano, Nola, Liveri, Boscoreale, Poggiomarino, Pompei, Ercolano, Pimonte, Casola di Napoli, Sant'Antonio Abate, Santa Maria la Carità, Torre Annunziata, Torre del Greco, Volla, Brusciano, Acerra, Casoria, Pomigliano d'Arco y Frattamaggiore. Un número elevadísimo, que supera con creces los ayuntamientos disueltos en las demás regiones italianas: cuarenta y cuatro en Sicilia, treinta y cuatro en Calabria, siete en Apulia. Tan solo nueve de noventa y dos ayuntamientos de la provincia de Nápoles no han sido nunca objeto de intervenciones, investigaciones y auditorías. Las empresas de los clanes han establecido planes reguladores, se han infiltrado en las ASL (Instituciones Sanitarias Locales), han comprado terrenos justo antes de que fueran declarados edificables y después han construido en subcontrata centros comerciales, han instaurado fiestas patronales y sus propias empresas multiservicios, desde comedores hasta servicios de limpieza, pasando por el transporte y la recogida de basuras.

Nunca había habido una presencia tan grande y abrumadora de la actividad delictiva en la vida económica de un territorio como en los últimos diez años en la Campania. Los clanes de la Camorra no necesitan a los políticos, como les sucede a los grupos mafiosos sicilianos; son los políticos los que tienen una necesidad extrema del Sistema. En la Campania se ha puesto en marcha una estrategia que ha dejado las estructuras políticas más a la vista y mediáticamente más aireadas, formalmente libres de connivencias y afinidades, pero en los pueblos donde los clanes necesitan apoyos militares, cobertura para la clandestinidad, hacer maniobras económicas más evidentes, las alianzas entre políticos y familias de la Camorra son más estrechas. Los clanes de la Camorra acceden al poder gracias a la influencia de sus negocios. Y eso es condición suficiente para dominar en todo lo demás.

Los artífices de la transformación empresarial-criminal de la periferia de Secondigliano y Scampia habían sido los Licciardi, la familia que tiene su centro operativo en Villa Cardone, un auténtico feudo inexpugnable. Gennaro Licciardi, «a Scigna»: él fue el boss que puso en marcha la metamorfosis de Secondigliano. Físicamente parecía de verdad un gorila o un orangután. A finales de la década de 1980, Licciardi era lugarteniente en Secondigliano de Luigi Giuliano, el boss de Forcella, en el corazón de Nápoles. La periferia estaba considerada una zona deprimida, una zona donde no había tiendas, donde no se montaban centros comerciales, un territorio al margen de la riqueza donde las sanguijuelas de las bandas extorsionadoras no podían alimentarse de porcentajes. Pero Licciardi se dio cuenta de que podía convertirse en un centro para la distribución de droga, en un puerto franco para los transportes, en una cantera de mano de obra a precios tirados. Un territorio donde pronto aparecería el andamiaje de las nuevas aglomeraciones urbanas de la ciudad en expansión. Gennaro Licciardi no consiguió desarrollar plenamente su estrategia. Murió a los treinta y ocho años en la cárcel, como consecuencia de una insignificante hernia umbilical, un final cruel para un boss. Sobre todo porque, cuando era más joven, mientras estaba en las celdas de seguridad del Tribunal de Nápoles a la espera de que se celebrase la audiencia, se había visto involucrado en una pelea entre afiliados a la Nueva Camorra Organizada de Cutolo y a la Nueva Familia, los dos grandes frentes de la Camorra, y le habían asestado nada menos que dieciséis cuchilladas en todo el cuerpo. Pero había sobrevivido.

La familia Licciardi había transformado un lugar que era una simple cantera de mano de obra en una máquina del narcotráfico; en otras palabras, en actividad empresarial criminal internacional. Miles de personas fueron captadas, afiliadas y destrozadas por el Sistema. Textil y droga. Antes de nada, inversiones en el comercio. Tras la muerte de Gennaro «a Scigna», sus hermanos Pietro y Vincenzo tomaron el poder militar, pero el poder económico del clan estaba en manos de Maria, conocida como «a Piccerella».

Después de la caída del muro de Berlín, Pietro Licciardi trasladó la mayor parte de sus propias inversiones, legales e ilegales, a Praga y Brno. Los secondiglianeses dominaron totalmente la República Checa y, utilizando la lógica de la periferia productiva, empezaron a invertir para conquistar los mercados de Alemania. Pietro Licciardi tenía perfil de gerente. Los empresarios que estaban aliados con él lo llamaban «el emperador romano», a causa de su actitud autoritaria y de la arrogancia que lo llevaba a creer que el planeta entero era una extensión de Secondigliano. Había abierto una tienda de ropa en China, una base comercial en Taiwan que le permitiría escalar también en el mercado interior chino y no solo explotar su mano de obra. Lo detuvieron en Praga en junio de 1999. Militarmente, había sido despiadado. Lo acusaron de haber ordenado poner en 1998 el coche-bomba que estalló en Via Cristallini, en el barrio de Sanità de Nápoles, durante los conflictos entre los clanes de la periferia y los del centro histórico. Una bomba que castigaría a todo el barrio y no solo a los responsables del clan. Cuando el coche saltó por los aires, fragmentos de chapa y de cristal salieron disparados como proyectiles contra trece personas. Pero no hubo pruebas suficientes para condenarlo, y fue absuelto. En Italia, el clan Licciardi trasladó la mayor parte de sus actividades empresariales en el sector textil y comercial a Castelnuovo del Garda, en el Véneto. Cerca de allí, en Portogruaro, fue arrestado Vincenzo Pernice, el cuñado de Pietro Licciardi, y algunos de los que apoyaban al clan, entre ellos Renato Peluso, que residía precisamente en Castelnuovo del Garda. Comerciantes y empresarios vénetos vinculados a los clanes cubrieron la fuga de Pietro Licciardi, no como colaboradores externos sino plenamente integrados en la organización empresarial-criminal. Los Licciardi tenían, además de una capacidad empresarial polivalente, una estructura militar. Actualmente, después de la detención de Pietro y Maria, el clan lo dirige Vincenzo, el boss prófugo que coordina tanto el aparato militar como el económico.

El clan ha sido siempre especialmente vengativo. Vengaron con dureza la muerte de Vincenzo Esposito, sobrino de Gennaro Licciardi, asesinado en 1991, a la edad de veintiún años, en el barrio de Monterosa, territorio de los Prestieri, una de las familias pertenecientes a la Alianza. A Esposito lo llamaban «el Principito» porque era sobrino de los reyes de Secondigliano. Había ido en moto a pedir explicaciones por una agresión contra unos amigos suyos. Llevaba casco; lo liquidaron porque lo confundieron con un killer. Los Licciardi acusaron a los Di Lauro, estrechos aliados de los Prestieri, de haber proporcionado a los killers para eliminarlo, y según el arrepentido Luigi Giuliano fue el propio Di Lauro el que organizó el asesinato del Principito porque estaba inmiscuyéndose demasiado en determinados asuntos. Fuera cual fuese el móvil, el poder de los Licciardi era tan grande que obligaron a los clanes implicados a librarse de los posibles responsables de la muerte de Esposito. Desencadenaron una matanza que en unos días acabó con la vida de catorce personas implicadas de diferente modo, directa o indirectamente, en el homicidio de su joven heredero.

El Sistema también había conseguido transformar la clásica extorsión y las dinámicas de la usura. Se dieron cuenta de que los comerciantes necesitaban liquidez y de que los bancos eran cada vez más rígidos, y se inmiscuyeron en la relación entre proveedores y vendedores. Los comerciantes que tienen que comprar sus artículos pueden pagarlos al contado, o con letras de cambio. Si pagan al contado, el precio es menor, entre la mitad y dos tercios del importe que pagarían con letras de cambio. En estas condiciones, al comerciante le interesa pagar al contado y también le interesa a la empresa vendedora. El efectivo lo ofrece el clan con un tipo de interés del 10 por ciento por término medio. De este modo, se crea automáticamente una relación mercantil de hecho entre el comerciante comprador, el vendedor y el financiador oculto, es decir, los clanes. Los beneficios de la actividad se reparten al 50 por ciento, pero puede suceder que el endeudamiento haga ingresar porcentajes cada vez mayores en las arcas del clan y que al final el comerciante se convierta en un simple testaferro que percibe un sueldo mensual. Los clanes no son como los bancos, que se cobran las deudas arramblando con todo; ellos explotan los bienes dejando que trabajen en ellos las personas con experiencia que han perdido su propiedad. A juzgar por las declaraciones de un arrepentido en la investigación de la DDA de 2004, la Camorra domina el 50 por ciento de las tiendas de Nápoles.

Ahora, la extorsión mensual, la del tipo *Me envía Picone*, la película de Nanni Loy, la del puerta a puerta por Navidad, por Pascua y el 15 de agosto, es una práctica de clan de tres al cuarto a la que recurren grupos que intentan sobrevivir, incapaces de hacer empresa. Todo ha cambiado. Los Nuvoletta de Marano, periferia del norte de Nápoles, habían puesto en marcha un mecanismo más articulado y eficaz de delincuencia organizada basado en el beneficio recíproco y en la imposición del suministro. Giuseppe Gala, conocido como «Showman», se había convertido en uno de los agentes más apreciados y solicitados del negocio alimentario. Era agente de Bauli y de Von Holten, y a través de Vip Alimentari había obtenido la exclusiva de Parmalat para la zona de Marano. En una conversación telefónica grabada por los magistrados de la DDA de Nápoles en el otoño de 2003, Gala alardeaba de sus dotes como agente: «Los he aplastado a todos, somos los más fuertes del mercado».

De hecho, las empresas con las que trataba tenían la certeza de estar presentes en todo el territorio que él cubría y la garantía de recibir un elevado número de pedidos. Por otro lado, los comerciantes y los supermercados estaban encantados de tener a Peppe Gala como interlocutor, pues, al poder este presionar a las empresas y a los proveedores, ofrecía descuentos bastante mayores. Puesto que era un hombre del Sistema y controlaba también el transporte, Showman podía garantizar precios ajustados y entregas puntuales.

El clan no impone el producto que decide «adoptar» mediante la intimidación, sino mediante la conveniencia. Las empresas representadas por Gala declaraban haber sido víctimas del crimen organizado de la Camorra, haber padecido la tiranía de los clanes. Sin embargo, examinando los datos comerciales —que se pueden encontrar en los datos que facilita Confcommercio (Confederación General Italiana del Comercio, del Turismo, de los Servicios y de las PMI)—, se observaba que las empresas que se habían dirigido a Gala entre 1998 y 2003 habían tenido un incremento de las ventas anuales que oscilaba entre el 40 y el 80 por ciento. Mediante sus estrategias económicas, Gala incluso conseguía resolver los problemas de liquidez monetaria de los clanes. Llegó a imponer un recargo sobre el *panettone* en el período navideño para dar una paga extra a las familias de los presos afiliados al clan de los Nuvoletta. Pero el éxito se le subió a la cabeza a Showman. Según han contado algunos arrepentidos, intentó hacerse también con la exclusiva en el mercado de la droga. La familia Nuvoletta no quiso saber nada del asunto. Lo encontraron en enero de 2003 quemado vivo en su coche.

Los Nuvoletta son la única familia de fuera de Sicilia que se sienta en la cúpula de la Cosa Nostra, no como simples aliados o afiliados, sino estructuralmente vinculados a los Corleonesi, uno de los grupos más poderosos de la Mafia. Tan poderoso que —según las declaraciones del arrepentido Giovanni Brusca— cuando los sicilianos empezaron a organizarse para hacer estallar bombas en media Italia a finales de la década de 1990, pidieron la opinión de los maraneses y su colaboración. Los Nuvoletta consideraron la idea de poner bombas una estrategia descabellada, más ligada a favores políticos que a resultados militares efectivos. Se negaron a participar en los atentados y a dar apoyo logístico a los terroristas. Una negativa expresa sin sufrir ningún tipo de represalia. El propio Totò Riina imploró al boss Angelo Nuvoletta que interviniera para corromper a los jueces de su primer macroproceso, pero tampoco en este caso los maraneses acudieron en ayuda del ala militar de los corleoneses. En los años de la guerra interna en la Nueva Familia, después de la victoria sobre Cutolo, los Nuvoletta mandaron llamar al asesino del juez Falcone, Giovanni Brusca, el boss de San Giovanni Jato, para que eliminara a cinco personas en la Campania y disolviera a dos en ácido. Lo llamaron como quien llama al fontanero. Él mismo reveló a los magistrados el procedimiento para disolver a Luigi y Vittorio Vastarella:

> Dimos instrucciones para que se compraran cien litros de ácido muriático; hacían falta contenedores metálicos de doscientos litros, de los que normalmente se utilizan para conservar aceite y están cortados por la parte superior. Según nuestra experiencia, había que verter en cada contenedor cincuenta litros de ácido, y como estaba previsto suprimir a dos personas, hicimos preparar dos bidones.

Los Nuvoletta, aliados con los subclanes de los Nettuno y los Polverino, también habían modernizado el mecanismo de las inversiones en el narcotráfico, creando un verdadero sistema de accionariado popular de la cocaína. La DDA de Nápoles había demostrado en una investigación de 2004 que el clan había permitido a todo el mundo, a través de los intermediarios, participar en la adquisición de alijos de coca. Pensionistas, trabajadores y pequeños empresarios daban dinero a algunos agentes que lo reinvertían en la compra de alijos de droga. Invertir una pensión de seiscientos euros en coca significaba recibir al cabo de un mes el doble. No había garantías aparte de la palabra de los intermediarios, pero la inversión era invariablemente provechosa. El riesgo de perder dinero no era comparable al beneficio obtenido, sobre todo si se comparaba con los intereses que habrían recibido si hubieran depositado el dinero en el banco. Los únicos inconvenientes eran de tipo organizativo: a menudo hacían guardar los panes de coca a los pequeños inversores a fin de que no estuvieran almacenados siempre en el mismo sitio y de que resultara prácticamente imposible confiscarlos. Los clanes camorristas habían logrado ampliar así la circulación de capitales para invertir, implicando también a una pequeña burguesía alejada de los mecanismos delictivos, pero harta de confiar sus propios fondos a los bancos. Habían transformado, asimismo, la distribución al por menor. Los Nuvoletta-Polverino convirtieron las peluquerías y los centros de bronceado en los nuevos minoristas de la coca. Los beneficios del narcotráfico eran reinvertidos después, a través de algunos testaferros, en la adquisición de pisos, hoteles, participaciones en sociedades de servicios, colegios privados e incluso galerías de arte.

La persona que coordinaba los capitales más sustanciosos de los Nuvoletta era, según las acusaciones, Pietro Nocera, uno de los gerentes más poderosos del territorio. Iba invariablemente en Ferrari y disponía de un avión privado. El Tribunal de Nápoles decretó en 2005 el embargo de bienes inmuebles y sociedades valorados en más de treinta millones de euros; en realidad, solo el 5 por ciento de su imperio económico. Salvatore Speranza, colaborador de la justicia, reveló que Nocera es el administrador de todo el dinero del clan Nuvoletta y se ocupa de «las inversiones del dinero de la organización en terrenos y en la construcción en general». Los Nuvoletta invierten en la Emilia-Romaña, el Véneto, las Marcas y el Lacio a través de Enea, cooperativa de producción y trabajo gestionada por Nocera incluso mientras era prófugo. Facturaban cifras elevadísimas, ya que Enea había obtenido contratas públicas por millones de euros en Bolonia, Reggio Emilia, Módena, Venecia, Ascoli Piceno y Frosinone. Desde hacía años, los Nuvoletta también hacían negocios en España. Nocera había ido a la ciudad de Tenerife para llamar al orden a Armando Orlando, según los investigadores en la cúspide del clan, por los gastos generados por la construcción de un imponente complejo urbanístico, Marina Palace. Nocera lo criticó por estar gastando más de la cuenta debido a la utilización de materiales demasiado caros. Yo solo he visto Marina Palace en la web, pero su página es elocuente: un enorme complejo turístico, piscinas y cemento que los Nuvoletta habían construido para participar en el negocio del turismo en España y alimentarlo.

Paolo Di Lauro venía de la escuela de los maraneses y su carrera criminal empezó como la de su lugarteniente. Poco a poco, Di Lauro se alejó de los Nuvoletta hasta convertirse, en los años noventa, en el brazo derecho del boss de Castellammare Michele D'Alessandro y ocuparse directamente de él mientras estaba huido de la justicia. Su proyecto era coordinar las plazas de venta de droga con la misma lógica con la que había gestionado las cadenas de tiendas y las fábricas de chaquetas. El boss se dio cuenta de que, después de la muerte en prisión de Gennaro Licciardi, el territorio del norte de Nápoles podía convertirse en el mayor mercado de droga a cielo abierto que se hubiera visto nunca en Italia y en Europa. Todo gestionado por sus hombres. Paolo Di Lauro siempre había actuado calladamente, poseía cualidades más financieras que militares, en apariencia no invadía los territorios de otros boss, no se hallaba sometido a investigaciones y registros.

Uno de los primeros en desvelar el organigrama de su organización había sido el arrepentido Gaetano Conte. Un arrepentido con una historia particularmente interesante. Era carabinero y había prestado servicio en Roma como guardaespaldas de Francesco Cossiga. Sus cualidades como miembro de la escolta de un presidente de la República le habían permitido convertirse en amigo del boss Di Lauro. Conte, después de haber organizado extorsiones y narcotráfico por cuenta del clan, había decidido colaborar con los jueces proporcionando abundantes datos y detalles que solo un carabinero habría podido saber.

Paolo Di Lauro es conocido como «Ciruzzo el Millonario», un apodo ridículo, si bien sobrenombres y apodos tienen una lógica precisa, una sedimentación calibrada. Siempre he oído llamar a los que pertenecen al Sistema por su sobrenombre, hasta el punto de que en muchos casos el nombre y el apellido llegan a diluirse, a ser olvidados. Un apodo no se escoge, surge de improviso, por algún motivo, y alguien lo repite. Así, por pura casualidad, nacen los sobrenombres en la Camorra. Paolo Di Lauro fue rebautizado con el nombre de «Ciruzzo el Millonario» por el boss Luigi Giuliano, que una noche lo vio llegar a la mesa de póquer con los bolsillos rebosantes de billetes de cien mil liras y exclamó: «¡Vaya!, ¿a quién tenemos aquí? ¿A Ciruzzo el Millonario?». Un nombre que a alguien se le ocurre durante una velada resulta ser un hallazgo acertado.

Pero el florilegio de apodos es infinito. A Carmine Alfieri «'o 'Ntufato», el cascarrabias, el boss de la Nueva Familia, lo llamaron así por la permanente mueca de insatisfacción y enfado en su rostro. Además, están los apodos que proceden de los sobrenombres de los antepasados y que se aplican también a los herederos, como en el caso del boss Mario Fabbrocino, llamado «'o Graunar», el carbonero: sus antepasados vendían carbón y no había hecho falta más para llamar así al boss que había colonizado Argentina con los capitales de la Camorra vesubiana. Hay sobrenombres fruto de las pasiones características de un camorrista, como «'o Wrangler», el de Nicola Luongo, un afiliado obsesionado con los todoterrenos Wrangler, que se han convertido en los modelos predilectos de los hombres del Sistema. Y están también los apodos inspirados en rasgos físicos particulares: Giovanni Birra «a Mazza» por su cuerpo seco y largo; Costantino Iacomino «Capaianca» por las canas que le salieron siendo todavía muy joven; Ciro Mazzarella «'o Scellone» por sus omóplatos salientes; Nicola Pianese llamado «'o Mussuto», o sea, el bacalao, por su piel blanquísima; Rosario Privato «Mignolino» y Dario De Simone «'o Nano», el enano. Apodos inexplicables como el de Antonio Di Fraia, llamado «'u Urpacchiello», un término que significa «fusta», de esas que se hacen con vergas de asno secas. Y también Carmine Di Girolamo llamado «'o Sbirro» por su capacidad para implicar en sus operaciones a policías y carabineros. Ciro Monteriso «'o Mago» por quién sabe qué razón. Pasquale Gallo, de Torre Annunziata, de facciones delicadas, llamado «'o Bellillo». Los Lo Russo, llamados los «Capitoni», al igual que los Mallardo los Carlantoni»; los Belforte, los «Mazzacane» y los Piccolo, los «Quaqquaroni», viejos nombres familiares. Vincenzo Mazzarella, «'o Pazzo», y Antonio Di Biasi, apodado «Pavesino», porque cuando salía a realizar operaciones militares siempre llevaba encima galletas *pavesini*. Domenico Russo, apodado «Mimì dei Cani», boss de los Barrios Españoles, llamado así porque de pequeño vendía cachorros de perro en Via Toledo. Y Antonio Carlo D'Onofrio, «Carlucciello 'o Mangiavatt'», o sea, Carlitos el comegatos, que según la leyenda había aprendido a disparar utilizando gatos callejeros como blanco. A Gennaro Di Chiara, que reaccionaba violentamente siempre que alguien le tocaba la cara, lo llamaban «File Scupierto». También hay apodos derivados de expresiones onomatopéyicas intraducibles: Agostino Tardi, llamado «Picc Pocc»; Domenico Di Ronza, «Scipp Scipp»; la familia De Simone, llamada «Quaglia Quaglia»; los Aversano, llamados «Zig Zag»; Raffaele Giuliano «'o Zuì», y Antonio Bifone, «Zuzù».

Solo por pedir a menudo la misma bebida, Antonio Di Vicino se convirtió en «Lemon». A Vincenzo Benitozzi, que tenía la cara redonda, lo llamaban «Cicciobello»; a Gennaro Lauro, quizá por el número de la casa donde vivía, «'o Diciassette»; a Giovanni Aprea, «Punt 'e Curtiello», porque en 1974 su abuelo participó en la película de Pasquale Squitieri *Hermanos de sangre*, interpretando el papel del viejo camorrista que enseñaba a los chavales a utilizar la navaja.

En cambio, hay apodos cuidadosamente pensados que pueden determinar la suerte o la desgracia mediática de un boss, como el famoso de Francesco Schiavone, llamado «Sandokan», un apodo feroz escogido por su semejanza con Kabir Bedi, el actor que interpretó al héroe de Salgari. El de Pasquale Tavoletta, llamado «Zorro» también por su semejanza con el actor de la serie televisiva, o el de Luigi Giuliano «'o Re», llamado también «Lovigino», apodo inspirado por sus amantes estadounidenses, que en la intimidad le susurraban «I love Luigino». De ahí lo de Lovigino. El apodo de su hermano Carmine, «'o Lione», y el de Francesco Verde, alias «'o Negus», como el emperador de Etiopía, por su hieratismo y por ser boss desde hacía mucho tiempo. Mario Schiavone, llamado «Menelik», como el famoso emperador etíope que se enfrentó a las tropas italianas, y Vincenzo Carobene, llamado «Gadafi», por su extraordinario parecido con el hijo del general libio. El boss Francesco Bidognetti es conocido como «Cicciotto di Mezzanotte», un apodo nacido del hecho de que cualquiera que se interpusiese entre él y un negocio suyo vería abatirse sobre él la medianoche aunque estuviera amaneciendo. Algunos afirman que el sobrenombre se lo pusieron porque de joven había comenzado a escalar hacia la cúspide del clan protegiendo a las putas. A todo su clan se le llamaba ya «el clan de los Mezzanotte».

Casi todos los boss tienen un apodo: es sin duda alguna el rasgo por antonomasia, el que los identifica. El sobrenombre es para un boss lo que los estigmas son para un santo. La demostración de la pertenencia al Sistema. Cualquiera puede ser Francesco Schiavone, pero solo uno será Sandokan; cualquiera puede llamarse Carmine Alfieri, pero solo uno se volverá cuando lo llamen «'o 'Nufato»; muchos pueden llamarse Francesco Verde, pero solo uno responderá al nombre de «'o Negus»; cualquiera puede haber sido inscrito en el registro como Paolo Di Lauro, pero solo uno será «Ciruzzo el Millonario».

Ciruzzo había optado por una organización silenciosa de sus negocios, con un perfil militar amplio pero de baja intensidad. Había sido durante mucho tiempo un boss desconocido incluso para las fuerzas policiales. La única vez que había sido citado por los jueces, antes de convertirse en prófugo, fue a causa de su hijo Nunzio, que había agredido a un profesor porque se había atrevido a regañarlo. Paolo Di Lauro estaba en condiciones de relacionarse directamente con los cárteles sudamericanos y de crear importantes redes de distribución a través de la alianza con los cárteles albaneses. En los últimos años, el narcotráfico tiene rutas precisas. La coca sale de Sudamérica, llega a España, y allí o bien es recogida directamente, o bien enviada a Albania por vía terrestre. La heroína, en cambio, sale de Afganistán y se dirige a Bulgaria, Kosovo o Albania. El hachís y la marihuana salen del Magreb y pasan por las manos de turcos y albaneses en el Mediterráneo. Di Lauro había conseguido tener contactos directos para acceder a todos los mercados de la droga, había conseguido, gracias a una minuciosa estrategia, convertirse en un importante empresario de la piel y del narcotráfico. En 1989 había fundado la famosa empresa Confezioni Valent de Paolo Di Lauro & C., que según sus estatutos tendría que finalizar su actividad en 2002, pero que en noviembre de 2001 fue embargada por el Tribunal de Nápoles. Valent se había adjudicado diversas contratas en toda Italia para instalar *cash and carry*. Tenía como objeto social una enorme variedad de actividades: desde el comercio de muebles hasta el sector textil, desde la confección hasta el comercio de carne y la distribución de agua mineral. Valent suministraba comidas a diversas instalaciones públicas y privadas y tenía mataderos donde se sacrificaba toda clase de animales. Además, según su objeto social, la Valent de Paolo Di Lauro se proponía el objetivo de construir complejos hoteleros, cadenas de restauración, restaurantes y todo lo «adecuado para el tiempo libre». Al mismo tiempo declaraba que «la sociedad podrá adquirir terrenos, construir tanto directa como indirectamente edificios, centros comerciales o viviendas». La licencia comercial fue concedida por el ayuntamiento de Nápoles en 1993 y la sociedad era administrada por Cosimo, hijo de Di Lauro. Paolo Di Lauro, por causas relacionadas con el clan, había salido de escena en 1996 y cedido sus participaciones a su mujer, Luisa. Los Di Lauro son una dinastía construida con abnegación. Luisa Di Lauro había engendrado diez hijos; como las grandes matronas de la industria italiana, había aumentado progresivamente la prole al ritmo del éxito industrial. Todos estaban integrados en el clan: Cosimo, Vincenzo, Ciro, Marco, Nunzio, Salvatore, y después los pequeños, todavía menores de edad. Paolo Di Lauro tenía una especie de predilección por las inversiones en Francia; había tiendas suyas en Niza, en París, en Rue Charenton 129, y en Lyon, en el 22 de Quai Perrache. Quería que fueran sus tiendas las que dieran a conocer la moda italiana en Francia, sus camiones las que la transportaran, que de los Campos Elíseos emanara el olor del poder de Scampia.

Pero en Secondigliano la enorme empresa de los Di Lauro peligraba. Había crecido deprisa y cada una de sus partes lo había hecho con gran autonomía; en las plazas de la venta de droga, la atmósfera empezaba a cargarse. En Scampia, en cambio, había esperanzas de que todo se resolvería como la última vez. Cuando, con un trago, se solucionaron todas las crisis. Un trago particular, tomado mientras Domenico, uno de los hijos de Di Lauro, agonizaba en el hospital tras un gravísimo accidente de tráfico. Domenico era un joven inquieto. Los hijos de los boss sufren a menudo una especie de delirio de omnipotencia y creen que pueden disponer de ciudades enteras y de las personas que las habitan. Según las investigaciones de la policía, en octubre de 2003 Domenico asaltó de noche, junto con su escolta y un grupo de amigos, una pequeña localidad, Casoria: destrozaron ventanas, garajes, coches, quemaron contenedores, embadurnaron portales con espray y derritieron con encendedores los pulsadores de plástico de los interfonos. Daños que su padre pagó sin rechistar, con la diplomacia de las familias que tienen que poner remedio a los desastres de sus retoños sin perjudicar su propia autoridad. Domenico circulaba en moto cuando, en una curva, perdió el control y cayó. Murió como consecuencia de las graves heridas sufridas, después de estar unos días en coma en el hospital. Este episodio trágico originó una reunión de la cúspide, un castigo y al mismo tiempo una amnistía. En Scampia todos conocen esta historia, una historia legendaria, tal vez inventada pero importante para comprender cómo se resuelven los conflictos dentro de la Camorra.

Cuentan que Gennaro Marino, llamado «McKay», delfín de Paolo Di Lauro, fue al hospital donde estaba ingresado el joven moribundo para consolar al boss. Su consuelo fue aceptado. Después, Di Lauro hizo un aparte con él y lo invitó a beber. Orinó en un vaso y se lo tendió. Habían llegado a oídos del boss noticias sobre algunos comportamientos de su favorito que no podía aprobar en absoluto. McKay había tomado algunas decisiones económicas sin discutirlas, algunas sumas de dinero habían sido sustraídas sin rendir cuentas. El boss había advertido la voluntad de su delfín de hacerse autónomo, pero quiso perdonarlo, como si se hubiera tratado de un exceso de celo por parte de alguien que es demasiado bueno en su oficio. Cuentan que McKay se lo bebió todo, hasta la última gota. Un largo trago de orina resolvió el primer cisma que se había producido en el seno de la directiva del cártel del clan Di Lauro. Una tregua frágil, que posteriormente ningún riñón podría drenar.

La guerra de Secondigliano

McKay y Angioletto habían tomado una decisión. Querían oficializar la formación de un grupo propio, todos los dirigentes más antiguos estaban de acuerdo, habían dicho claramente que no querían enfrentarse a la organización sino convertirse en competidores suyos. Competidores leales en el vasto mercado. Codo con codo, pero de forma autónoma. Así pues —según las declaraciones del arrepentido Pietro Esposito—, enviaron el mensaje a Cosimo Di Lauro, el regente del cártel. Querían reunirse con Paolo, el padre, el máximo dirigente, el vértice, el principal referente de la sociedad. Hablar con él en persona, decirle que no compartían las medidas de reestructuración que habían tomado sus hijos. Puesto que no se podían utilizar los móviles para evitar que lo localizaran, querían mirarlo a los ojos y no dejar que sus palabras pasaran una a una de boca en boca, envolviendo los mensajes en la saliva de muchas lenguas. Genny McKay quería ver a Paolo Di Lauro, el boss que había permitido su ascenso empresarial.

Cosimo acepta formalmente la petición del encuentro; se trata, por lo demás, de reunir a toda la cúpula de la organización: capos, dirigentes, jefes de zona. No se puede negar. Pero Cosimo ya lo tiene todo pensado, o eso parece. Parece realmente que sepa hacia dónde está orientando su gestión de los negocios y cómo debe organizar su defensa. Así pues, según las investigaciones y las declaraciones de colaboradores de la justicia, Cosimo no manda a subordinados a la cita. No manda al «emisario», Giovanni Cortese, el portavoz oficial, el que siempre se ha ocupado de las relaciones de la familia Di Lauro con el exterior. Cosimo manda a sus hermanos Marco y Ciro a inspeccionar el lugar del encuentro. Ellos van a ver, comprueban qué ambiente se respira, no advierten a nadie de que van a pasar por allí. Pasan sin escolta, quizá en coche. Deprisa, pero no demasiado. Observan las vías de huida preparadas, a los centinelas apostados, sin llamar la atención. Refieren a Cosimo lo que han visto, le cuentan los detalles. Cosimo comprende. Lo habían preparado todo para una trampa. Para matar a Paolo y a cualquiera que lo acompañase. El encuentro era una encerrona, era un medio de matar y sancionar una nueva era en la gestión del cártel. Por lo demás, un imperio no se escinde dando un apretón de manos, sino cortándolas con una cuchilla. Esto es lo que se cuenta, lo que dicen las investigaciones y los arrepentidos.

Cosimo, el hijo en cuyas manos Paolo puso el control del narcotráfico con un papel de máxima responsabilidad, debe tomar una decisión. Habrá guerra, pero no la declara, lo conserva todo en la mente, espera a comprender los movimientos, no quiere alarmar a los rivales. Sabe que en breve se le echarán encima, que intentarán clavarle las garras en la carne, pero tiene que ganar tiempo, decidir una estrategia precisa, infalible, ganadora. Averiguar con quién puede contar, qué fuerzas puede manejar. Quién está con él y quién contra él. No hay otro espacio en el tablero.

Los Di Lauro justifican la ausencia de su padre por la dificultad que tiene para desplazarse a causa de las investigaciones policiales. Prófugo, buscado desde hace más de diez años. Faltar a una reunión no es un hecho grave para alguien que figura entre los treinta prófugos más peligrosos de Italia. El mayor holding empresarial del narcotráfico, uno de los más fuertes en el plano nacional e internacional, está atravesando la más terrible de las crisis después de décadas de funcionamiento perfecto.

El clan Di Lauro ha sido siempre una empresa perfectamente organizada. El boss lo estructuró con un diseño de empresa multinivel. La organización está compuesta por un primer nivel de promotores y financiadores, constituido por los dirigentes del clan que se encargan de controlar las actividades de tráfico y venta a través de sus afiliados directos y formado, según la Fiscalía Antimafia de Nápoles, por Rosario Pariante, Raffaele Abbinante, Enrico D'Avanzo y Arcangelo Valentino. El segundo nivel comprende a los que manejan materialmente la droga, la compran y la preparan, y se ocupan de las relaciones con los camellos, a los que garantizan defensa legal en caso de arresto. Los elementos más relevantes son Gennaro Marino, Lucio De Lucia y Pasquale Gargiulo. El tercer nivel está representado por los jefes de plaza, es decir, miembros del clan que están en contacto directo con los camellos, coordinan a los *pali* y las vías de huida, y se ocupan también de la seguridad de los almacenes donde se guarda la mercancía y de los lugares donde se corta. El cuarto nivel, el más peligroso, está constituido por los camellos. Cada nivel se divide en subniveles, que se relacionan exclusivamente con su dirigente y no con toda la estructura. Esta organización permite obtener un beneficio igual al 500 por ciento de la inversión inicial.

El modelo de la empresa de los Di Lauro siempre me ha recordado el concepto matemático de fractal tal como lo explican en los manuales, o sea, un racimo de plátanos cada uno de cuyos plátanos es a su vez un racimo de plátanos, cuyos plátanos son racimos de plátanos, y así hasta el infinito. El clan Di Lauro factura solo con el narcotráfico quinientos mil euros al día. Los camellos, los gestores de los almacenes y los enlaces no suelen formar parte de la organización, sino que son simples asalariados. El negocio de la venta de droga es enorme, miles de personas trabajan en él, pero no saben quién las dirige. Intuyen más o menos para qué familia camorrista trabajan, pero nada más. Por si algún detenido decide arrepentirse, se limita el conocimiento de la estructura a un perímetro específico, mínimo, que no permita comprender y conocer el organigrama entero, el enorme periplo del poder económico y militar de la organización.

Toda la estructura económica-financiera tiene su equipo militar: un salvaje grupo de choque y una vasta red de colaboradores. Entre los killers figuraban Emanuele D'Ambra, Ugo De Lucia, llamado «Ugariello», Nando Emolo, llamado «'o Schizzato», Antonio Ferrara, llamado «'o Tavano», Salvatore Tamburino, Salvatore Petriccione, Umberto La Monica y Antonio Mennetta. Por debajo, los colaboradores, es decir, los jefes de zona: Gennaro Aruta, Ciro Saggese, Fulvio Montanino, Antonio Galeota, Giuseppe Prezioso, guardaespaldas personal de Cosimo, y Costantino Sorrentino. Una organización que contaba como mínimo con trescientas personas, todas a sueldo. Una

estructura compleja donde todo estaba colocado en un orden preciso. Estaba el parque de coches y motos, enorme, siempre disponible,
como una estructura de emergencia. Estaba la armería, escondida y
conectada con una red de herreros preparados para destruir las armas inmediatamente después de ser usadas para los homicidios. Había una red logística que permitía a los killers ir, justo después de la
encerrona, a entrenarse en un polígono regular de tiro donde se re-
gistraban las entradas, a fin de mezclar los rastros de pólvora de bala
y tener una coartada para eventuales pruebas de *stub*. El *stub* es lo
que más temen todos los killers; la pólvora de bala que no se va nunca y que constituye la prueba más aplastante. Había, asimismo, una
red que proporcionaba la ropa a los grupos de choque: chándal ano-
dino y casco integral de motorista, que se destruía inmediatamente después. Una empresa invulnerable, de mecanismos perfectos o
casi perfectos. No se intenta ocultar una acción, un homicidio, una
inversión, sino simplemente hacer que sea indemostrable ante un
tribunal.

Frecuentaba Secondigliano desde hacía tiempo. Desde que Pasquale
había dejado de trabajar como sastre, me informaba del ambiente
que se respiraba en la zona, un ambiente que cambiaba deprisa, a la
misma velocidad con la que se transforman los capitales y las direcciones financieras.

Me movía por la zona norte de Nápoles en Vespa. Lo que más
me gusta cuando recorro Secondigliano y Scampia es la luz. Calles
enormes, anchas, oxigenadas en comparación con la maraña del centro histórico de Nápoles, como si bajo el asfalto, junto a los bloques
de pisos, todavía estuviera vivo el campo abierto. Por otro lado,
Scampia tiene su propio espacio en el nombre. Scampia, palabra de
un dialecto napolitano desaparecido, designaba la tierra abierta, la
zona de maleza, donde a mediados de la década de 1960 levantaron
el barrio y las famosas Velas. El símbolo podrido del delirio arquitectónico o quizá simplemente una utopía de cemento, que no ha
podido oponer resistencia contra la construcción de la máquina
del narcotráfico que ha penetrado en el tejido social de esta parte del

mundo. El desempleo crónico y la ausencia total de proyectos de desarrollo social han hecho que se haya convertido en un lugar capaz de almacenar toneladas de droga, así como en un taller para transformar el dinero facturado con la venta de droga en economía viva y legal. Secondigliano es el escalón de bajada que, desde el peldaño del mercado ilegal, lleva renovadas fuerzas a la actividad empresarial legítima. En 1989, el Observatorio de la Camorra escribía en una de sus publicaciones que en la zona norte de Nápoles se registraba una de las relaciones camellos-número de habitantes más alta de Italia. Quince años después, esa relación se ha convertido en la más alta de Europa y figura entre las primeras cinco del mundo.

Con el tiempo, mi cara había llegado a ser conocida, un conocimiento que para los vigilantes del clan, los *pali*, tenía un valor neutro. En un territorio controlado visualmente segundo a segundo, hay un valor negativo —policías, carabineros, infiltrados de familias rivales— y un valor positivo: los compradores. Todo lo que no es molesto, todo lo que no es un estorbo, es neutro, inútil. Entrar en esa categoría significa no existir. En las plazas de la venta de droga siempre me han fascinado la perfecta organización y el contraste de la degradación. El mecanismo de venta es como el de un reloj. Es como si los individuos se movieran exactamente igual que los engranajes que ponen en marcha el tiempo. No hay movimiento de nadie que no desencadene el de otro. Cada vez que lo observaba me quedaba fascinado. Los sueldos se distribuyen semanalmente: cien euros para los vigilantes, quinientos para el coordinador y cajero de los camellos de una plaza, ochocientos para el camello y mil para el que se ocupa de los almacenes y esconde la droga en casa. Los turnos van de las tres de la tarde a las doce de la noche y de las doce de la noche a las cuatro de la madrugada; por la mañana es muy raro que se venda porque hay demasiada policía rondando. Todos tienen un día de descanso, y si se presentan tarde a la plaza de venta de droga, por cada hora se les descuentan cincuenta euros de la paga semanal.

Via Baku es un incesante ir y venir de gente trapicheando. Los clientes llegan, pagan, recogen y se van. A veces incluso hay filas de coches haciendo cola detrás de los vendedores. Sobre todo los sábados por la noche. Entonces vienen camellos de otras plazas a esta zona. En Via Baku se factura medio millón de euros al mes. La Brigada de Narcóticos señala que se vende una media de cuatrocientas dosis de marihuana y cuatrocientas de cocaína al día. Cuando llega la policía, los camellos saben a qué casa tienen que ir y dónde tienen que esconder la mercancía. Cuando los vehículos de la policía van a entrar en una plaza de venta de droga, casi siempre se coloca delante un coche o una motocicleta para ralentizar la marcha y permitir que los *pali* recojan a los camellos en moto y se los lleven. Los *pali* no suelen tener antecedentes ni ir armados, de modo que, aunque los detengan, corren muy poco riesgo de ser incriminados. Cuando se multiplican los arrestos de camellos, se llama a los reservas, personas, casi siempre drogadictos o consumidores habituales de la zona, que se prestan a trabajar como vendedores en casos de emergencia. Por cada camello arrestado, se llama a otro que ocupará su puesto. El comercio debe continuar. Incluso en los momentos críticos.

Via Dante es otra zona de facturación de grandes capitales. Aquí, todos los camellos son chavales jovencísimos, es una plaza de distribución floreciente, una de las plazas más recientes montadas por los Di Lauro. Y Viale della Resistenza, antigua plaza de heroína, así como de kobret y cocaína. Los responsables de la plaza tienen auténticas sedes operativas desde donde organizan la defensa del territorio. Los *pali* comunican por móvil lo que está sucediendo. El coordinador de la plaza, escuchándolos a todos de viva voz con un plano delante, consigue tener ante los ojos en tiempo real los desplazamientos de la policía y los movimientos de los clientes.

Una de las novedades que el clan Di Lauro ha introducido en Secondigliano es la protección del comprador. Antes de que iniciaran ellos su actividad como organizadores de plazas, los *pali* solo protegían a los camellos de arrestos e identificaciones. En años anteriores, los compradores podían ser detenidos, identificados y llevados a la comisaría. Di Lauro, en cambio, puso *pali* para proteger también a los compradores; así, cualquiera podría acceder con seguridad a las plazas gestionadas por sus hombres. El máximo grado de comodidad para los pequeños consumidores, que son una de las principales almas del comercio de la droga en Secondigliano. En la zona de la barriada Berlingieri, si telefoneas, te tienen preparada la mercancía. Están también Via Ghisleri, Parco Ises, toda la barriada Don Guanella, el sector H de Via Labriola, Sette Palazzi. Territorios transformados en mercados rentables, en calles vigiladas, en lugares donde las personas que viven allí han aprendido a tener una mirada selectiva, como si los ojos, cuando dan con algo horrendo, oscurecieran el objeto o la situación. Una costumbre de escoger qué ver, un medio para continuar viviendo. El inmenso supermercado de la droga. De toda, sea del tipo que sea. No hay estupefaciente que se introduzca en Europa que no pase primero por la plaza de Secondigliano. Si la droga fuera solo para los napolitanos y los campanios, las estadísticas darían resultados delirantes. Prácticamente en todas las familias napolitanas, al menos dos miembros tendrían que ser cocainómanos y uno heroinómano. Sin contar el hachís y la marihuana. Heroína, kobret, drogas blandas y pastillas, esas que algunos siguen llamando éxtasis cuando en realidad existen setenta y nueve variantes de éxtasis. En Secondigliano se venden como rosquillas, las llaman expediente X, o fichas, o caramelos. Con las pastillas se obtienen enormes ganancias. Un euro para producirlas, de tres a cinco euros el coste al por mayor, para luego venderlas en Milán, Roma y otras zonas de Nápoles a entre cincuenta y sesenta euros. En Scampia, a quince euros.

El mercado de Secondigliano ha superado las antiguas rigideces de la venta de droga reconociendo en la cocaína la nueva frontera. Droga de élite en el pasado, hoy día, gracias a las nuevas políticas económicas de los clanes, se ha vuelto totalmente accesible al consumo de masas, con diferentes grados de calidad pero capaz de satisfacer todas las exigencias. Según los análisis del grupo Abele, el 90 por ciento de los consumidores de cocaína son trabajadores o estudiantes. La coca ya no se asocia con «ponerse ciego», se ha emancipado de esa categoría para convertirse en una sustancia consumida en cualquier momento del día; después de las horas extraordinarias, se toma como relajante, para tener fuerzas para hacer algo que se parezca a una actividad humana y viva, y no solo un sucedáneo para la fatiga. La coca la toman los camioneros para conducir de noche; se toma para aguantar horas delante del ordenador, para seguir adelante sin parar, trabajando durante semanas sin ningún tipo de descanso. Un disolvente del cansancio, un anestésico del dolor, una prótesis a la felicidad. A fin de abastecer a un mercado que necesita droga como recurso y no solo para aturdirse, había que transformar la venta, hacerla flexible, desvincularla de la rigidez delictiva. Ese es el salto cualitativo dado por el clan Di Lauro. La liberalización de la venta y del aprovisionamiento de droga. Tradicionalmente, los cárteles criminales italianos han preferido la venta de grandes alijos a la venta de alijos medianos y pequeños. Los Di Lauro, en cambio, han escogido la venta de alijos medianos para extender un pequeño empresariado de venta de droga capaz de crear nuevos clientes. Un pequeño empresariado libre, autónomo, en condiciones de hacer lo que quiera con la mercancía, de venderla al precio que quiera, de difundirla como y donde quiera. Cualquiera puede acceder al mercado, por cualquier cantidad. Sin necesidad de buscar intermediarios del clan. La Cosa Nostra y la 'Ndrangheta irradian por doquier el tráfico de droga, pero quieren conocer el recorrido que va a seguir; para comprar por mediación de ellos droga con la finalidad de venderla, es necesario ser presentado por afiliados y aliados del clan. Para ellos es fundamental saber en qué zona se venderá, con qué organización se articulará su distribución. El Sistema de Secondigliano no funciona así. La consigna es *laissez faire, laissez passer*. Liberalismo total y absoluto. La teoría es que el mercado se autorregula. De este modo, en poquísimo tiempo son atraídos a Secondigliano todos aquellos que quieren poner en marcha un pequeño negocio entre amigos, que quieren comprar a quince y vender a cien para costearse unas vacaciones o un máster, o para obtener una ayuda para pagar un préstamo. La liberalización absoluta del mercado de la droga ha llevado a un hundimiento de los precios.

La venta al por menor, salvo en determinadas plazas, puede desaparecer. Ahora existen los llamados círculos. El círculo de los médicos, el círculo de los pilotos, de los periodistas, de los funcionarios. La pequeña burguesía parece el guante perfecto para esta distribución informal e hiperliberal de la mercancía droga. Un intercambio que parece amistoso, una venta completamente alejada de estructuras criminales, similar a la de las amas de casa que ofrecen cremas y aspiradoras a sus amigas. Es idóneo también para liberar de responsabilidades morales excesivas. Ningún camello con chándal brillante plantado en las esquinas de las plazas durante jornadas enteras, protegido por los *pali*. Nada excepto producto y dinero. Espacio suficiente para la dialéctica del comercio. Según los datos proporcionados por las jefaturas de policía más importantes de Italia, uno de cada tres detenidos por tráfico de droga no tiene antecedentes penales y es completamente ajeno a los circuitos criminales. El consumo de cocaína, según los datos del Instituto Superior de Sanidad, ha alcanzado máximos históricos: más del 80 por ciento (1999-2002). El número de personas dependientes que se dirigen al SERT (Servicio de Drogodependencias) se duplica cada año. La expansión del mercado es inmensa; los cultivos transgénicos permiten cuatro cosechas al año, por lo que no hay problemas de abastecimiento de materia prima, y la ausencia de una organización hegemónica favorece la libre iniciativa. Robbie Williams, famoso cantante cocainómano, se pasó años diciendo que «la cocaína es el modo que Dios ha inventado para decirte que tienes demasiado dinero». Esta frase, que había leído en algún periódico, me vino a la mente cuando vi en las Casas Celestes a unos jóvenes que alababan el producto y el lugar: «Si existe la coca de las Casas Celestes, eso significa que Dios no ha dado ningún valor al dinero».

Las Casas Celestes, llamadas así por el color azul claro que tenían originalmente, bordean Via Limitone d'Arzano y se han convertido en una de las mejores plazas de cocaína de Europa. En otra época no era así. Quien hizo de esta plaza un lugar tan provechoso fue, según las investigaciones, Gennaro Marino McKay. Él es el referente del clan en este territorio. No solo el referente; el boss Paolo Di Lauro, en reconocimiento a su gestión, le ha dado la plaza en franquicia. Puede hacerlo todo con autonomía, solo debe ingresar una cuota mensual en la caja del clan. Gennaro y su hermano Gaetano son conocidos como «los McKay». La razón es el parecido que tenía su padre con el sheriff Zeb McKay, de la serie televisiva *La conquista del Oeste*. Así que toda la familia dejó de ser Marino para convertirse en McKay. Gaetano no tiene manos. Lleva dos prótesis de madera. De esas rígidas. Pintadas de negro. Las perdió luchando en 1991. La guerra contra los Puca, una antigua familia cutoliana. Estaba manejando una bomba de mano, le explotó entre las manos y todos los dedos saltaron por los aires. Gaetano McKay siempre va con un acompañante, una especie de mayordomo que ocupa el puesto de sus manos, aunque cuando tiene que firmar sujeta el bolígrafo con las prótesis, convirtiéndolo en un perno, un clavo fijo sobre la página, y después se retuerce con el cuello y las muñecas y consigue trazar con una letra imperceptiblemente torcida su firma.

Según las investigaciones de la Fiscalía Antimafia de Nápoles, Genny McKay había logrado crear una plaza capaz de almacenar y vender. Por otro lado, el buen precio que les ofrecen los proveedores se debe precisamente a su capacidad para acumular, y a eso ayuda la jungla de cemento de Secondigliano, con sus cien mil habitantes. El cuerpo de las personas, sus casas, su vida cotidiana se convierten en la gran muralla que rodea los depósitos de droga. Precisamente, la plaza de las Casas Celestes ha permitido un descenso impresionante de los costes de la coca. Por lo general, se parte de entre cincuenta y sesenta euros el gramo y se llega a los cien o doscientos. Aquí ha bajado a entre veinticinco y cincuenta manteniendo una calidad muy alta. Leyendo los informes de la DDA se descubre que Genny McKay es uno de los empresarios italianos más competentes en el ramo de la coca, gracias a lo cual ha logrado imponerse en un mercado que experimenta un crecimiento exponencial no comparable con ningún otro. La organización de las plazas de venta de droga podía haberse dado también en Posillipo, en Parioli, en Brera, pero se ha dado en Secondigliano. En cualquier otro lugar, la mano de obra habría tenido un coste elevadísimo. Aquí, la ausencia total de trabajo, la imposibilidad de encontrar otra salida que no sea la emigración hace que los salarios sean bajos, bajísimos. No hay más misterio, no hace falta apelar a ninguna sociología de la miseria, a ninguna metafísica del gueto. No puede considerarse gueto un territorio capaz de facturar trescientos millones de euros al año solo con el negocio de una familia. Un territorio donde actúan decenas de clanes y las cifras de beneficios son comparables únicamente a las que proporciona una operación financiera. El trabajo es meticuloso y los pases productivos cuestan muchísimo. Un kilo de coca le cuesta mil euros al productor; cuando llega al mayorista ya cuesta treinta mil euros. Treinta kilos se convierten en ciento cincuenta después del primer corte: un valor de mercado alrededor de quince millones de euros. Y si el corte es mayor, de tres kilos puedes sacar hasta doscientos. El corte es fundamental: cafeína, glucosa, manitol, paracetamol, lidocaína, benzocaína, anfetamina. Y también, cuando la urgencia lo impone, talco y calcio para perros. El corte determina la calidad, y el corte mal hecho atrae muerte, policía, arrestos. Obstruye las arterias del comercio.

También en esto los clanes de Secondigliano van por delante de los demás, y la ventaja es preciosa. Aquí están los Visitantes: los heroinómanos. Los llaman como a los personajes de la serie televisiva de los años ochenta que comían ratas y, bajo una epidermis aparentemente humana, escondían escamas verduscas y viscosas. A los Visitantes los usan como cobayas, cobayas humanos, para experimentar los cortes: comprobar si un corte es dañino, qué reacciones provoca, hasta dónde pueden estirar el polvo. Cuando los «cortadores» necesitan muchos cobayas, bajan los precios. De veinte euros la dosis, descienden hasta diez. Se corre la voz y los heroinómanos vienen hasta las Marcas y Lucania por pocas dosis. La heroína es un mercado que ha sufrido un colapso brutal. Los heroinómanos, los yonquis, son cada vez menos. Están desesperados. Montan en los autobuses tambaleándose, bajan y suben en los trenes, viajan de noche, hacen autostop, recorren kilómetros a pie. Pero la heroína más barata del continente merece todos los esfuerzos. Los «cortadores» de los clanes recogen a los Visitantes, les regalan una dosis y esperan. En una conversación telefónica reproducida en la orden de custodia cautelar en prisión de marzo de 2005, dictada por el Tribunal de Nápoles, dos hablan de la organización de una prueba, un test con cobayas humanos para probar el corte de la sustancia. Primero se llaman para organizarla:

—Les quitas cinco camisetas… ¿para las pruebas de alergia?

Al cabo de un rato se vuelven a llamar:

—¿Has probado el coche?

—Sí…

Refiriéndose, evidentemente, a si había hecho la prueba.

—Sí. ¡Madre mía, colega, una maravilla! Somos los número uno, tendrán que cerrar todos.

Estaban exultantes, contentísimos de que los cobayas no hubieran muerto, más aún, de que hubieran disfrutado mucho. Un corte acertado duplica la venta; si es de la mejor calidad, enseguida es solicitado en el mercado nacional y se hunde a la competencia.

Hasta que no leí este intercambio de frases, no comprendí la escena que había presenciado tiempo atrás. Entonces no lograba comprender qué estaba ocurriendo en realidad delante de mis ojos. Por la zona de Miano, cerca de Scampia, había una decena de Visitantes. Los habían convocado en un descampado, frente a unas naves. Había ido a parar allí no por casualidad, sino porque suponía que sintiendo el hálito de lo real, el caliente, el más auténtico posible, se puede llegar a comprender el fondo de las cosas. No estoy seguro de que sea fundamental observar y estar presente para conocer las cosas, pero es fundamental estar presente para que las cosas te conozcan a ti. Había un tipo bien vestido, incluso diría que impecablemente vestido, con un traje blanco, una camisa azul y unos zapatos deportivos recién estrenados. Desplegó un paño de ante sobre el capó del coche. Dentro había unas cuantas jeringuillas. Los Visitantes se acercaron empujándose. Parecía una de esas escenas —idénticas, calcadas, siempre iguales desde hace años— que muestran los telediarios cuando en África llega un camión con sacos de harina. Pero un Visitante se puso a gritar:

—No, no la cojo. Si la regaláis, no la cojo... Queréis matarnos...

Bastó con la sospecha de uno para que los demás se alejaran de inmediato. El tipo parecía no tener ganas de convencer a nadie y esperaba. De vez en cuando escupía al suelo el polvo que los Visitantes levantaban al andar y que se le pegaba a los dientes. Con todo, uno se acercó; uno no, una pareja. Temblaban, estaban realmente en el límite. Tenían el mono, como suele decirse. Él tenía las venas de los brazos inutilizables; se quitó los zapatos, pero las plantas de los pies también estaban destrozadas. La chica cogió una jeringuilla del paño y se la puso en la boca para sujetarla mientras le desabrochaba la camisa, lentamente, como si tuviera cien botones, y después clavó la aguja bajo el cuello. La jeringuilla contenía coca. Hacerla fluir por

84

la sangre permite ver en muy poco tiempo si el corte funciona o está mal hecho, si es demasiado puro o de mala calidad. Al cabo de un momento, el chico empezó a tambalearse, le salió un poco de espuma por la comisura de los labios y cayó. En el suelo empezó a tener convulsiones. Luego se tumbó boca arriba, rígido, y cerró los ojos. El tipo vestido de blanco empezó a telefonear con el móvil:

—Yo diría que está muerto… Sí, vale, le hago el masaje…

Empezó a pisar con el botín el pecho del chico. Levantaba la rodilla y después dejaba caer la pierna con brusquedad. Hacía el masaje cardiaco dando patadas. La chica, a su lado, mascullaba unas palabras que se le quedaban pegadas a los labios:

—Lo haces mal, lo haces mal. Le estás haciendo daño…

Mientras tanto, intentaba, con la fuerza de un colín, alejarlo del cuerpo de su novio. Pero el tipo estaba incómodo, casi atemorizado por la presencia de ella y de los Visitantes en general:

—No me toques… das asco… No te atrevas a acercarte a mí… ¡no me toques o te disparo!

Continuó dando patadas contra el pecho del chico; luego, con el pie apoyado en su esternón, telefoneó de nuevo:

—Creo que este la ha palmado. Ah, el pañuelo… espera que no encuentro…

Sacó un pañuelo de papel del bolsillo, lo mojó con agua de una botella y lo mantuvo extendido sobre los labios del chico. Si respiraba, aunque fuera muy débilmente, agujerearía el kleenex y de ese modo demostraría que aún estaba vivo. Una precaución que había tomado porque no quería ni rozar aquel cuerpo. Llamó por última vez:

—Está muerto. Tenemos que hacerlo más ligero…

El tipo montó en el coche, cuyo conductor no había parado ni un segundo de saltar sobre el asiento, bailando al ritmo de una música de la que yo no conseguía oír ni el más leve rumor, pese a que se movía como si estuviera a todo volumen. En unos minutos, todos se alejaron del cuerpo paseando por ese fragmento de polvo. El chico quedó tendido en el suelo. Y su novia lloriqueando. Su lamento también se quedaba pegado a los labios, como si la única forma de expresión vocal que permitiera la heroína fuese una cantinela ronca.

No conseguí entender por qué lo hizo, pero la chica se bajó los pantalones del chándal y, agachándose justo encima de la cara del chico, le orinó en la cara. El pañuelo se le pegó a los labios y a la nariz. Al poco, el chico pareció recobrar el conocimiento: se pasó una mano por la nariz y la boca, como cuando te quitas el agua de la cara al salir del mar. Este Lázaro de Miano resucitado por efecto de quién sabe qué sustancia contenida en la orina se levantó lentamente. Juro que, si no hubiera estado tan desconcertado por la situación, habría proclamado a gritos que era un milagro. En cambio, me puse a caminar arriba y abajo. Lo hago siempre cuando no entiendo qué pasa, cuando no sé qué hacer. Ocupo espacio, nerviosamente. Eso debió de llamar la atención, pues los Visitantes empezaron a acercarse a mí gritando. Creían que tenía alguna relación con el tipo que casi mata a aquel chico. Me gritaban:

—Tú… tú… querías matarlo…

Me alcanzaron; aceleré el paso para dejarlos atrás, pero continuaban siguiéndome, recogiendo del suelo porquerías de toda clase y tirándolas contra mí. Yo no había hecho nada. Pero, si no eres un yonqui, eres un camello. De pronto apareció un camión. Salían a decenas de los depósitos todas las mañanas. Frenó a mi lado, y oí una voz que me llamaba. Era Pasquale. Abrió la portezuela y me hizo subir. No era un ángel de la guarda que salva a su protegido; éramos más bien dos ratones que recorren la misma alcantarilla y se tiran de la cola.

Pasquale me miró con la severidad del padre previsor. Esa expresión que basta por sí sola y ni siquiera tiene que perder tiempo pronunciándose para reprender. Yo, en cambio, le miraba las manos. Cada vez más rojas, agrietadas, cortadas en los nudillos y con las palmas blancas. Es difícil que unas yemas acostumbradas a las sedas y los terciopelos de la alta costura puedan adaptarse a diez horas al volante de un camión. Pasquale hablaba, pero seguían distrayéndome las imágenes de los Visitantes. Monos. Ni siquiera monos. Cobayas. Para probar el corte de una droga que recorrerá media Europa y no puede exponerse a matar a alguien. Cobayas humanos que permitirán a los romanos, los napolitanos, los abruzos, los lucanios y los boloñeses no acabar mal, no perder sangre por la nariz ni echar espuma por la boca. Un Visitante muerto en Secondigliano es solo un enésimo desesperado sobre el que nadie hará indagaciones. Ya será mucho si lo recogen del suelo, le limpian la cara de vómito y de orina y lo entierran. En otros lugares se harían análisis, investigaciones, conjeturas sobre la muerte. Aquí, simplemente: sobredosis.

El camión de Pasquale recorría las carreteras nacionales que comunican el territorio norte de Nápoles. Naves, depósitos, lugares donde recoger detritos, y objetos esparcidos, herrumbrosos, tirados por todas partes. No hay polígonos industriales. Apesta a chimenea, pero faltan las fábricas. Las casas están diseminadas a lo largo de las carreteras, y las plazas se construyen alrededor de un bar. Un desierto confuso, complicado. Pasquale se había dado cuenta de que no estaba escuchándolo y frenó de repente. Sin maniobrar, justo para darme una buena sacudida. Luego me miró y dijo:

—En Secondigliano las cosas están poniéndose mal... 'A Vicchiarella está en España con el dinero de todos. Tienes que dejar de venir a esta zona, noto la tensión en todas partes. Hasta el asfalto se despega del suelo para irse de aquí...

Había decidido enterarme de lo que estaba sucediendo en Secondigliano. Cuanto más insistía Pasquale en lo peligroso de la situación, más me convencía de que era imposible no tratar de comprender los elementos del desastre. Y comprenderlos significaba como mínimo formar parte de ellos. No hay elección, y no creo que haya otro modo de entender las cosas. La neutralidad y la distancia objetiva son lugares que nunca he conseguido encontrar. Raffaele Amato 'a Vicchiarella, el responsable de las plazas españolas, un dirigente del segundo nivel del clan, había huido a Barcelona con el dinero de la caja de los Di Lauro. Eso se decía. En realidad, no había pagado su cuota al clan, demostrando de esa forma que ya no estaba sometido a quien quería ponerlo a sueldo. Había oficializado la escisión. Por el momento solo trabajaba en España, territorio dominado desde siempre por los clanes. En Andalucía, los Casalesi de la provincia de Caserta, en las islas, los Nuvoletta de Marano, y en Barcelona, los «secesionistas». Ese es el nombre con el que algunos empiezan a llamar a los hombres de los Di Lauro que han puesto tierra de por medio. Los primeros cronistas que siguen el asunto. Los que cubren la crónica negra. En cambio, en Secondigliano para todo el mundo son «los Españoles». Los llaman así precisamente porque su líder está en España, donde han empezado a controlar no solo las plazas sino también el tráfico a gran escala, dado que Madrid es uno de los nudos fundamentales para el tráfico de cocaína procedente de Colombia y de Perú. Según las investigaciones, los hombres vinculados a Amato durante años habían hecho circular toneladas de droga mediante una estratagema genial. Utilizaban los camiones de la basura. Arriba, desechos, y abajo, droga. Un método infalible para evitar controles. Nadie pararía a un camión de la basura de noche mientras carga y descarga desperdicios al tiempo que transporta toneladas de droga.

Cosimo Di Lauro había intuido —según lo que se desprende de las investigaciones— que los dirigentes estaban ingresando cada vez menos capital en la caja del clan. Las apuestas se habían hecho con capital de los Di Lauro, pero una gran parte del beneficio que se debía repartir había sido deducido.

Las apuestas son las inversiones que cada dirigente hace para la adquisición de un alijo de droga con capital de los Di Lauro. Apuesta. El nombre deriva de la economía irregular y ultraliberal de la coca y de las pastillas, para la que no hay elemento de certeza y cálculo. Se apuesta, también en este caso, como en una ruleta. Si apuestas cien mil euros y las cosas te van bien, en catorce días se convierten en trescientos mil. Cuando veo estos datos de aceleración económica, siempre me acuerdo de cuando Giovanni Falcone, estando en un colegio, puso un ejemplo que acabó en cientos de cuadernos escolares: «Para comprender que la droga es una economía floreciente, pensad que mil liras invertidas el 1 de septiembre en la droga se convierten en cien millones el 1 de agosto del año siguiente».

Las sumas que los dirigentes ingresaban en las arcas de los Di Lauro continuaban siendo astronómicas, pero cada vez menores. A largo plazo, una práctica como esa fortalecería a unos en detrimento de otros y poco a poco, en cuanto el grupo tuviera fuerza organizativa y militar, daría un empujón a Paolo Di Lauro. El empujón final, el que no tiene remedio. El que llega con el plomo y no con la competencia. Así pues, Cosimo ordena ponerlos a todos a sueldo. Quiere que dependan totalmente de él. Una opción opuesta a las decisiones que hasta entonces había tomado su padre, pero necesaria para proteger sus propios negocios, su propia autoridad, su propia familia. No más empresarios asociados, con libertad de decisión sobre las cantidades de dinero que quieren invertir, la calidad y los tipos de droga que quieren introducir en el mercado. No más niveles autónomos en el seno de una empresa multinivel, sino dependientes. Puestos a sueldo. Cincuenta mil euros al mes, dice alguien. Una cifra exorbitante. Pero, en definitiva, un sueldo. En definitiva, un papel de subordinado. En definitiva, el fin del sueño empresarial a cambio de un trabajo de dirigente. Y la revolución administrativa no acababa ahí. Los arrepentidos cuentan que Cosimo había impuesto una transformación generacional. Los dirigentes no debían tener más de treinta años. Rejuvenecer las cúspides deprisa, de inmediato. El mercado no permite concesiones a plusvalías humanas. No concede nada. Debes vencer, comerciar. Todo vínculo, sea afecto, ley, derecho, amor, emoción o religión, es una concesión a la competencia, una traba que conduce a la derrota. Todo cabe, pero solo después de la prioridad de la victoria económica, después de la certeza del dominio. Por una especie de respeto aún subsistente, se escuchaba a los viejos boss cuando proponían ideas vetustas, órdenes ineficaces, y se tomaban en consideración sus decisiones exclusivamente por respeto a su edad. Y sobre todo, la edad podía poner en peligro el liderazgo de los hijos de Paolo Di Lauro.

Ahora, en cambio, todos estaban en el mismo plano: nadie podía apelar a pasados míticos, a experiencias pretéritas, al respeto debido. Todos deben enfrentarse con la calidad de sus propias propuestas, su capacidad de gestión, la fuerza de su carisma. Cuando los grupos de choque de Secondigliano empezaron a demostrar su fuerza militar, la escisión aún no se había producido. Estaba madurando. Uno de los primeros objetivos fue Ferdinando Bizzarro, «Bacchetella» o «Fétido», como el personaje calvo, bajo y viscoso de *La familia Adams*. Bizzarro era el rais de Melito. Rais es una expresión que se utiliza para designar a quien posee una autoridad fuerte pero no total, es decir, sometida al boss, a la autoridad máxima. Bizzarro había dejado de ser un diligente jefe de zona de los Di Lauro. Quería gestionar él mismo el dinero. Y también quería tomar las decisiones importantes, no solo las administrativas. En su caso, no se trataba de la clásica rebelión; solo quería promocionarse como interlocutor nuevo, autónomo. Pero se había autopromocionado. En Melito, los clanes son feroces. Territorio de fábricas clandestinas, de producción de zapatos de altísima calidad para tiendas de medio mundo. Estas fábricas son fundamentales para obtener el dinero destinado a practicar la usura. El propietario de una fábrica clandestina casi siempre apoya al político, o al jefe de zona del clan que hará elegir al político, gracias al cual tendrá menos controles sobre su actividad. Los clanes camorristas de Secondigliano nunca han sido esclavos de los políticos, nunca han sido aficionados a establecer pactos programáticos, pero en estos sitios es fundamental tener amigos.

Y precisamente el que había sido el referente de Bizzarro en las instituciones se convirtió en su ángel de la muerte. El clan, para matar a Bizzarro, había pedido ayuda a un político: Alfredo Cicala. Según las investigaciones de la DDA de Nápoles, fue Cicala, el ex alcalde de Melito, además de ex dirigente local del partido de la Margarita, quien dio indicaciones precisas sobre dónde poder encontrar a Bizzarro. A juzgar por lo que se lee en la transcripción de las conversaciones telefónicas grabadas, no parece que se esté organizando un homicidio, sino simplemente realizando un cambio de jefes. No hay ninguna diferencia. Los negocios deben continuar; la decisión de Bizzarro de hacerse autónomo amenazaba con hundir el negocio. Hay que hacerlo empleando todos los medios, empleando todo el poder. Cuando la madre de Bizzarro muere, los afiliados de Di Lauro deciden ir al funeral y disparar, disparar contra todo y todos. Quitarlo de en medio a él, quitar de en medio a su hijo, a sus primos. A todos. Estaban dispuestos. Pero Bizzarro y su hijo no asistieron al funeral. No obstante, la organización de la encerrona continúa. Tan minuciosamente que el clan comunica por fax a sus afiliados lo que está sucediendo y lo que hay que hacer:

«Ya no hay nadie de Secondigliano, él los ha echado a todos… Solo sale los martes y los sábados con cuatro coches… A vosotros os han recomendado que no os mováis por nada del mundo. Fétido ha enviado el mensaje de que por Pascua quiere doscientos cincuenta euros por tienda y no tiene miedo de nadie. Esta semana tendrán que torturar a Siviero.»

De este modo, a través del fax, se prepara una estrategia. Se incluye una tortura en la agenda como si fuese una factura comercial, un pedido, una reserva de billete de avión. Y se denuncian las acciones de un traidor. Bizzarro salía con una escolta de cuatro coches, había impuesto un pago de doscientos cincuenta euros mensuales. Siviero, hombre de Bizzarro, su fiel chófer, será torturado quizá para hacerle decir los recorridos que su jefe de zona haría en el futuro. Pero los planes para matar a Bizzarro no terminan aquí. Deciden ir a casa de su hijo y «no perdonar a nadie». Pero entonces se produce una llamada telefónica: un killer está desesperado por la ocasión desaprovechada, pues se ha enterado de que Bizzarro ha salido de nuevo a la calle tanto para demostrar su poder como el hecho de que sigue indemne. Y se lamenta de la ocasión desaprovechada:

—¡Maldita sea! Ese ha estado toda la mañana en la calle…

No hay nada oculto. Todo parece claro, evidente, cosido a la piel de lo cotidiano. Pero el ex alcalde de Melito dice en qué hotel se encierra Bizzarro con su amante, adonde va a descargar tensión y esperma. Es posible adaptarse a todo. A vivir con las luces apagadas a fin de no dar señales de presencia en casa, a salir con cuatro coches de escolta, a no hacer ni recibir llamadas telefónicas, a no ir al funeral de la propia madre. Pero adaptarse a no ver uno a su amante tiene el regusto del escarnio, del fin de todo poder.

El 26 de abril de 2004, Bizzarro está en el hotel Villa Giulia, en el tercer piso. En la cama con su amante. Llega el comando. Llevan el chaleco de la policía. En el vestíbulo del hotel, reclaman la tarjeta magnética para abrir; el recepcionista ni siquiera pide la identificación a los presuntos policías. Llaman a su puerta. Bizzarro todavía va en calzoncillos, pero lo oyen acercarse a la puerta. Empiezan a disparar. Dos ráfagas de pistola. La desencajan, la atraviesan y dan en su cuerpo. Los tiros acaban por derribar la puerta y lo rematan disparándole a la cabeza. Proyectiles y astillas de madera clavados en la carne. El recorrido de la matanza ya se ha trazado. Bizzarro ha sido el primero. O uno de los primeros. O por lo menos el primero con el que se ha puesto a prueba la fuerza del clan Di Lauro. Una fuerza capaz de abalanzarse sobre cualquiera que se atreva a romper la alianza, a destruir el pacto de negocios. El organigrama de los secesionistas todavía no está claro, no se comprende enseguida. Se respira una atmósfera tensa, pero parece que todavía se espera algo. Sin embargo, unos meses después del asesinato de Bizzarro se produce algo que aclara la situación, que desencadena el conflicto, como una declaración de guerra. El 20 de octubre de 2004 Fulvio Montanino y Claudio Salerno —según las investigaciones, incondicionales de Cosimo y responsables de algunas plazas de venta de droga— mueren abatidos por catorce balazos. Frustrada la encerrona, en la que deberían haberse cargado a Cosimo y a su padre, esta emboscada es el inicio de las hostilidades. Cuando empieza a haber muertos, no se puede hacer otra cosa que combatir. Todos los capos han decidido rebelarse contra los hijos de Di Lauro: Rosario Pariante y Raffaele Abbinante, además de los nuevos dirigentes Raffaele Amato, Gennaro McKay Marino, Arcangelo Abate y Giacomo Migliaccio. Continúan siendo fieles a Di Lauro los De Lucia, Giovanni Cortese, Enrico D'Avanzo y un nutrido grupo de afiliados de base. Bastante nutrido. Jóvenes a los que se les promete el ascenso al poder, el botín, el crecimiento económico y social en el clan. La dirección del grupo la asumen los hijos de Paolo Di Lauro. Cosimo, Marco y Ciro. Cosimo ha intuido, con gran clarividencia, que se expone a morir o a ser encarcelado. Reclusión y crisis económica. Pero no hay más remedio que elegir: o esperar lentamente a ser derrotados por el crecimiento de un clan en el propio seno de este, o intentar salvar los negocios o al menos la propia piel. Derrotados en el poder económico significa inmediatamente derrotados también en la carne.

Es la guerra. Nadie acierta a imaginar cómo se desarrollará, pero todos saben con seguridad que será terrible y larga. La más despiadada que el sur de Italia haya visto en los últimos diez años. Los Di Lauro tienen menos hombres, son mucho menos fuertes, están menos organizados. En el pasado siempre han reaccionado con fuerza ante escisiones internas. Escisiones causadas por la gestión liberal que a algunos les parecía un salvoconducto para la autonomía, para levantar su propio centro empresarial. Una libertad, en cambio, la del clan Di Lauro, que es concedida y no se puede exigir. En 1992, el antiguo grupo dirigente resolvió la escisión de Antonio Rocco, jefe de zona de Mugnano, en el bar Fulmine, entrando armado con metralletas y bombas de mano. Mataron a cinco personas. Para salvarse, Rocco se arrepintió, y el Estado, al aceptar su colaboración, puso bajo protección casi a doscientas personas, todas a punto de convertirse en blanco de los Di Lauro. Pero el arrepentimiento no sirvió de nada. Las declaraciones del arrepentido no perjudicaron a los directivos de la sociedad.

En esta ocasión, en cambio, los hombres de Cosimo Di Lauro empiezan a estar preocupados, como muestra la orden de custodia cautelar en prisión dictada por el Tribunal de Nápoles el 7 de diciembre de 2004. Dos afiliados, Luigi Petrone y Salvatore Tamburino, se llaman por teléfono y comentan la declaración de guerra que supone el asesinato de Montanino y Salerno.

Petrone: «Han matado a Fulvio».

Tamburino: «Ah…».

Petrone: «¿Me has oído?».

Empieza a tomar forma la estrategia de lucha, la dictada, según Tamburino, por Cosimo Di Lauro. Cogerlos de uno en uno y matarlos, incluso utilizando bombas en caso necesario.

Tamburino: «Con bombas, con bombas, ¿o no? Eso ha dicho Cosimino, ahora los mando coger uno a uno… los hago… como sea, ha dicho… a todos…».

Petrone: «Esos… Lo importante es que la gente está de acuerdo, que "trabaja"…».

Tamburino: «Gino, aquí hay a millones. Son todos chavales… todos chavales… ahora te cuento lo que está organizando ese…».

La estrategia es nueva. Aceptar en la guerra a chiquillos, elevarlos al rango de soldados, transformar la máquina perfecta de la venta de droga, de la inversión, del control del territorio en un mecanismo militar. Aprendices de charcuteros y de carniceros, de mecánicos, de camareros, chiquillos desocupados. Todos iban a convertirse en la fuerza nueva e inesperada del clan. A partir de la muerte de Montanino empieza un largo y sangriento toma y daca, con muertos y más muertos: una o dos emboscadas al día, primero las bases de los dos clanes, después los parientes, el incendio de las casas, las palizas, las sospechas.

Tamburino: «Cosimino es muy frío. Ha dicho: "Comamos, bebamos, follemos". Qué le vamos a hacer… ha pasado, sigamos adelante».

Petrone: «Pero yo soy incapaz de comer. He comido por comer…».

La orden de combatir no debe ser desesperada. Lo importante es adoptar una actitud de vencedores. Tanto si se trata de un ejército como de una empresa. Los que demuestran estar en crisis, los que huyen, los que desaparecen, los que se encogen sobre sí mismos, ya han perdido. Comer, beber, follar. Como si no estuviera pasando nada. Pero los dos personajes no las tienen todas consigo, no saben cuántos afiliados se han pasado a los Españoles y cuántos se han quedado en su bando.

Tamburino: «Y no sabemos cuántos se han ido con esos… ¡No lo sabemos!».

Petrone: «¡Ah! ¿Cuántos se han largado? ¡Aquí se han quedado un montón, Totore! No entiendo… ¿A esos… no les gustan los Di Lauro?».

Tamburino: «Si yo fuera Cosimino, ¿sabes qué haría? Empezaría a matarlos a todos. Aunque no estuviera seguro… absolutamente a todos. Empezaría a quitar… a esa chusma de en medio…».

Matar a todos. A todos sin excepción. Aun teniendo dudas. Aunque no sepas de qué parte están, aunque no sepas si tienen una parte. ¡Dispara! Es chusma. Chusma, solo chusma. Frente a la guerra, al peligro de la derrota, aliados y enemigos son papeles intercambiables. Más que individuos, son elementos en los que probar la propia fuerza y objetivarla. Solo después se crearán alrededor de las partes los aliados y los enemigos. Pero antes es preciso empezar a disparar.

El 30 de octubre de 2004 se presentan en casa de Salvatore de Magistris un señor de sesenta años que se ha casado con la madre de Biagio Esposito, un secesionista, un Español. Quieren saber dónde se ha escondido. Los Di Lauro tienen que cogerlos a todos antes de que se organicen, antes de que puedan darse cuenta de que son mayoría. Le parten los brazos y las piernas con un bastón, le destrozan la nariz. Después de cada golpe le piden información sobre el hijo de su mujer. Él no contesta, y después de cada silencio asestan otro golpe. Lo acribillan a patadas, tiene que confesar. Pero no lo hace. O quizá no sabe realmente dónde está el escondrijo. Morirá tras un mes de agonía.

El 2 de noviembre matan a Massimo Galdiero en un aparcamiento. El objetivo era su hermano Gennaro, presunto amigo de Raffaele Amato. El 6 de noviembre matan en Via Labriola a Antonio Landieri; para que no escape disparan contra todo el grupo que estaba a su alrededor. Resultarán gravemente heridas cinco personas más. Todos llevaban una plaza de coca y al parecer dependían de Gennaro McKay. Pero los Españoles responden, y el 9 de noviembre dejan un Fiat Punto blanco en medio de una calle. Esquivan puestos de control y abandonan el coche en Via Cupa Perrillo. Es media tarde cuando la policía encuentra tres cadáveres: Stefano Maisto, Mario Maisto y Stefano Mauriello. Abran la portezuela que abran, los policías encuentran un cuerpo. Delante, detrás, en el portaequipajes. El 20 de noviembre matan a Biagio Migliaccio en Mugnano. Van a matarlo a la concesionaria donde trabaja. Le dicen: «Esto es un atraco», y le disparan al pecho. El objetivo era su tío Giacomo. El mismo día responden los Españoles matando a Gennaro Emolo, padre de uno de los fieles de los Di Lauro acusado de formar parte del brazo militar. El 21 de noviembre los Di Lauro se cargan, mientras se encuentran en un estanco, a Domenico Riccio y Salvatore Gagliardi, personas cercanas a Raffaele Abbinante. Una hora más tarde matan a Francesco Tortora. Los killers no van en moto sino en coche. Se acercan, le disparan y lo recogen como si fuera un saco. Lo meten en el coche y lo llevan a las afueras de Casavatore, donde prenden fuego al coche y al cuerpo. Dos pájaros de un tiro. A medianoche del día 22, los carabineros encuentran un coche quemado. Otro más.

Para seguir la *faida*,* había conseguido hacerme con una radio con capacidad para sintonizar las frecuencias de la policía, de modo que llegaba con mi Vespa más o menos al mismo tiempo que las patrullas. Pero aquella noche me había dormido. El vocerío estridente y cadencioso de las centralitas se había convertido para mí en una especie de melodía adormecedora. Así que aquella vez fue una llamada telefónica en plena noche la que me informó de lo sucedido. Cuando llegué al lugar, encontré un coche completamente quemado. Lo habían cubierto de gasolina. Litros de gasolina. Por todas partes. Gasolina en los asientos delanteros, gasolina en los posteriores, gasolina en los neumáticos, en el volante. Las llamas ya se habían extinguido y los cristales habían estallado cuando llegaron los bomberos. No sé muy bien por qué me acerqué a aquella carcasa de coche. Hacía una peste terrible, a plástico quemado. Pocas personas alrededor, un guardia urbano con una linterna mira dentro de la chapa. Hay un cuerpo, o algo que lo parece. Los bomberos abren las portezuelas y cogen el cadáver haciendo una mueca de asco. Un carabinero se marea y, apoyado en la pared, vomita la pasta con patatas que ha comido hace unas horas. El cuerpo no era más que un tronco rígido, completamente carbonizado; la cabeza, una calavera ennegrecida; las piernas estaban desolladas por las llamas. Cogieron el cuerpo por los brazos y lo depositaron en el suelo a la espera del coche mortuorio.

La furgoneta que recoge a los muertos va continuamente de un lado a otro, desde Scampia hasta Torre Annunziata. Recoge, amontona, retira cadáveres de gente asesinada. La Campania es el territorio donde hay más asesinatos de Italia y ocupa uno de los primeros puestos del mundo. Las ruedas del coche mortuorio son enormemente lisas; bastaría con fotografiar las llantas oxidadas y el gris del interior de los neumáticos para tener la imagen símbolo de esta tierra. Los tipos salieron de la furgoneta con guantes de látex, sucísimos, usados una y otra vez, y se pusieron manos a la obra. Metieron el ca-

---

* Lucha entre dos familias del crimen organizado, típica de la Mafia, la Camorra y la 'Ndrangheta, practicada mediante la eliminación de los componentes de ambas por motivos de venganza, supremacía, control del territorio o actividades ilícitas. *(N de los T.)*

dáver en una bolsa, una de esas negras, las *body bag* en las que normalmente se meten los cuerpos de los soldados muertos. El cadáver parecía uno de esos que se encuentran bajo las cenizas del Vesubio después de que los arqueólogos hayan vertido yeso en el hueco dejado por el cuerpo. Alrededor del coche se habían agrupado ya decenas y decenas de personas, pero todas guardaban silencio. Parecía que no hubiera nadie. Ni siquiera las fosas nasales se aventuraban a respirar demasiado fuerte. Desde que ha estallado la guerra de la Camorra, muchos han dejado de poner límite a su propio aguante. Y están allí para ver qué sucederá más. Todos los días se enteran de qué más es posible, qué más tendrán que soportar. Se enteran, informan en casa y continúan viviendo. Los carabineros empiezan a hacer fotos, la furgoneta se va con el cadáver. Voy a la jefatura de policía. Algo dirán sobre esa muerte. En la sala de prensa están los periodistas habituales y algunos policías. Al cabo de un momento se oyen comentarios: «Se matan entre ellos. ¡Mejor así!», «Si te haces camorrista, mira cómo acabas», «Estabas encantado de ganar, ¿no?, pues ahora disfruta de la muerte, escoria». Los comentarios habituales, pero cada vez más asqueados, más exasperados. Como si el cadáver estuviera allí y todos tuvieran algo que recriminarle: esa noche destrozada, esa guerra interminable, esas patrullas militares que invaden todos los rincones de Nápoles. Los médicos necesitan horas para identificar el cadáver. Alguien le pone el nombre de un jefe de zona desaparecido hace unos días. Uno de tantos, uno de los cuerpos hacinados en espera del peor nombre posible en las cámaras frigoríficas del hospital Cardarelli. Luego llega el desmentido.

Alguien se cubre los labios con las manos, los periodistas tragan tanta saliva que la boca se les queda seca. Los policías menean la cabeza mirándose las puntas de los zapatos. Los comentarios se interrumpen, culpables. Aquel cuerpo era de Gelsomina Verde, una chica de veintidós años. Secuestrada, torturada, asesinada de un tiro en la nuca disparado tan de cerca que la bala había salido por la frente. Después la habían metido en un coche, su coche, y la habían quemado. Había salido con un chico, Gennaro Notturno, que había optado por estar con los clanes y luego se había acercado a los Españoles. Había salido con él unos meses tiempo atrás. Pero alguien los había visto abrazados, quizá en la Vespa. Juntos en coche. Gennaro había sido condenado a muerte, pero había conseguido esconderse ve a saber dónde, quizá en algún garaje cerca de la calle donde han matado a Gelsomina. No creyó necesario protegerla porque ya no mantenía relaciones con ella. Pero los clanes deben golpear y los individuos, a través de sus amistades, su parentela, incluso sus afectos, se convierten en mapas. Mapas sobre los que escribir un mensaje. El peor de los mensajes. Hay que castigar. El hecho de que alguien quede sin castigo es un riesgo demasiado grande que legitima la posibilidad de traición, nuevas hipótesis de escisiones. Golpear, y del modo más duro. Esa es la consigna. Lo demás vale cero. Así que los fieles de Di Lauro van a casa de Gelsomina, van a verla con una excusa. La secuestran, la golpean brutalmente, la torturan, le preguntan dónde está Gennaro. Ella no contesta. Quizá no sabe dónde está, o prefiere sufrir ella lo que le harían a él. Así que acaban con ella. Los camorristas enviados a hacer el «servicio» quizá estaban ciegos de coca, o quizá estaban sobrios para percibir el más mínimo detalle. Pero es del dominio público qué métodos utilizan para eliminar toda clase de resistencia, para anular el más leve soplo de humanidad. El hecho de que el cuerpo estuviera quemado me pareció una manera de borrar las torturas. El cuerpo de una chica torturada habría provocado una intensa furia en todos, y del barrio no se espera aprobación, pero desde luego tampoco hostilidad. Por eso hay que quemar, quemarlo todo. Las pruebas de la muerte no son graves. No más graves que cualquier otra muerte en período de guerra. Pero es insoportable imaginar cómo se ha producido esa muerte, cómo ha sido ejecutada esa tortura. Así que, aspirando con la nariz la mucosidad del pecho y escupiendo, conseguí apartar las imágenes de mi mente.

Gelsomina Verde, «Mina», el diminutivo con que era conocida en el barrio. También la llaman así en los periódicos que se ocupan de ella, con el consiguiente sentimiento de culpa del día después. Habría sido fácil no distinguirla de la carne de los que se matan entre ellos. O, si hubiera estado viva, seguir considerándola la novia de un camorrista, una de las muchas que aceptan por dinero o por la importancia que eso te da. Simplemente la enésima «señora» que disfruta de la riqueza de un marido camorrista. Pero el «Saracino», como llaman a Gennaro Notturno, está empezando. Con el tiempo uno se convierte en jefe de zona y controla a los camellos, llega a los mil o dos mil euros. Pero es una carrera larga. Al parecer, dos mil quinientos euros es el precio de la indemnización por un homicidio. Y si además necesitas quitarte de en medio porque los carabineros andan detrás de ti, el clan te paga un mes en el norte de Italia o en el extranjero. Quizá él también soñaba con llegar a ser boss, con dominar media Nápoles e invertir en toda Europa.

Si me detengo y tomo aliento, me resulta fácil imaginar cómo se conocieron pese a no haberles visto nunca la cara. Debieron de conocerse en un bar, uno de los malditos bares meridionales de la periferia en torno a los cuales gira como un torbellino la existencia de todos, chiquillos y viejos de noventa años asmáticos. O quizá se conocieron en alguna discoteca. Una vuelta por la plaza del Plebiscito, un beso antes de volver a casa. Luego, los sábados pasados juntos, unas pizzas en compañía, la puerta de la habitación cerrada con pestillo los domingos después de comer mientras los demás se duermen, apoltronados después de la comilona. Y así sucesivamente. Lo mismo que se hace siempre, lo mismo que, por suerte, les sucede a todos. Después, Gennaro entra en el Sistema. Seguramente fue a casa de algún amigo camorrista, hizo que lo presentara y después debió de empezar a trabajar para Di Lauro. Supongo que tal vez la chica se enteró, intentó buscarle otra cosa que hacer, como les ocurre a muchas chicas de por aquí, luchar por su novio. Pero quizá al final se olvidó del oficio de Gennaro. Al fin y al cabo, es un trabajo como otro. Conducir un coche, transportar algunos paquetes: se empieza con pequeñas cosas. Insignificancias. Pero que te permiten vivir, te permiten trabajar y a veces hasta sentirte realizado, querido, gratificado. Luego, la historia entre ellos terminó.

Sin embargo, esos pocos meses han sido suficientes. Han sido suficientes para relacionar a Gelsomina con la persona de Gennaro. Para hacer que esté «marcada» por su persona, que pertenezca al mundo de sus afectos. Aunque su relación haya terminado, aunque tal vez nunca naciera realmente. No importa. Son solo conjeturas e imaginaciones. Lo que queda es que han torturado y matado a una chica porque la vieron mientras acariciaba y daba un beso a determinada persona unos meses antes, en alguna parte de Nápoles. Me resulta imposible creerlo. Gelsomina se deslomaba trabajando, como todos los de por aquí. Es frecuente que las chicas, las esposas, tengan que mantener solas a la familia porque muchísimos hombres pasan años sumidos en la depresión. Incluso los que viven en Secondigliano, incluso los que viven en el «Tercer Mundo», consiguen tener alma. No trabajar durante años te transforma; ser tratado como una mierda por tus superiores, sin contrato, sin respeto, sin dinero, acaba contigo. O te conviertes en un animal o estás en el límite. Gelsomina, pues, trabajaba como todos los que tienen que tener por lo menos tres empleos para lograr reunir un sueldo del que daba la mitad a la familia. Formaba parte también del voluntariado que ayudaba a los ancianos de la zona, cosa sobre la que no escatimaron elogios los periódicos, que parecían competir en rehabilitarla y transformar su cuerpo carbonizado en una figura que de nuevo pudiera ser recordada con inocua compasión.

Estando en guerra no es posible seguir teniendo relaciones amorosas, lazos, vínculos, todo puede convertirse en elemento de debilidad. El terremoto emocional que se produce entre los afiliados más jóvenes está grabado en las conversaciones telefónicas intervenidas por los carabineros, como la que mantienen Francesco Venosa y Anna, su novia, transcrita en la orden de detención dictada por la Fiscalía Antimafia de Nápoles en febrero de 2006. Es la última llamada antes de cambiar de número, Francesco huye al Lacio, advierte a su hermano Giovanni con un SMS de que no se le ocurra salir a la calle, porque está en el punto de mira:

«Hola hermano t.q. te ruego q no salgas x ningún motivo. Ok?».

Francesco tiene que explicarle a su novia que tiene que irse y que la vida del hombre de Sistema es complicada:

«Ahora tengo dieciocho años… no es para tomárselo a risa… Estos te quitan de en medio… ¡te matan, Anna!».

Pero Anna es obstinada, le gustaría hacer las pruebas para ser subteniente de los carabineros, cambiar su vida y hacérsela cambiar a Francesco. Al chico no le desagrada en absoluto que Anna quiera entrar en los carabineros, pero se siente ya demasiado mayor para cambiar de vida:

Francesco: «Ya te lo he dicho, me alegro por ti… Pero mi vida es otra… Y yo no cambio mi vida».

Anna: «Ah, genial, me alegro… Tú sigue así y verás».

Francesco: «Anna, Anna…, no te pongas así…».

Anna: «Pero si tienes solo dieciocho años, puedes cambiar perfectamente… ¿Por qué estás resignado? No lo entiendo…».

Francesco: «Yo no cambio mi vida, por nada del mundo».

Anna: «Ah, o sea, que estás bien así».

Francesco: «No, Anna, no estoy bien así, pero por el momento hemos sufrido… y tenemos que recuperar el respeto perdido… Cuando andábamos por el barrio, la gente no tenía valor para mirarnos a la cara… y ahora todos levantan la cabeza».

Para Francesco, que es de los Españoles, la ofensa más grave es que ya no se siente nadie sometido a su poder. Ha habido demasiados muertos y por eso en su barrio todos lo ven como alguien relacionado con un grupo de killers canallas, de camorristas fracasados. Eso es intolerable, es preciso reaccionar aun a costa de la vida. Su novia intenta frenarlo, hacer que no se sienta un condenado.

Anna: «No debes meterte en la trifulca, tú puedes vivir perfectamente…».

Francesco: «No, no quiero cambiar de vida…».

El jovencísimo secesionista está aterrorizado por el hecho de que los Di Lauro la tomen con ella, pero la tranquiliza diciendo que él salía con muchas chicas, de modo que nadie puede relacionar a Anna con él. Después le confiesa, como un adolescente romántico, que ahora ella es la única.

«… Al final tenía treinta mujeres en el barrio… pero ahora dentro de mí sé que solo estoy contigo…»

Anna parece olvidarse del miedo a la venganza; como es natural en una chiquilla como ella, solo piensa en la última frase que ha pronunciado Francesco:

Anna: «Me gustaría creerlo».

La guerra continúa. El 24 de noviembre de 2004 matan a Salvatore Abbinante. Le disparan en la cabeza. Sobrino de uno de los dirigentes de los Españoles, Raffaele Abbinante, hombre de Marano. El territorio de los Nuvoletta. Los maraneses, para tener una participación activa en el mercado de Secondigliano, hicieron trasladar al barrio de Monterosa a muchos hombres con sus familias, y Raffaele Abbinante es, según las acusaciones, el dirigente de este grupo mafioso en Secondigliano. Era uno de los personajes con más carisma en España, donde mandaba en el territorio de la Costa del Sol. En una macroinvestigación realizada en 1997 fueron incautados dos mil quinientos kilos de hachís, veinte mil pastillas de éxtasis y mil quinientos kilos de cocaína. Los jueces demostraron que los cárteles napolitanos de los Abbinante y los Nuvoletta controlaban casi todo el tráfico de droga sintética en España e Italia. Después del homicidio de Salvatore Abbinante, se temía que los Nuvoletta intervinieran, que la Cosa Nostra decidiera decir la suya en la *faida* de Secondigliano. No sucedió nada, al menos militarmente. Los Nuvoletta abrieron las fronteras de sus territorios a los secesionistas huidos: esa fue la respuesta de los hombres de la Cosa Nostra en la Campania a la guerra de Cosimo. El 25 de noviembre los Di Lauro matan a Antonio Esposito en su tienda de alimentación. Cuando llegué allí, su cuerpo se encontraba entre botellas de agua y cartones de leche. Lo recogieron entre dos; lo levantaron agarrándolo de la chaqueta y de los pies y lo pusieron en una camilla metálica. Cuando el coche mortuorio se fue, apareció en la tienda una señora que empezó a ordenar los cartones en el suelo y limpió las salpicaduras de sangre del expositor de los embutidos. Los carabineros la dejaron hacer. Rastros de balas, pisadas: todas las pistas ya habían sido recogidas. El inútil catálogo de las huellas ya estaba terminado. Aquella mujer se pasó toda la noche arreglando la tienda, como si ordenar pudiese cancelar lo que había pasado, como si restablecer el orden en los cartones de leche y en la bollería envasada pudiera relegar a los pocos minutos en los que se había producido la emboscada, solo a esos minutos, el peso de la muerte.

Mientras tanto, en Scampia se había corrido la voz de que Cosimo Di Lauro pagaría ciento cincuenta mil euros a quien le diese información fundamental para encontrar a Gennaro Marino McKay. Una recompensa elevada, pero no en exceso para un imperio económico como el del Sistema de Secondigliano. Por el importe de la recompensa, se advirtió que no se quería sobrestimar al enemigo. Pero la recompensa no da sus frutos, antes llega la policía. Todos los dirigentes de los secesionistas que aún permanecían en la zona se habían reunido en el decimotercer piso de un edificio de Via Fratelli Cervi. Como medida de precaución, habían blindado el descansillo. Al final del tramo de escaleras, una jaula con verja cerraba el rellano. Además, las puertas blindadas hacían seguro el lugar del encuentro. La policía rodeó el edificio. Lo que los había blindado contra eventuales ataques de los enemigos, ahora los condenaba a esperar sin poder hacer nada, a esperar que las radiales cortaran las rejas y que la puerta blindada fuera derribada. Mientras esperaban que los detuviesen, tiraron por la ventana una mochila con una metralleta, pistolas y bombas de mano. Al caer, la metralleta disparó una ráfaga. Una bala pasó rozando la nuca de un policía que vigilaba el edificio. El nerviosismo le hizo ponerse a saltar, luego a sudar y por último le provocó un ataque de ansiedad y empezó a respirar convulsivamente. Morir alcanzado de rebote por un proyectil que ha escupido una metralleta arrojada desde un decimotercer piso es una hipótesis que no se toma en consideración. Casi delirando, empezó a hablar solo, a insultar a todo el mundo, mascullaba nombres y agitaba las manos como si quisiera ahuyentar mosquitos que revoloteaban delante de su cara.

—Han dado el chivatazo —decía—. En vista de que no conseguían acabar con ellos, han dado el chivatazo y nos han mandado a nosotros… Nosotros seguimos el juego de unos y de otros, les salvamos la vida a estos. Dejémoslos aquí, que se maten entre ellos, que se maten todos, ¿a nosotros qué nos importa?

Sus compañeros me indicaron que me alejara. Aquella noche, en la casa de Via Fratelli Cervi detuvieron a Arcangelo Abete y su hermana Anna, a Massimiliano Cafasso, a Ciro Mauriello, a Gennaro Notturno, el ex novio de Mina Verde, y a Raffaele Notturno. Pero el verdadero golpe de la detención fue Gennaro McKay, el líder secesionista. Los Marino habían sido objetivos principales de la *faida*. Habían incendiado sus propiedades: el restaurante Orchidea, en Via Diacono, en Secondigliano, una panadería en Corso Secondigliano y una pizzería en Via Pietro Nenni, en Arzano. Y la casa de Gennaro McKay, un chalet de madera estilo dacha rusa situado en Via Limitone, en Arzano también. Entre cubos de cemento armado, calles destrozadas, alcantarillas obstruidas e iluminación esporádica, el boss de las Casas Celestes había conseguido apoderarse de una parte de territorio y organizarlo como si fuera un paraje de montaña. Había hecho construir un chalet de madera noble con palmeras libias, las más caras, en el jardín. Algunos dicen que había ido por asuntos de negocios a Rusia, donde había estado alojado en una dacha y se había enamorado de ella. Y nada ni nadie podía impedir a Gennaro Marino construir en el corazón de Secondigliano una dacha, símbolo de la pujanza de sus negocios y, todavía en mayor medida, promesa de éxito para sus chicos, que, si sabían comportarse, antes o después podrían acceder a ese lujo, aunque fuese en la periferia de Nápoles, aunque fuese en la orilla más recóndita del Mediterráneo. Ahora, de la dacha solo queda el esqueleto de cemento y los árboles carbonizados. Al hermano de Gennaro, Gaetano, lo encontraron los carabineros en una habitación del lujoso hotel La Certosa, en Massa Lubrense. Para no jugarse el pellejo, se había encerrado en una habitación en la costa, una manera inesperada de sustraerse al conflicto. El mayordomo, el hombre que sustituía sus manos, en cuanto llegaron los carabineros los miró a la cara y dijo:

—Me habéis estropeado las vacaciones.

Sin embargo, el arresto del grupo de los Españoles no logró taponar la hemorragia de la *faida*. El 27 de noviembre matan a Giuseppe Bencivenga. El 28 disparan contra Massimo de Felice y el 5 de diciembre le toca a Enrico Mazzarella.

La tensión se convierte en una especie de pantalla que se interpone entre las personas. En la guerra, los ojos dejan de estar distraídos. Cada cara, cada cara concreta debe decirte algo. Debes descifrarla. Debes observarla. Todo cambia. Tienes que saber en qué tienda entrar, estar seguro de todas y cada una de las palabras que pronuncias. Para decidir si paseas con alguien, tienes que saber quién es. Tienes que averiguar algo sobre él que sea más que una certeza, eliminar toda posibilidad de que sea un peón en el tablero del conflicto. Caminar juntos, dirigirse la palabra significa compartir el bando. En la guerra, el umbral de atención de todos los sentidos se multiplica, es como si se oyera con más agudeza, se mirara más a fondo, se percibieran los olores más intensamente. Pese a que la prudencia no sirve de nada frente a la decisión de una matanza. Cuando alguien ataca, no se preocupa de a quién salvar y a quién condenar. En una conversación telefónica intervenida, Rosario Fusco, acusado de ser uno de los jefes de zona de los Di Lauro, habla con voz muy tensa a su hijo, tratando de ser convincente:

—… No debes verte con ninguno, métetelo en la cabeza, te lo he escrito también: si quieres salir, si quieres ir a dar un paseo con una chica, bueno, pero no debes verte con ningún chico, porque no sabemos con quién están o a quién pertenecen. Y si tienen que hacerle algo a ese y estás cerca, te lo hacen también a ti. ¿Entiendes cuál es el problema en estos tiempos? Esto, papá…

El problema es que no puedes sentirte excluido. No basta con suponer que la propia conducta podrá ponerte a resguardo de cualquier peligro. Ya no vale decirse: «Se matan entre ellos». Durante un conflicto de la Camorra, todo lo que ha sido construido con constancia es puesto en peligro, una cerca de arena derribada por una ola de resaca. Las personas intentan pasar con sigilo, reducir al mínimo su presencia en el mundo. Poco maquillaje, colores anónimos, pero no solo eso. El que tiene asma y no puede correr se encierra con llave en casa, pero poniendo una excusa, inventándose un motivo, porque revelar que se queda encerrado en casa podría resultar una declaración de culpabilidad: de no se sabe qué culpa, pero en cualquier caso una confesión de miedo. Las mujeres dejan de ponerse zapatos de tacón, inapropiados para correr. A una guerra no declarada oficialmente, no reconocida por los gobiernos y no relatada por los reporteros, corresponde un miedo no declarado, un miedo que se mete debajo de la piel.

Te sientes inflado como después de una comilona o de un trago de vino de la peor calidad. Un miedo que no estalla en los anuncios de las calles o en los diarios. No hay invasiones o cielos cubiertos de aviones, es una guerra que sientes por dentro. Casi como una fobia. No sabes si manifestar el miedo o esconderlo. No acabas de ver claro si estás exagerando o infravalorando. No hay sirenas de alarma, pero llegan informaciones de lo más divergentes. Dicen que la guerra es entre bandas, que se matan entre ellos. Pero nadie sabe dónde se encuentra la frontera entre lo que es suyo y lo que no lo es. Los vehículos de los carabineros, los puestos de control de la policía y los helicópteros que empiezan a sobrevolar a todas horas no tranquilizan, casi parecen acotar el terreno. Quitan espacio. No calman. Circunscriben y hacen el espacio mortal de la lucha todavía más angosto. Y te sientes atrapado, hombro contra hombro, y el calor del otro te resulta insoportable.

Atravesaba con mi Vespa esta capa de tensión. Cada vez que iba a Secondigliano durante el conflicto, me cacheaban por lo menos una decena de veces al día. Si hubiera llevado simplemente una de esas navajitas suizas multiusos, me la habrían hecho tragar. Me paraba la policía, luego los carabineros, a veces incluso una patrulla de la policía fiscal, y luego los vigilantes de los Di Lauro, y los de los Españoles. Todos con la misma autoridad de siempre, gestos mecánicos, palabras idénticas. Las fuerzas del orden pedían la documentación y después cacheaban; los vigilantes, en cambio, cacheaban y hacían más preguntas, intuían un matiz, radiografiaban las mentiras. Los días de máximo conflicto, los vigilantes cacheaban a todo el mundo. Inspeccionaban todos los coches. Para catalogar los rostros, para averiguar si iban armados. Veías acercarse primero ciclomotores que te examinaban hasta el alma, luego motos, y por último coches que te seguían.

Los enfermeros denunciaron que, antes de entrar para socorrer a alguien, a cualquiera, no solo a los heridos de arma de fuego sino también a una viejecita con una fractura de fémur o a un hombre que había sufrido un infarto, tenían que bajar, dejarse cachear, dejar subir a la ambulancia a un vigilante que comprobaba si era realmente un transporte sanitario o escondía armas, killers o personas que intentaban huir. En las guerras de la Camorra no se reconoce a la Cruz Roja, ningún clan ha firmado el tratado de Ginebra. Ni siquiera los coches camuflados de los carabineros se salvan. Una vez descargaron una ráfaga de tiros contra un coche en el cual iban montados un grupo de carabineros de paisano porque los confundieron con rivales, tiroteo que solo produjo heridas. Días después se presenta en el cuartel un chaval con una bolsa de viaje donde lleva varias mudas, perfectamente al tanto de cómo hay que comportarse durante un arresto. Lo confiesa todo de inmediato, quizá porque el castigo que habría recibido por disparar a los carabineros hubiera sido mucho peor que la cárcel. O más probablemente, el clan, para no suscitar especiales odios personales entre fuerzas públicas y camorristas, debió de animarlo a entregarse prometiéndole el pago de lo que le correspondía y de los gastos de defensa. El chaval declaró sin vacilar en el cuartel:

—Creí que eran los Españoles y disparé.

El 7 de diciembre me despertó una llamada en plena noche. Un amigo fotógrafo me avisaba del *blitz*.* No de un *blitz* cualquiera. Sino del *blitz*. El que los políticos locales y nacionales pedían como reacción contra la *faida*.

El barrio Tercer Mundo está rodeado por miles de hombres entre policías y carabineros. Un barrio enorme, cuyo sobrenombre, así como la pintada que hay en una pared al principio de la calle principal: «Barrio Tercer Mundo, no entréis», ofrece una imagen clara de su situación. Se convierte en un gran despliegue mediático. Después de este *blitz*, Scampia, Miano, Piscinola, San Pietro a Paterno y Secondigliano serán territorios invadidos por periodistas y equipos de televisión. La Camorra vuelve a existir después de años de silencio. De repente. Pero los instrumentos de análisis son viejos, viejísimos, no ha habido una atención constante. Como si se hubiera congelado un cerebro hace veinte años y descongelado ahora. Como si nos encontráramos frente a la Camorra de Raffaele Cutolo y las dinámicas mafiosas que llevaron a hacer volar las autopistas y matar a los jueces. Actualmente todo ha cambiado, salvo los ojos de los observadores,

* Rápida operación militar o policial efectuada con extrema precisión y sin previo aviso. *(N. de los T.)*

expertos y menos expertos. Entre los detenidos está Ciro Di Lauro, uno de los hijos del boss. El contable del clan, dice alguien. Los carabineros derriban las puertas, cachean a la gente y apuntan con los fusiles a los chiquillos. La única escena que consigo ver es a un carabinero gritándole a un chiquillo que lo apunta con una navaja:

—¡Tírala al suelo! ¡Tírala al suelo! ¡Vamos, rápido! ¡Tírala al suelo!

El chiquillo la deja caer. El carabinero aparta la navaja de una patada, y al chocar el arma contra una pared, la hoja se mete en el mango. Es de plástico, una navaja de las tortugas ninja. Mientras tanto, los militares vigilan, fotografían, se mueven por todas partes. Decenas de fortines son abatidos. Echan abajo paredes de cemento armado levantadas en los sótanos de los edificios para hacer depósitos de droga, derriban las verjas que cerraban tramos enteros de calles para organizar los almacenes de droga.

Cientos de mujeres bajan por la calle, queman contenedores, arrojan objetos contra las patrullas de policía. Están deteniendo a sus hijos, a sus nietos, a sus vecinos. A sus empleadores. Sin embargo, no lograba ver en esos rostros, en esas palabras de rabia, en esas piernas enfundadas en pantalones tan ajustados que parecen a punto de explotar, el menor rastro de solidaridad criminal. El mercado de la droga es fuente de sustento, un sustento mínimo que para la mayoría de la gente de Secondigliano no tiene ningún valor de enriquecimiento. Los empresarios de los clanes son los únicos que obtienen un beneficio exponencial. Todos los que trabajan en la venta, el almacenamiento, la ocultación y la vigilancia reciben solo un sueldo corriente a cambio de exponerse a arrestos, a meses y años de cárcel. Esos rostros tenían máscaras de rabia. Una rabia que sabe a jugo gástrico. Una rabia que o bien es defensa del propio territorio, o bien una acusación contra quienes siempre han considerado aquel lugar inexistente, perdido, un lugar para ser olvidado.

Ese gigantesco despliegue de fuerzas del orden que se produce de improviso después de decenas de muertos, después de que se haya encontrado el cuerpo quemado y torturado de una chica del barrio, parece un montaje. Para las mujeres de aquí, huele a tomadura de pelo. Las detenciones, las excavadoras no parecen algo que vaya a modificar la situación, sino simplemente una operación que favorece a los que ahora tienen necesidad de efectuar detenciones y echar abajo paredes. Como si de repente alguien cambiara las categorías de interpretación y dijera que su vida no va desencaminada. Sabían de sobra que allí todo iba desencaminado, no hacía falta que fuesen helicópteros y coches blindados para recordárselo, pero hasta ahora ese error era su principal forma de vida, su fuerza de supervivencia. Además, después de aquella irrupción que lo único que hacía era complicarla, nadie intentaría de verdad cambiarla para mejor. Por eso, aquellas mujeres querían proteger celosamente el olvido de aquel aislamiento, de aquel error de vida, y echar a los que de repente se habían percatado de la oscuridad.

Los periodistas estaban apostados en sus coches. Pero solo después de haber dejado actuar a los carabineros sin obstaculizar su labor, empezaron a filmar el *blitz*. Al final de la operación, esposaron a cincuenta y tres personas; el más joven era de 1985. Todos habían crecido en la Nápoles del Renacimiento, en el nuevo camino que debería haber cambiado el destino de los individuos. Mientras entran en los coches celulares de la policía, mientras son esposados por los carabineros, todos saben qué deben hacer: llamar a tal o cual abogado, esperar que el día 28 llegue a casa el sueldo del clan, los paquetes de pasta para sus esposas y madres. Los más preocupados son los hombres que tienen hijos adolescentes; no saben el papel que se les asignará después de su arresto. Pero en eso no pueden intervenir.

Después del *blitz*, la guerra prosigue sin tregua. El 18 de diciembre, Pasquale Galasso, homónimo de uno de los boss más poderosos de los años noventa, es liquidado detrás de la barra de un bar. El día 20 se cargan a Vincenzo Iorio en una pizzería. Y el 24 matan a Giuseppe Pezzella, de treinta y cuatro años. Intenta refugiarse en un bar, pero vacían un cargador entero disparando contra él. Por Navidad, descanso. Las baterías de fuego se detienen. Se reorganizan. Tratan de dotar de reglas y estrategias el menos regulado de los conflictos. El 27 de diciembre matan a Emanuele Leone de un tiro en la cabeza. Tenía veintiún años. El 30 de diciembre atentan contra los Españoles: matan a Antonio Scafuro, de veintiséis años, y hieren en una pierna a su hijo. Era pariente del jefe de zona de los Di Lauro en Casavatore.

Lo más complicado era comprender. Comprender cómo los Di Lauro habían conseguido manejar un conflicto como ganadores. Golpear y desaparecer. Camuflarse entre las personas, perderse en los barrios. Lotto T, las Velas, Parco Postale, las Casas Celestes, las Casas de los Pitufos y el Tercer Mundo se convierten en una especie de jungla, una selva pluvial de cemento armado donde confundirse, donde desaparecer más fácilmente que en otros sitios, donde es más fácil parecer fantasmas. Los Di Lauro habían perdido a todos los dirigentes y los jefes de zona, pero habían logrado desencadenar una guerra despiadada sin graves pérdidas. Era como si un Estado hubiera sufrido un golpe y el presidente destituido, para conservar el poder y defender sus propios intereses, hubiera armado a los niños de las escuelas y convertido a los carteros, los funcionarios y los jefes de departamento en los nuevos reemplazos militares. Permitiéndoles entrar en el nuevo centro del poder y no volviendo a relegarlos al rango de engranajes secundarios.

A Ugo De Lucia, incondicional de los Di Lauro acusado por la DDA de Nápoles de ser responsable del homicidio de Gelsomina Verde, le graban las conversaciones gracias a un micrófono escondido en su coche, tal como consta en la orden de diciembre de 2004:

—Yo sin órdenes no me muevo, yo soy así.

El perfecto soldado demuestra su total obediencia a Cosimo. Luego hace un comentario sobre alguien al que han herido:

—Yo lo mataba, nada de dispararle en una pierna. Si fuera yo, le machacaba las membranas, ya lo sabes… Vayamos a mi barrio, es tranquilo, allí podemos trabajar…

Ugariello, como lo llaman en su barrio, mataría, nunca se limitaría a herir.

—Ahora, digo yo, estamos solo nosotros, metámonos… todos en un sitio… quedémonos en los alrededores, cinco en una casa… cinco en otra… y cinco en otra, y nos mandáis llamar solo cuando tengamos que bajar para volarle la tapa de los sesos.

Organizar grupos de choque de cinco personas, hacer que se escondan en casas seguras, salir de los escondrijos solo para matar. No hacer otra cosa. A los grupos de choque los llaman *paranze*.* Pero Petrone, su interlocutor, no está tranquilo:

—Sí, pero si uno de esos cabrones acaba encontrando una *paranza* escondida en alguna parte, nos ven, nos siguen, nos saltan la tapa de los sesos… ¡Por lo menos llevémonos a un par por delante antes de morir, digo yo! ¡Por lo menos déjame liquidar a cuatro o cinco!

Lo ideal para Petrone es matar a los que no saben que han sido descubiertos:

—Lo más sencillo es cuando son compañeros, les haces montar en el coche y te los llevas…

Ganan porque son más imprevisibles en el ataque, pero también porque ya prevén su destino. Con todo, antes del final deben infligir las máximas pérdidas al enemigo. Una lógica kamikaze sin explosiones. La única que en una situación de desventaja permite confiar en una victoria. Antes de organizarse en *paranze* empiezan rápidamente a atacar.

El 2 de enero de 2005 matan a Crescenzo Marino, el padre de los McKay. Lo encuentran en un coche insólito para un hombre de setenta años: un Smart. El más caro de la serie. Quizá creía que era suficiente para distraer a los vigilantes. Al parecer, un solo tiro lo alcanzó en medio de la frente. Nada de sangre excepto un reguero que le atraviesa la cara. Quizá creía que salir de casa un momento, apenas unos minutos, no sería peligroso. Pero fue suficiente. El mismo día los Españoles liquidan a Salvatore Barra en un bar de Casavatore. Ese día va a Nápoles el presidente de la República, Carlo Azeglio Ciampi, a pedir a la ciudad que reaccione, a pronunciar palabras de ánimo institucional, de cercanía del Estado. Se producen tres emboscadas solo en el tiempo que dura su intervención.

El 15 de enero disparan en plena cara a Carmela Attrice, madre del secesionista Francesco Barone, «o Russo», descrito en las investigaciones como íntimo de los McKay. La mujer no salía de casa des-

---

* En su acepción común, este término designa los motopesqueros que faenan en pareja, así como su tripulación. *(N. de los T.)*

de hacía tiempo, así que utilizan a un chiquillo como cebo para eliminarla. Llama al timbre del interfono. La señora lo conoce, sabe perfectamente quién es, no se le ocurre que haya ningún peligro. Todavía en pijama, baja, abre la puerta y alguien le acerca el cañón de una pistola a la cara y dispara. Sangre y líquido cerebral salen de su cabeza como de un huevo roto.

Cuando llegué al lugar del crimen, en las Casas Celestes, todavía no habían procedido al levantamiento del cadáver. La gente caminaba sobre su sangre y dejaba huellas por todas partes. Tragué saliva para calmar el estómago. Carmela Attrice no había huido. La habían avisado, sabía que su hijo estaba con los Españoles, pero la incertidumbre de la guerra de la Camorra es esa. No hay nada definido y claro. Todo se vuelve real solo cuando se cumple. En las dinámicas del poder, del poder total, no existe nada que vaya más allá de lo concreto. Así que huir, quedarse, escapar, denunciar se vuelven elecciones demasiado postergadas, inciertas, todo consejo encuentra siempre un argumento contrario, y únicamente algún acontecimiento concreto puede hacer tomar una decisión. Pero cuando sucede, la decisión solo se puede sufrir.

Cuando se muere en la calle, se acaba formando un estruendo horroroso alrededor. No es verdad que se muera solo. Se acaba con caras que no se conocen delante de las narices, personas que tocan piernas y brazos para averiguar si el cuerpo es ya cadáver o vale la pena pedir que vaya una ambulancia. Todos los rostros de los heridos graves, todos los semblantes de las personas que están a punto de morir parecen aunados por el mismo miedo. Y por la misma vergüenza. Parece extraño, pero un instante antes de acabar se siente una especie de vergüenza. *Scuorno*, dicen aquí. Algo así como estar desnudos entre la gente. La misma sensación se experimenta cuando a uno lo hieren de muerte en la calle. Nunca me he acostumbrado a ver a las personas asesinadas. Enfermeros, policías, todos están tranquilos, impasibles, ejecutan los gestos aprendidos de memoria haya quien haya delante.

—Tenemos el corazón encallecido y el estómago forrado de cuero —me dijo un jovencísimo conductor de coche mortuorio.

Cuando llegas antes que la ambulancia es difícil apartar los ojos del herido, aunque quisieras no haberlo visto nunca. No haber comprendido nunca que así es como se muere. La primera vez que vi a un hombre asesinado debía de tener trece años. Recuerdo aquel día perfectamente. Me desperté con un apuro tremendo porque el pijama, que llevaba puesto sin calzoncillos, delataba claramente una erección no deseada. La típica de la mañana, imposible de disimular. Recuerdo ese episodio porque mientras me dirigía al colegio vi un cadáver en la misma situación. Éramos cinco, con las mochilas cargadas de libros. Habían acribillado un Alfetta y camino del colegio pasamos por delante. Mis compañeros se precipitaron a mirar con curiosidad. Se veían los pies en alto sobre el asiento. El más temerario de nosotros preguntó a un carabinero cómo es que los pies estaban en el sitio donde se apoya la cabeza. El carabinero no dudó en responder, como si no se hubiera dado cuenta de cuántos años tenía su interlocutor.

—Las ráfagas de lluvia lo han hecho capotar…

Era un crío, pero sabía que ráfagas de lluvia significaba ráfagas de metralleta. Aquel camorrista había recibido tantas que su cuerpo estaba al revés: la cabeza abajo y los pies arriba. Luego los carabineros abrieron la portezuela y el cadáver cayó al suelo como un carámbano derretido. Nosotros mirábamos sin trabas, sin que nadie nos dijese que aquello no era un espectáculo para niños. Sin ninguna mano moral que viniera a taparnos los ojos. El muerto tenía una erección. Los vaqueros ajustados lo dejaban ver claramente. Y aquello me impresionó. Se me quedó grabada la escena durante muchísimo tiempo. Me pasé días pensando cómo podía haber sucedido. En qué estaría pensando, qué estaría haciendo antes de morir. Ocupé las tardes intentando conjeturar que tenía en la mente antes de palmarla; estuve obsesionado hasta que hice acopio de valor para pedir una explicación y me dijeron que la erección es una reacción común en los fallecidos por muerte violenta. Aquella mañana, Linda, una niña de nuestro grupo, en cuanto vio el cadáver deslizarse fuera del coche, empezó a llorar, contagiando a dos chiquillos más. Un llanto entrecortado. Un joven de paisano agarró el cadáver por el pelo, le escupió a la cara y, dirigiéndose a nosotros, dijo:

—¿Qué hacéis llorando? Este era escoria, no ha pasado nada, todo va bien. No ha pasado nada. No lloréis…

Desde entonces nunca más he conseguido creer en las escenas de la policía científica con guantes, caminando sigilosamente, atenta a no desplazar polvo y casquillos de bala. Cuando llego junto a los cuerpos antes que la ambulancia y observo los últimos momentos de vida de alguien que tiene conciencia de que se está muriendo, siempre me viene a la mente el final de *El corazón de las tinieblas*, cuando una mujer le pregunta a Marlow, de vuelta ya en su país, por el hombre al que amó, le pregunta qué dijo Kurtz antes de morir. Y Marlow miente. Responde que preguntó por ella, cuando en realidad no había pronunciado ninguna palabra dulce, ninguna frase bonita. Kurtz solo había dicho: «El horror». Se cree que la última palabra pronunciada por un moribundo es su último pensamiento, el más importante, el fundamental. Que muere pronunciando aquello por lo que ha valido la pena vivir. No es así. Cuando uno muere no sale a la luz nada excepto el miedo. Todos, o casi todos, repiten la misma frase banal, sencilla, inmediata: «No quiero morir». Caras que se han superpuesto siempre a la de Kurtz, rostros que expresan el tormento, la repugnancia y el rechazo que produce terminar de un modo horrendo, en el peor de los mundos posibles. En el horror.

Después de haber visto decenas de personas asesinadas, manchadas de su propia sangre mezclada con la suciedad, desprendiendo olores nauseabundos, miradas con curiosidad o indiferencia profesional, evitadas como residuos peligrosos o comentadas con gritos convulsos, he llegado a una sola conclusión, una idea tan elemental que raya en la idiotez: la muerte da asco.

En Secondigliano, los chavales, los chiquillos, los niños saben perfectamente cómo se muere y cómo es mejor morir. Me disponía a irme del lugar donde le habían tendido la trampa a Carmela Attrice, cuando oí hablar a un chiquillo con un amigo suyo. El tono de ambos era serenísimo:

—Yo quiero morir como esta señora. En la cabeza, pam pam… y se acaba todo.

—Pero le han dado en la cara, y en la cara es peor.

—No, no es peor, es un instante también. Delante o detrás da lo mismo, en los dos casos es la cabeza.

Me metí en la conversación, tratando de dar mi opinión y haciendo preguntas.

—Es mejor que te den en el pecho, ¿no? —les dije a los chiquillos—. Un disparo en el corazón y se acabó.

Pero el chiquillo conocía mucho mejor que yo las dinámicas del dolor y empezó a contar con detalle los dolores que provoca el impacto del proyectil, con una profesionalidad de experto.

—No, en el pecho hace daño, mucho daño, y tardas diez minutos en morir. Tienen que llenarse los pulmones de sangre, y además, el impacto es como si te clavaran un alfiler de fuego y te lo removieran dentro. Hace daño hasta en los brazos y en las piernas. Ahí es como un mordisco fortísimo de serpiente. Un mordisco que no suelta la carne. En la cabeza es mejor; así no te meas encima y no se te escapa la mierda. No te pasas media hora agitándote en el suelo...

Había visto. Y más de un cuerpo. Recibir un disparo en la cabeza evita temblar de miedo, orinarse encima y expulsar mal olor, el hedor de las entrañas por los agujeros de la barriga. Continué haciéndole preguntas sobre detalles de la muerte, sobre las emboscadas. Todas las preguntas posibles excepto la única que debería haber hecho, o sea, por qué a los catorce años pensaba en cómo morir. Pero esa idea no se me pasó ni por un momento por la mente. El chiquillo se presentó con su sobrenombre. Le venía de *Pokémon*, los dibujos animados japoneses. El chiquillo era rubio y chato, suficiente para llamarlo «Pikachu». Señaló, entre la muchedumbre que se había agolpado alrededor del cuerpo de la mujer asesinada, a dos tipos que estaban mirando el cadáver. Pikachu bajó la voz:

—Mira a esos de allí, ¿los ves? Esos son los que han matado a Pupetta.

A Carmela Attrice la llamaban «Pupetta». Traté de mirar a la cara a los chicos que Pikachu me había indicado. Tenían una expresión emocionada, palpitante, apartaban las cabezas y los hombros para ver mejor a los policías que cubrían el cuerpo. Habían matado a la mujer a cara descubierta, se habían sentado en los alrededores, bajo la estatua de Padre Pío, y en cuanto se había congregado un poco de gente alrededor del cadáver habían ido a ver. Unos días después les echaron el guante. Un grupo nutrido para una emboscada a una mujer inofensiva, asesinada en pijama y zapatillas. Un grupo en su bautismo de fuego, el negocio de la venta de droga al por menor convertido en brazo armado. El más joven tenía dieciséis años; el mayor, veintiocho. El presunto asesino, veintidós. Cuando los arrestaron, uno de ellos, al ver los flashes y las cámaras de televisión, se puso a reír y a guiñar el ojo a los periodistas. Detuvieron también al presunto cebo, el chaval de dieciséis años que había llamado al timbre del interfono para hacer bajar a la mujer. Dieciséis años, los mismos que la hija de Carmela Attrice, que cuando oye los disparos se asoma al balcón y se echa a llorar porque enseguida se da cuenta de lo que ha pasado. Según las investigaciones, los ejecutores habían vuelto al lugar del delito. Demasiada curiosidad. Como participar en la película de la propia vida. Primero en el papel de actor y después en el de espectador, pero dentro de la misma película. Debe de ser verdad que quien dispara no consigue tener un recuerdo preciso del gesto que realiza, porque aquellos chicos volvieron llenos de curiosidad para ver la que habían organizado y qué cara tenía su víctima. Le pregunté a Pikachu si aquellos tipos eran una *paranza* de los Di Lauro o si querían formar una. El chiquillo se echó a reír:

—¿Una *paranza*?… Eso quisieran ellos… pero son unos pelagatos. Yo he visto una *paranza*…

No sabía si Pikachu estaba contándome trolas o simplemente había juntado cosas que se oían por Scampia, pero su narración era precisa. Un chiquillo minucioso en sus relatos, exacto hasta el punto de hacer que cualquier duda pareciera irreal. Se alegraba de ver mi semblante atónito mientras hablaba. Pikachu me contó que tenía un perro llamado Careca, como el delantero brasileño del Nápoles campeón de Italia. Aquel perro salía a menudo al rellano de la escalera. Un día oyó a alguien detrás de la puerta del piso de enfrente, habitualmente vacío, y se puso a arañarla con las uñas de las patas. Al cabo de unos segundos, una ráfaga de metralleta disparada desde el otro lado de la puerta le dio de lleno. Pikachu me contaba el episodio reproduciendo todos los ruidos:

—Tra-tra-tra-tra-trá… Careca murió en el acto… y la puerta, pam… se abrió de golpe.

Pikachu se sentó en el suelo con los pies apoyados en una pared y los brazos como si estuviera empuñando una metralleta. Me reprodujo la postura en la que estaba el vigilante que le había matado al perro. El vigilante seguía detrás de la puerta. Sentado, con un cojín detrás de la espalda y las plantas de los pies apoyadas a ambos lados de la puerta. Una postura incómoda para evitar que a uno le entre sueño y sobre todo porque disparar de abajo arriba eliminaría con toda seguridad a cualquiera que se plantase delante de la puerta, sin peligro para el vigilante. Pikachu me contó que, cuando mataron al perro, para disculparse dieron dinero a la familia y después lo invitaron a entrar en casa. En el piso donde estaba escondida una *paranza* entera. Lo recordaba todo, las habitaciones vacías, solo con camas, una mesa y un televisor.

Pikachu hablaba deprisa, gesticulando mucho y reproduciendo posturas y movimientos de los miembros de la *paranza*. Nerviosos, tensos, y uno de ellos llevaba «piñas» colgadas del cuello. Las piñas son las bombas de mano que los hombres de las *paranze* llevan encima. Pikachu contó que al lado de una ventana había un cesto lleno de piñas. Los clanes camorristas siempre han tenido una particular predilección por las bombas de mano. En todas partes, los arsenales de los clanes estaban a rebosar de bombas de mano y antitanque, todas procedentes del este de Europa. Pikachu contaba que en el piso se pasaban horas jugando a la playstation y que él había desafiado y ganado a todos los miembros de la *paranza*. Ganaba siempre, y le prometían que «un día de esos me llevarían con ellos a disparar de verdad».

Una de las leyendas del barrio cuenta que Ugo De Lucia jugaba obsesivamente a *Winning Eleven*, el videojuego de fútbol más famoso de la playstation. Parece ser —según las acusaciones— que en cuatro días no solo cometió tres homicidios sino que, además, terminó un campeonato de fútbol en el videojuego.

En cambio, lo que cuenta el arrepentido Pietro Esposito, llamado «Kojac», parece que no es una leyenda. Había entrado en una casa donde Ugo De Lucia estaba tumbado en la cama delante de la televisión, comentando las noticias:

—¡Hemos hecho dos piezas más! Y esos otros han hecho una pieza en el Tercer Mundo.

La televisión era la mejor manera de seguir en tiempo real la guerra sin tener que hacer llamadas telefónicas comprometedoras. Desde ese punto de vista, la atención mediática que la guerra había atraído sobre Scampia suponía una ventaja estratégica militar. Pero lo que más me había impresionado era el término «pieza». Pieza era la nueva manera de designar un homicidio. Hablando de los muertos de la guerra de Secondigliano, Pikachu también hablaba de las piezas que habían hecho los Di Lauro y las piezas que habían hecho los secesionistas. «Hacer una pieza»: una expresión tomada del trabajo a destajo, el asesinato de un hombre equiparado a la fabricación de una cosa, cualquier cosa. Una pieza.

Pikachu y yo empezamos a pasear y me contó cosas de los chiquillos del clan, la verdadera fuerza de los Di Lauro. Le pregunté dónde se reunían y se ofreció a acompañarme; todos lo conocían y quería demostrármelo. Había una pizzería donde se reunían por la noche. Antes de ir, pasamos a recoger a un amigo de Pikachu, uno de los que formaban parte del Sistema desde hacía tiempo. Pikachu lo adoraba, lo describía como una especie de boss, era un referente entre los chiquillos del Sistema porque le habían encomendado la tarea de alimentar a los prófugos y, según él, hacer la compra directamente a la familia Di Lauro. Se llamaba Tonino «Kit Kat» porque devoraba toneladas de chocolatinas. Kit Kat se las daba de pequeño boss, pero yo me mostraba escéptico. Le hacía preguntas a las que se cansaba de responder, así que se levantó el jersey. Tenía todo el tórax lleno de moretones redondos. En el centro de las circunferencias violáceas aparecían puntos amarillos y verduscos de capilares rotos.

—Pero ¿qué has hecho?

—El chaleco…

—¿El chaleco?

—Sí, el chaleco antibalas…

—¿Y el chaleco hace esos cardenales?

—Claro, las berenjenas son las balas que me han alcanzado…

Los moretones, las berenjenas, eran el fruto de los disparos de pistola que el chaleco detenía un centímetro antes de llegar a entrar en la carne. Para enseñar a no tener miedo de las armas, hacían ponerse un chaleco a los chiquillos y disparaban contra ellos. Un chaleco por sí solo no bastaba para impulsar a un individuo a no huir ante un arma. Un chaleco no es la vacuna contra el miedo. La única manera de anestesiar todo temor era mostrar cómo podían ser neutralizadas las armas. Me contaron que los llevaban al campo, nada más salir de Secondigliano. Les hacían ponerse los chalecos antibalas debajo de la camiseta y descargaban medio cargador de pistola contra cada uno.

—Cuando llega la bala, caes al suelo y dejas de respirar, abres la boca y tomas aire, pero no entra nada. No puedes más. Son como castañazos en el pecho, te parece que vas a estallar... Pero después te levantas, eso es lo importante. Después del tiro, te levantas.

Kit Kat había sido adiestrado junto a otros para recibir disparos, un entrenamiento para morir, mejor dicho, para casi morir.

Los reclutan en cuanto son capaces de ser fieles al clan. Tienen entre doce y diecisiete años; muchos son hijos o hermanos de afiliados, mientras que otros muchos proceden de familias de trabajadores con empleos precarios. Son el nuevo ejército de los clanes de la Camorra napolitana. Vienen del centro histórico, del barrio de Sanità, de Forcella, de Secondigliano, de la barriada San Gaetano, de los Barrios Españoles, del Pallonetto, los reclutan mediante afiliaciones estructuradas en diversos clanes. Por su número, son un verdadero ejército. Las ventajas para los clanes son múltiples: un chiquillo cobra menos de la mitad del sueldo de un afiliado adulto de la categoría más baja, raramente debe mantener a los padres, no tiene las obligaciones que impone una familia, no tiene horarios, no necesita un salario puntual y, sobre todo, está dispuesto a estar permanentemente en la calle. Las atribuciones son diversas y con diversas responsabilidades. Se empieza con la venta de droga blanda, sobre todo hachís. Los chiquillos se sitúan casi siempre en las calles más bulliciosas. Con el tiempo empiezan a vender pastillas y casi siempre les proporcionan un ciclomotor. Por último, la cocaína: la llevan directamente a las universidades, a los alrededores de los locales y los hoteles, a las estaciones de metro. Los grupos de niños camellos son fundamentales en la economía flexible de la venta de droga porque llaman menos la atención, la venden entre una patada al balón y una carrera en motocicleta, y con frecuencia van al domicilio del cliente. En muchos casos, el clan no obliga a los chiquillos a trabajar por la mañana; en realidad, continúan asistiendo a clase durante la enseñanza primaria, en parte porque si decidieran no ir podrían descubrirlos más fácilmente. Tras los primeros meses de trabajo, muchos chiquillos salen a la calle armados, para defenderse y al mismo tiempo para hacerse valer: una promoción sobre el terreno que promete la posibilidad de escalar a la cima del clan. Aprenden a utilizar pistolas automáticas y semiautomáticas en los vertederos de basura de los alrededores o en las galerías de la Nápoles subterránea.

Cuando demuestran que son de fiar y cuentan con la confianza total de un jefe de zona, pueden desempeñar un papel mucho más importante que el de camello: se convierten en *pali*. Controlan en una calle de la ciudad, encomendada a ellos, que los camiones que descargan mercancías para los supermercados y las tiendas sean los que el clan impone, y cuando no es así, informan de que el repartidor de un determinado comercio no es el «seleccionado». En la cobertura de las obras también es fundamental la presencia de los *pali*. Las empresas contratistas a menudo subcontratan a empresas constructoras de los grupos camorristas, pero a veces se adjudica el trabajo a empresas «no aconsejadas». Para averiguar si en una obra se subcontratan los trabajos a empresas «externas», los clanes necesitan ejercer una vigilancia continua y que no despierte sospechas. Esta tarea es confiada a los chiquillos, que observan, controlan, informan al jefe de zona y reciben órdenes de este sobre cómo actuar en caso de que en una obra la empresa contratista haya «fallado». Los chiquillos afiliados se comportan como camorristas maduros y tienen responsabilidades comparables a las de estos últimos. Empiezan la carrera muy pronto, queman etapas a gran velocidad, y su escalada a los puestos de poder en el interior de la Camorra está modificando radicalmente la estructura genética de los clanes. Jefes de zona niños, boss jovencísimos se convierten en interlocutores imprevisibles y despiadados que se guían por lógicas nuevas, cuya dinámica resulta incomprensible para las fuerzas del orden y la Antimafia. Son rostros totalmente nuevos y desconocidos. Con la reestructuración del clan llevada a cabo por Cosimo, parcelas enteras de la venta de droga son gestionadas por adolescentes de quince o dieciséis años, que dan órdenes a hombres de cuarenta y cincuenta sin sentirse ni por un instante incómodos ni creer que no están a la altura. Un micrófono oculto instalado por los carabineros en el coche de un chico, Antonio Galeota Lanza, permite intervenir una conversación en la que este cuenta, con la música a todo volumen, cómo se vive haciendo de camello:

—Todos los domingos por la noche gano ochocientos o novecientos euros, aunque hacer de camello es un oficio que te lleva a manejar crack, cocaína, y te juegas quinientos años de cárcel…

Cada vez con más frecuencia, los chiquillos del Sistema intentan conseguir todo lo que quieren utilizando el «hierro», que es como llaman a la pistola, y el deseo de un teléfono móvil o de un equipo de música, de un coche o de una motocicleta, se transforma fácilmente en un asesinato. En la Nápoles de los niños soldados no es raro oír junto a la caja de los comercios, en tiendas de todo tipo y supermercados, afirmaciones de este tipo: «Pertenezco al Sistema de Secondigliano» o «Pertenezco al Sistema de los Barrios». Palabras mágicas mediante las cuales los chiquillos cogen lo que quieren y ante las cuales ningún comerciante exigirá jamás el pago de los productos.

En Secondigliano, esta nueva estructura de chiquillos había sido militarizada. Los habían convertido en soldados. Pikachu y Kit Kat me llevaron a una pizzería de la zona cuyo propietario, Nello, era el encargado de dar de comer a los chiquillos del Sistema cuando acababan su turno. Nada más poner los pies en la pizzería, llegó un grupo. Se les veía rollizos, inflados, porque debajo del jersey llevaban el chaleco antibalas. Dejaron los ciclomotores sobre la acera y entraron sin saludar a nadie. La forma de moverse y el hecho de llevar el pecho embutido hacía que parecieran jugadores de fútbol americano. Caras de críos, a algunos empezaba a crecerles la barba, tenían entre trece y dieciséis años. Pikachu y Kit Kat me hicieron sentarme con ellos, cosa que no pareció molestar a nadie. Comían y, sobre todo, bebían. Agua, Coca-Cola, Fanta. Una sed increíble. Hasta con la pizza querían refrescarse: pidieron una botella de aceite, añadieron aceite y más aceite a las pizzas porque decían que estaban demasiado secas. En su boca se había secado todo, desde la saliva hasta las palabras. De pronto caí en la cuenta de que venían de hacer la guardia de noche y habían tomado pastillas. Les daban pastillas de MDMA. Para que no se durmieran, para evitar que perdieran tiempo comiendo dos veces al día. Por lo demás, la MDMA fue patentada por los laboratorios Merck en Alemania para ser suministrada a los soldados que estaban en las trincheras en la Primera Guerra Mundial, aquellos soldados a los que llamaban *Menschenmaterial*, material humano, que de ese modo soportaba el hambre, el frío y el terror. Después la emplearon los estadounidenses en operaciones de espionaje. Ahora, estos pequeños soldados recibían también su dosis de valor artificial y de resistencia adulterada. Comían sorbiendo los trozos de pizza que cortaban. De la mesa se desprendía un ruido semejante al que hacen los viejos cuando sorben el caldo de la cuchara. Los chiquillos se pusieron de nuevo a hablar, siguieron pidiendo botellas de agua. Y entonces hice una cosa que podría haber sido castigada con violencia, pero intuía que podía hacerla porque lo que tenía delante eran chiquillos. Embutidos en lastre de plomo, pero chiquillos al fin y al cabo. Puse una grabadora sobre la mesa y me dirigí en voz alta a todos, tratando de cruzar la mirada con cada uno de ellos:

—Ánimo, hablad aquí delante, decid lo que queráis…

A nadie le pareció extraño mi gesto, a nadie se le ocurrió que estaba ante un poli o un periodista. Algunos se pusieron a proferir insultos delante de la grabadora. Luego, un chiquillo, instigado por alguna de mis preguntas, me contó su carrera. Y parecía impaciente por hacerlo.

—Empecé trabajando en un bar; ganaba doscientos euros al mes, con las propinas llegaba a doscientos cincuenta, y el trabajo no me gustaba. Yo quería trabajar en la oficina con mi hermano, pero no me cogieron. En el Sistema gano trescientos euros a la semana, pero si vendo bastante gano también un porcentaje de cada ladrillo (la pastilla de hachís) y puedo llegar a entre trescientos cincuenta y cuatrocientos euros. Tengo que currármelo, pero al final siempre me dan algo más.

Después de una ráfaga de eructos que dos chavalines quisieron grabar, el chiquillo, al que llamaban «Satore» —una combinación de Sasà y Totore—, prosiguió:

—Al principio estaba siempre en la calle, aunque me fastidiaba no tener un ciclomotor, tener que ir a pie o en autobús. El trabajo me gusta, todos me respetan y, además, puedo hacer lo que quiero. Pero ahora me han dado un hierro y tengo que estar siempre aquí. El Tercer Mundo y las Casas de los Pitufos. Siempre encerrado aquí adentro, arriba y abajo. Y no me gusta.

Satore me sonrió y, riendo, gritó delante de la grabadora:

—¡Sacadme de aquí…! ¡Decídselo al maestro!

Los habían armado, les habían dado un hierro, una pistola, y un territorio limitadísimo donde trabajar. Kit Kat empezó a hablar delante de la grabadora, tocando con los labios los orificios del micrófono de forma que quedaba grabada hasta su respiración.

—Yo quiero montar una empresa para restaurar casas, o un almacén o una tienda, el Sistema tiene que darme dinero para montarla, de lo demás me encargo yo, también de decidir con quién voy a casarme. Tengo que casarme con una que no sea de aquí, con una modelo negra o alemana.

Pikachu sacó una baraja del bolsillo y cuatro de ellos se pusieron a jugar a las cartas. Los demás se levantaron y se desperezaron, pero ninguno se quitó el chaleco. Seguí preguntándole a Pikachu por las *paranze*, pero estaba empezando a cansarse de mi insistencia. Me dijo que había estado hacía unos días en casa de una *paranza* y que la habían desmantelado, que solo había quedado un lector de MP3 que escuchaban cuando iban a «hacer piezas». El MP3 que escuchaban los hombres de la *paranza* mientras iban a asesinar, la recopilación de archivos musicales, colgaba del cuello de Pikachu. Con una excusa, le pedí que me lo prestara unos días. Él se echó a reír, como para decirme que no se ofendía si había creído que era tan tonto, tan idiota como para andar prestando las cosas. Así que se lo compré, saqué cincuenta euros y conseguí el lector. Me metí inmediatamente los auriculares en los oídos, quería saber cuál era el fondo musical de la matanza. Esperaba oír música rap, rock duro, heavy metal, pero era una sucesión ininterrumpida de fragmentos neomelódicos y de música pop. En Estados Unidos disparan atiborrándose de rap; los killers de Secondigliano iban a matar escuchando canciones de amor.

Pikachu empezó a cortar el mazo de cartas mientras me preguntaba si quería participar, pero a mí siempre se me ha dado mal jugar a las cartas. Así que me levanté de la mesa. Los camareros de la pizzería tenían la misma edad que los chiquillos del Sistema y los miraban con admiración, sin atreverse siquiera a servirles. De eso se ocupaba personalmente el propietario. Aquí, trabajar de aprendiz, de camarero o en una obra es como una deshonra. Además de los eternos motivos habituales —trabajo clandestino, fiestas y bajas por enfermedad no remuneradas, diez horas de media diarias—, no tienes esperanzas de poder mejorar tu situación. El Sistema al menos ofrece la ilusión de que el esfuerzo sea reconocido, de que haya posibilidades de hacer carrera. Un afiliado nunca será visto como un aprendiz, las chavalas nunca pensarán que las corteja un fracasado. Estos chiquillos inflados, estos ridículos vigilantes con aspecto de marionetas de fútbol americano no tenían en mente convertirse en Al Capone sino en Flavio Briatore, no en pistoleros sino en hombres de negocios acompañados de modelos: querían llegar a ser empresarios de éxito.

El 19 de enero matan a Pasquale Paladini, de cuarenta y cinco años. Ocho tiros. En el pecho y en la cabeza. Pocas horas más tarde disparan en las piernas a Antonio Auletta, de diecinueve años. Pero el 21 de enero parece que la situación da un giro inesperado. De pronto empieza a correr la voz, sin necesidad de agencias de noticias. Cosimo Di Lauro ha sido arrestado. El regente de la banda, el líder de la matanza, según las acusaciones de la Fiscalía Antimafia de Nápoles, el comandante del clan según los arrepentidos. Cosimo se escondía en un agujero de cuarenta metros cuadrados y dormía en una cama medio rota. El heredero de una sociedad criminal capaz de facturar solo con el narcotráfico quinientos mil euros al día y que podía disponer de una residencia de cinco millones de euros en el corazón de uno de los barrios más miserables de Italia, se veía obligado a encerrarse en un agujero maloliente y minúsculo no lejos de su presunta mansión.

Una residencia surgida de la nada en Via Cupa dell'Arco, cerca de la casa familiar de los Di Lauro. Una elegante villa del siglo XVIII, restaurada como una residencia pompeyana. Impluvio, columnas, estucos y escayolas, techos falsos y escalinatas. Una residencia que nadie sospechaba que existiera. Nadie conocía a sus propietarios formales; los carabineros estaban investigando, pero en el barrio nadie tenía dudas. Era para Cosimo. Los carabineros descubrieron la villa por casualidad, saltando los gruesos muros que la rodeaban. Encontraron dentro a algunos obreros que, en cuanto vieron los uniformes, escaparon. La guerra no había permitido terminar la residencia, llenarla de muebles y de cuadros, convertirla en la mansión del regente, en el corazón de oro del cuerpo marcescente del sector de la construcción de Secondigliano.

Cuando Cosimo oye el ruido de las botas impermeables de los carabineros que van a detenerlo, cuando oye el sonido de los fusiles, no intenta escapar, ni siquiera se arma. Se pone delante del espejo. Moja el peine, se retira el pelo hacia atrás desde la frente y se lo recoge en una coleta a la altura de la nuca, dejando que la melena rizada caiga sobre el cuello. Se pone un jersey de cuello vuelto oscuro y una gabardina negra. Cosimo Di Lauro se viste de payaso del crimen, de guerrero de la noche, y baja la escalera erguido. Cojea, unos años antes sufrió una desgraciada caída de la moto y la cojera es el regalo que recibió de aquel accidente. Pero para bajar la escalera también ha pensado en esto. Apoyándose en los antebrazos de los carabineros que lo escoltan, consigue disimular su impedimento físico, andar con paso normal. Los nuevos soberanos militares de las sociedades criminales napolitanas no se presentan como chulos de barrio, no tienen los ojos desorbitados y extraviados de Cutolo, no creen que tengan que comportarse como Luciano Liggio o como caricaturas de Lucky Luciano y Al Capone. *Matrix*, *El cuervo* y *Pulp Fiction* consiguen hacer comprender mejor y más rápidamente qué quieren y quiénes son. Son modelos que todos conocen y que no tienen necesidad de excesivas mediaciones. El espectáculo es superior al código sibilino del guiño o a la limitada mitología del crimen de barrio del hampa. Cosimo mira las cámaras de televisión y los objetivos de los fotógrafos, baja la barbilla, alza la frente. No ha dejado que lo encuentren como a Brusca, con unos vaqueros raídos y una camisa manchada de salsa, no está atemorizado como Riina, al que pasearon sobre un helicóptero, ni tampoco lo han sorprendido medio dormido como le sucedió a Misso, boss de Sanità. Es un hombre formado en la sociedad del espectáculo y sabe salir al escenario. Se presenta como un guerrero en su primera tregua. Parece que esté pagando por tener demasiado valor, por haber dirigido la guerra con un exceso de celo. Eso dice su rostro. No parece que lo lleven arrestado, sino simplemente que cambie su base de operaciones. Al desencadenar la guerra sabía que se dirigía directo al arresto. Pero no tenía elección. O guerra o muerte. Y el arresto quiere representarlo como la demostración de su victoria, el símbolo de su valor, capaz de despreciar toda clase de protección de sí mismo con tal de salvar el sistema de la familia.

A la gente del barrio solo con verlo se le enciende la sangre. Comienza la revuelta, vuelcan coches, llenan botellas de gasolina y las lanzan. El ataque de histeria no tiene como objetivo evitar el arresto, como podría parecer, sino conjurar venganzas. Eliminar toda posibilidad de sospecha. Indicar a Cosimo que nadie lo ha traicionado. Que nadie se ha ido de la lengua, que el jeroglífico de su escondrijo no ha sido descifrado con la ayuda de sus vecinos. Es un enorme rito casi de disculpa, una capilla de expiación metafísica que la gente del barrio quiere construir con los coches patrulla quemados de los carabineros, los contenedores puestos a modo de barricadas, el humo negro de las cubiertas de los neumáticos. Si Cosimo sospecha, no tendrán tiempo ni de hacer las maletas, el hacha militar se abatirá sobre ellos como la enésima implacable condena.

Unos días después de la detención del vástago del clan, el rostro que mira con arrogancia las cámaras de televisión aparece como salvapantallas en los móviles de decenas de chiquillos y chiquillas de las escuelas de Torre Annunziata, Quarto, Marano. Gestos de mera provocación, de banal estupidez de adolescente. Sin duda. Pero Cosimo sabía. Así hay que actuar para ser reconocidos como capos, para llegar al corazón de los individuos. Hay que saber utilizar también la pantalla, la tinta de los periódicos, hay que saber hacerse la coleta. Cosimo representa claramente al nuevo empresario de Sistema. La imagen de la nueva burguesía liberada de todo freno, movida por la voluntad absoluta de dominar todos los territorios del mercado, de apoderarse de todo. No renunciar a nada. Hacer una elección no significa limitar el propio campo de acción, privarse de cualquier otra posibilidad. No para quien considera la vida un espacio donde es posible conquistarlo todo arriesgándose a perderlo todo. Significa contar con ser arrestado, con acabar mal, con morir. Pero no significa renunciar. Quererlo todo y deprisa, y tenerlo cuanto antes. Ese es el atractivo y la fuerza que personifica Cosimo Di Lauro.

Todos, hasta los más preocupados por su integridad, acaban en la cárcel de la pensión, todos descubren antes o después que son cornudos, todos terminan atendidos por una polaca. ¿Por qué caer en la depresión buscando un trabajo que solo da para malvivir? ¿Por qué acabar contestando al teléfono en un empleo a tiempo parcial? Hacerse empresario. Pero de verdad. Capaz de comerciar con todo y de hacer negocios hasta con la nada. Ernst Jünger diría que la grandeza se halla expuesta a la tempestad. Lo mismo repetirían los boss, los empresarios de la Camorra. Ser el centro de toda acción, el centro del poder. Usarlo todo como medio y a sí mismos como fin. Los que dicen que es amoral, que no puede haber vida sin ética, que la economía posee límites y reglas que hay que seguir, son solo los que no han conseguido mandar, los que han sido derrotados por el mercado. La ética es el límite del perdedor, la protección del derrotado, la justificación moral para aquellos que no han conseguido jugárselo todo y ganarlo todo. La ley tiene sus códigos establecidos, pero la justicia es harina de otro costal. La justicia es un principio abstracto que afecta a todos, que permite, según cómo se interprete, absolver o condenar a todo ser humano: culpables los ministros, culpables los papas, culpables los santos y los herejes, culpables los revolucionarios y los reaccionarios. Culpables todos de haber traicionado, matado, errado. Culpables de haber envejecido y muerto. Culpables de haber sido superados y derrotados. Culpables todos ante el tribunal universal de la moral histórica y absueltos por el de la necesidad. Justicia e injusticia solo tienen un significado en lo concreto. De victoria o derrota, de acción realizada o padecida. Si alguien te ofende, si te trata mal, está cometiendo una injusticia; si, en cambio, te reserva un trato de favor, te hace justicia. Observando los poderes del clan, hay que ceñirse a estas categorías. A estos criterios de valoración. Son suficientes. Deben serlo. Esta es la única forma real de valorar la justicia. El resto no es más que religión y confesonario. El imperativo económico está modelado por esta lógica. No son los camorristas los que persiguen los negocios, son los negocios los que persiguen a los camorristas. La lógica del empresariado criminal, el pensamiento de los boss coincide con el neoliberalismo más radical. Las reglas dictadas, las reglas impuestas, son las de los negocios, el beneficio, la victoria sobre cualquier competidor. El resto es igual a cero. El resto no existe. Estar en situación de decidir sobre la vida y la muerte de todos, de promocionar un producto, de monopolizar un segmento de mercado, de invertir en sectores de vanguardia es un poder que se paga con la cárcel o con la vida. Tener poder durante diez años, durante un año, durante una hora. La duración da igual: vivir, mandar de verdad, eso es lo que cuenta. Vencer en la arena del mercado y llegar a mirar el sol directamente, como hacía en la cárcel Raffaele Giuliano, boss de Forcella, desafiándolo, demostrando que a él no lo deslumbraba ni la luz por excelencia. Raffaele Giuliano, que había tenido la crueldad de espolvorear con pimienta la hoja de un cuchillo antes de clavárselo a un pariente de uno de sus enemigos, a fin de hacerle sentir una quemazón lacerante mientras la hoja entraba en la carne, centímetro a centímetro. En la cárcel era temido no por esta meticulosidad sanguinaria, sino por su mirada desafiante, capaz de mantenerse alta incluso mirando el sol. Tener conciencia de ser de los hombres de negocios destinados a sucumbir —muerte o cadena perpetua—, pero con la voluntad implacable de dominar economías poderosas e ilimitadas. Al boss lo matan o lo detienen, pero el sistema económico que él ha generado permanece, sin dejar de cambiar, de transformarse, de mejorar y de producir beneficios. Esta conciencia de samuráis liberales, los cuales saben que tener el poder, el absoluto, exige un pago, la encontré sintetizada en una carta de un chaval encerrado en un correccional de menores, una carta que entregó a un sacerdote y que fue leída durante un simposio. Todavía me acuerdo de lo que decía. De memoria:

Todos los que conozco o han muerto o están en la cárcel. Yo quiero ser un boss. Quiero tener supermercados, tiendas, fábricas, quiero tener mujeres. Quiero tres coches, quiero que cuando entro en una tienda se me respete, quiero tener almacenes en todo el mundo. Y después quiero morir. Pero como muere un boss auténtico, uno que manda de verdad. Quiero que me maten.

Este es el nuevo compás que marcan los empresarios criminales. Esta es la nueva fuerza de la economía. Dominarla, a costa de cualquier cosa. El poder por encima de todo. La victoria económica más preciada que la vida. Que la vida de cualquiera, e incluso que la propia.

Los chiquillos del Sistema incluso habían empezado a llamarlos «muertos parlantes». En una conversación telefónica intervenida que figura en la orden de detención dictada por la Fiscalía Antimafia en febrero de 2006, un chico explica por teléfono quiénes son los jefes de zona de Secondigliano:

—Son mocosos, muertos parlantes, muertos vivientes, muertos que se mueven… Sin más ni más cogen y te matan, pero total la vida ya está perdida…

Jefes niños, kamikazes de los clanes que no van a morir por ninguna religión sino por dinero y poder, a costa de lo que sea, como único modo de vivir que vale la pena.

La noche del 21 de enero, la misma noche de la detención de Cosimo Di Lauro, aparece el cuerpo de Giulio Ruggiero. Encuentran un coche quemado, un cuerpo en el asiento del conductor. Un cuerpo decapitado. La cabeza estaba en los asientos posteriores. Se la habían cortado. No de un hachazo, sino con una radial, esa sierra circular dentada que utilizan los herreros para limar las soldaduras. El peor instrumento de todos, pero precisamente por eso el más teatral. Primero cortar la carne y luego astillar el hueso del cuello. Debían de haber hecho la faena allí mismo, pues había jirones de carne por el suelo. Antes incluso de que se iniciaran las investigaciones, en la zona todos parecían estar seguros de que era un mensaje. Un símbolo. Cosimo Di Lauro no podía haber sido arrestado sin un chivatazo. Aquel cuerpo truncado era en el imaginario de todos el traidor. Tan solo quien ha vendido a un capo puede ser destrozado de ese modo. La sentencia se dicta antes de que empiecen las investigaciones. Da igual que se diga la verdad o se mienta. Miré aquel coche y aquella cabeza abandonados en Via Hugo Pratt sin bajar de la Vespa. Me llegaban a los oídos los detalles de cómo habían quemado el cuerpo y la cabeza cortada, de cómo habían llenado la boca de gasolina, puesto una mecha entre los dientes y, después de haberla encendido, habían esperado a que la cabeza explotara. Arranqué la Vespa y me fui.

El 24 de enero, cuando llegué, estaba tendido en el suelo sobre las baldosas, muerto. Un enjambre de carabineros caminaba con nerviosismo por delante de la tienda donde había tenido lugar la ejecución. La enésima.

—Un muerto al día se ha convertido en la cantinela de Nápoles —dice un chico nerviosísimo que pasa por allí.

Se para, se descubre ante el muerto, al que no ve, y se marcha. Cuando los killers entraron en la tienda ya apretaban las culatas de las pistolas. Estaba claro que no querían robar sino matar, castigar. Attilio intentó esconderse detrás del mostrador. Sabía que no servía de nada, pero quizá esperó que indicara que estaba desarmado, que no tenía nada que ver, que no había hecho nada. Tal vez se había dado cuenta de que aquellos dos eran soldados de la Camorra, de la guerra desatada por los Di Lauro. Le dispararon, vaciaron los cargadores y después del «servicio» salieron, hay quien dice que con calma, como si hubieran comprado un móvil en lugar de matar a un individuo. Attilio Romanò está allí. Sangre por doquier. Casi parece que el alma se le haya salido por los orificios de bala que le han marcado todo el cuerpo. Cuando ves tanta sangre por el suelo empiezas a tocarte, compruebas que tú no estás herido, que en aquella sangre no está también la tuya, empiezas a entrar en un estado de ansiedad psicótica, intentas asegurarte de que no haya heridas en tu cuerpo, de que no te hayas herido por casualidad, sin darte cuenta. Y aun así, no crees que en un hombre pueda haber tanta sangre, estás seguro de que tú tienes mucha menos. Cuando te convences de que esa sangre no la has perdido tú, no es suficiente: te sientes desangrado aunque la hemorragia no sea tuya. Tú mismo te conviertes en hemorragia, notas las piernas flojas, la boca pastosa, notas las manos disueltas en aquel lago denso, quisieras que alguien te mirase el interior de los ojos para comprobar el nivel de anemia. Quisieras llamar a un enfermero y pedir una transfusión, quisieras tener el estómago menos cerrado y comer un filete, si consigues no vomitar. Tienes que cerrar los ojos y no respirar. El olor de sangre coagulada que ya ha impregnado también las paredes de la habitación sabe a hierro oxidado. Tienes que salir al aire libre antes de que echen serrín sobre la sangre, porque la mezcla despide un olor terrible que hace imposible contener las ganas de vomitar.

No acababa de entender por qué había decidido una vez más ir al escenario del crimen. De una cosa estaba seguro: no es importante trazar el recorrido que conduce a lo que ha concluido, reconstruir el terrible drama que ha tenido lugar. Es inútil observar los círculos de tiza alrededor de los restos de los casquillos, que casi parecen un juego infantil de bolos. Lo que sí que hace falta es percatarse de si ha quedado algo. Quizá es eso lo que voy a buscar. Trato de percibir si todavía flota algo humano; si hay un sendero, una galería excavada por el gusano de la existencia que pueda desembocar en una solución, en una respuesta que dé el sentido real de lo que está ocurriendo.

El cuerpo de Attilio continúa en el suelo cuando llegan los familiares. Dos mujeres, quizá su madre y su mujer, no lo sé. Caminan abrazadas, el hombro de una pegado al hombro de la otra, son las únicas que todavía esperan que no haya sucedido lo que ya saben perfectamente que ha sucedido. Pero van cogidas, se sostienen la una a la otra un instante antes de encontrarse ante la tragedia. En esos instantes, en los pasos de las mujeres y de las madres hacia el encuentro con el cuerpo acribillado, es cuando se intuye una irracional, disparatada, insensata confianza en el deseo humano. Esperan, esperan, esperan y siguen esperando que haya sido un error, una mentira que ha ido pasando de boca en boca, un malentendido del oficial de los carabineros que anunciaba el asesinato y el asesino. Como si obstinarse en creer algo pudiera realmente cambiar el curso de los acontecimientos. En ese momento, la presión arterial de la esperanza alcanza un máximo absoluto sin mínimo alguno. Pero no hay nada que hacer. Los gritos y los llantos muestran la fuerza de gravedad de lo real. Attilio está en el suelo. Trabajaba en una tienda de telefonía y, para redondear el sueldo, en un *call center*. Él y su mujer, Natalia, aún no tenían hijos. Todavía no era el momento, quizá no tenían recursos económicos para mantenerlo y a lo mejor esperaban la oportunidad de hacerlo crecer en otro lugar. Los días se reducían a horas de trabajo, y cuando tuvo la oportunidad y unos ahorros, Attilio consideró conveniente convertirse en accionista de esa tienda donde ha encontrado la muerte. Pero el otro socio es familia lejana de Pariante, el boss de Bacoli, un coronel de Di Lauro, uno de los que se le han puesto en contra. Attilio no lo sabe o al menos resta importancia al hecho, se fía de su socio, le basta con saber que es una persona que vive de su trabajo esforzándose mucho, demasiado. Resumiendo, aquí no se decide la propia suerte, el trabajo parece ser un privilegio, algo que una vez obtenido no se suelta, casi como una fortuna que te hubiera tocado, un hado benévolo que te ha escogido, aunque ese trabajo te obligue a estar fuera de casa trece horas al día, te deje medio domingo libre y te proporcione mil euros al mes que a duras penas te alcanzan para pagar un préstamo. Independientemente de cómo haya llegado el trabajo, hay que dar gracias y no hacer demasiadas preguntas, ni a uno mismo ni al destino.

Sin embargo, alguien deja caer la sospecha. Y a partir de ese momento, el cuerpo de Attilio Romanò se halla expuesto a sumarse al de los soldados de la Camorra asesinados en los últimos meses. Los cuerpos son los mismos, pero las razones de la muerte son distintas aunque se caiga en el mismo frente de guerra. Son los clanes los que deciden quién eres, cuál es tu bando en el Risiko* del conflicto. Los bandos se determinan con independencia de la voluntad individual. Cuando los ejércitos avanzan por la calle, no es posible establecer una dinámica externa a su estrategia, son ellos los que deciden el sentido, los motivos, las causas. En aquel instante, la tienda donde At-

* Juego de mesa o de ordenador que simula un conflicto internacional y prevé estrategias de guerra. *(N. de los T.)*

tilio trabajaba era expresión de una economía vinculada al grupo de los Españoles, y esa economía tenía que ser eliminada.

Natalia, «Nata», como la llamaba Attilio, era una chica abrumada por la tragedia. Se había casado hacía apenas cuatro meses, pero no recibe consuelo, en el funeral no está el presidente de la República, un ministro, el alcalde dándole la mano. Quizá sea mejor así; se ahorra la puesta en escena institucional. Pero lo que flota sobre la muerte de Attilio es una injusta desconfianza. Y la desconfianza es la conformidad silenciosa que se concede al orden de la Camorra. El enésimo consenso a la actuación de los clanes. Pero los compañeros del *call center* de «Attila», como lo llamaban por su violento deseo de vivir, organizan marchas nocturnas y se obstinan en caminar aunque en el recorrido de la manifestación continúen produciéndose emboscadas, aunque la sangre continúe manchando la calle. Avanzan, encienden luces, se hacen oír, eliminan todo rastro de deshonra, borran toda sospecha. Attila ha muerto trabajando y no tenía ninguna relación con la Camorra.

En realidad, después de cada emboscada la sospecha cae sobre todos. La máquina de los clanes es demasiado perfecta. No hay error. Hay castigo. Así que es al clan al que se da un voto de confianza, no a los familiares, que no entienden, no a los compañeros de trabajo, que lo conocen, no a la biografía de un individuo. En esta guerra se machaca a las personas sin ser culpables de nada, se las incluye en los efectos colaterales o en los probables culpables.

Un chico, Dario Scherillo, de veintiséis años, asesinado el 26 de diciembre de 2004: mientras iba en motocicleta, le disparan en la cara y en el pecho, lo dejan morir en el suelo bañado en su propia sangre, que tiene tiempo de impregnar completamente la camisa. Un chico inocente. Le ha bastado con ser de Casavatore, una localidad maltratada por este conflicto. Para él, de nuevo silencio e incomprensión. Ningún recordatorio, placa o inscripción.

—Cuando la Camorra mata a alguien, nunca se sabe —me dice un viejo que se hace la señal de la cruz cerca del lugar donde Dario ha caído.

La sangre que hay en el suelo es de un rojo vivo. Toda la sangre no tiene el mismo color. La de Dario es púrpura, parece que todavía

133

fluye. Los montones de serrín no acaban de absorberla. Al cabo de un rato, un coche, aprovechando el espacio vacío, aparca sobre la mancha de sangre. Y todo acaba. Todo queda cubierto. Ha sido asesinado para enviar un mensaje al país, un mensaje de carne metido en un sobre de sangre. Como en Bosnia, como en Argelia, como en Somalia, como en cualquier confusa guerra interna, cuando resulta difícil saber a qué bando perteneces, basta con matar a tu vecino, al perro, a un amigo o a un familiar. Un rumor de parentesco, una semejanza es condición suficiente para convertirse en blanco. No tienes más que pasar por una calle para recibir de inmediato una identidad de plomo. Lo importante es concentrar lo máximo posible dolor, tragedia y terror. Con el único objetivo de mostrar la fuerza absoluta, el dominio indiscutible, la imposibilidad de oponerse al poder verdadero, real, imperante. Hasta acostumbrarse a pensar como aquellos que podrían ofenderse por un gesto o por una palabra. Permanecer atentos, callados, ser prudentes para salvar la vida, para no tocar el cable de alta tensión de la *vendetta*. Mientras me alejaba, mientras se llevaban a Attilio Romanò, empecé a comprender. A comprender por qué no hay un solo momento en que mi madre no me mire con preocupación, sin entender por qué no me voy de aquí, por qué no salgo huyendo, por qué continúo viviendo en este sitio infernal. Trataba de recordar cuántos caídos, asesinados, afectados ha habido desde que nací.

No haría falta contar los muertos para comprender las economías de la Camorra, es más, son el elemento menos indicativo del poder real, pero son la huella más visible y la que consigue hacer razonar con el estómago de forma inmediata. Empiezo la cuenta: en 1979, cien muertos; en 1980, ciento cuarenta; en 1981, ciento diez; en 1982, doscientos sesenta y cuatro; en 1983, doscientos cuatro; en 1984, ciento cincuenta y cinco; en 1986, ciento siete; en 1987, ciento veintisiete; en 1988, ciento sesenta y ocho; en 1989, doscientos veintiocho; en 1990, doscientos veintidós; en 1991, doscientos veintitrés; en 1992, ciento sesenta; en 1993, ciento veinte; en 1994, ciento quince; en 1995, ciento cuarenta y ocho; en 1996, ciento cuarenta y siete; en 1997, ciento treinta; en 1998, ciento treinta y dos; en 1999, noventa y uno; en 2000, ciento dieciocho; en 2001, ochenta; en 2002, sesenta y tres; en 2003, ochenta y tres; en 2004, ciento cuarenta y dos; en 2005, noventa.

Tres mil seiscientos muertos desde que nací. La Camorra ha matado más que la mafia siciliana, más que la 'Ndrangheta, más que la mafia rusa, más que las familias albanesas, más que el total de los muertos causados por ETA en España y por el IRA en Irlanda, más que las Brigadas Rojas, más que los NAR* y más que todos los crímenes de Estado cometidos en Italia. La Camorra ha matado más que nadie. Me viene a la mente una imagen. La del mapa del mundo que aparece con frecuencia en los periódicos. Destaca en algunos números de *Le Monde Diplomatique*, es ese mapa que indica con una llama resplandeciente todos los lugares de la tierra donde hay un conflicto. Kurdistán, Sudán, Kosovo, Timor Oriental. Acaba de poner los ojos en el sur de Italia. De sumar los montones de carne que se acumulan en cada guerra relacionada con la Camorra, la Mafia, la 'Ndrangheta, los Sacristi de Apulia o los Basilischi de Lucania.** Pero no hay ni rastro de destellos, no hay dibujado ningún fuego. Esto es el corazón de Europa. Aquí se forja la mayor parte de la economía de la nación. Cuáles sean las estrategias utilizadas para su obtención, es lo de menos. Es necesario que la carne de matadero permanezca empantanada en los barrios de la periferia, reviente en el caos de cemento e inmundicia, en las fábricas clandestinas y en los almacenes de coca. Y que nadie lo mencione, que todo parezca una guerra de bandas, una guerra entre facinerosos. Y entonces comprendes también la mueca de tus amigos que han emigrado, que vuelven de Milán o de Padua y no saben en qué te has convertido. Te miran de arriba abajo para tratar de calcular tu peso específico e intuir si eres un *chiachiello*, una calamidad, o un *bbuono*, un hombre de recursos. Un fracasado o un camorrista. Y ante la bifurcación de los caminos, sabes cuál estás recorriendo y no ves nada bueno al final del recorrido.

* Núcleos Armados Revolucionarios, grupo de extrema derecha considerado responsable de veintitrés homicidios, entre ellos el del juez Amato. *(N. de los T.)*
** Los Sacristi y los Basilischi son también organizaciones mafiosas. *(N. de los T.)*

Volví a casa, pero fui incapaz de estarme quieto. Bajé y me puse a correr, deprisa, cada vez más deprisa, las rodillas se torcían, los talones golpeteaban los glúteos, los brazos parecían descoyuntados y se agitaban como los de una marioneta. Correr, correr, seguir corriendo. El corazón se desbocaba, en la boca la saliva anegaba la lengua e inundaba los dientes. Notaba que la sangre hinchaba la carótida, rebosaba en el pecho; estaba sin aliento, aspiré por la nariz todo el aire posible y lo expulsé inmediatamente como un toro. Eché de nuevo a correr, con los ojos cerrados, con la sensación de tener las manos heladas y la cara ardiendo. Me parecía que toda aquella sangre vista en el suelo, perdida como por un grifo pasado de rosca, la había recuperado yo, la sentía en mi cuerpo.

Por fin llegué al mar. Salté a las rocas, la oscuridad estaba impregnada de neblina, no se veían ni los faros de las embarcaciones que navegan por el golfo. El mar se encrespaba, empezaron a levantarse algunas olas, parecían no querer tocar el cieno del rompiente, pero tampoco volvían al remolino lejano de alta mar. Permanecen inmóviles en el vaivén del agua, resisten obstinadas en una imposible fijeza agarrándose a su cresta de espuma. Paradas, sin saber dónde el mar todavía es mar.

Unas semanas más tarde empezaron a llegar periodistas. De todas partes; de repente, la Camorra había vuelto a existir en la región donde se creía que solo existían ya bandas y tironeros. Secondigliano se convirtió en unas horas en el centro de atención. Enviados especiales, fotógrafos de las agencias más importantes, hasta un equipo permanente de la BBC. Un chiquillo posa para que lo fotografíen junto a un reportero que lleva al hombro una cámara con el logo de la CNN bien visible.

—Son los mismos que están con Sadam —comentan riendo en Scampia.

Filmados por aquellas cámaras de televisión se sienten transportados al centro del mundo. Una atención que parece conferir por primera vez a aquellos lugares una existencia real. La matanza de Secondigliano atrae una atención que no suscitaban las dinámicas de la

Camorra desde hacía veinte años. En el norte de Nápoles, la guerra mata en poco tiempo, respeta los criterios periodísticos de la crónica, en poco más de un mes acumula decenas y decenas de víctimas. Parece hecha aposta para dar un muerto a cada enviado. El éxito a todos. Vienen becarios en tropel a hacer prácticas. Aparecen micrófonos por todas partes para entrevistar a camellos, cámaras para reproducir el tétrico perfil anguloso de las Velas. Algunos incluso consiguen entrevistar a presuntos camellos, tomándolos de espaldas. En cambio, casi todos dan unas monedas a los heroinómanos, que mascullan su historia. Dos chicas, dos periodistas hacen que su operador las fotografíe delante de una carcasa de coche quemada que aún no han retirado. Ya tienen un recuerdo de su primera guerra menor como cronistas. Un periodista francés me telefonea preguntándome si tiene que traer el chaleco antibalas, teniendo en cuenta que quiere ir a fotografiar la mansión de Cosimo Di Lauro. Los equipos van de un lado a otro en coche, fotografían, filman, como exploradores en un bosque donde todo está transformándose en escenografía. Algún que otro periodista se mueve con escolta. Para describir Secondigliano, la peor opción es hacerse escoltar por la policía. Scampia no es un lugar inaccesible, la fuerza de esta plaza del narcotráfico es precisamente su accesibilidad total y garantizada para todo el mundo. Los periodistas que van con escolta solo pueden captar con la mirada lo que encuentran en cualquier noticia dada por las agencias de prensa. Como estar delante del ordenador en la redacción, con la diferencia de estar moviéndose.

Más de cien periodistas en poco menos de dos semanas. De repente, la plaza de la droga de Europa empieza a existir. Los propios policías se encuentran asediados, todos quieren participar en operaciones, ver al menos arrestar a un camello, registrar una casa. Todos quieren meter en los quince minutos de reportaje algunas imágenes de esposas y algunas metralletas incautadas. Muchos oficiales empiezan a quitarse de encima a los numerosos reporteros y neoperiodistas de investigación haciéndoles fotografiar a policías de paisano que fingen ser camellos. Una manera de darles lo que quieren sin perder demasiado tiempo. Lo peor posible en el menor tiempo posible. Lo peor de lo peor, el horror del horror, transmitir la tragedia, la sangre, las tripas, los disparos de metralleta, los cráneos atravesados, las carnes quemadas. Lo peor que cuentan es solo la purria de lo peor. Muchos cronistas creen encontrar en Secondigliano el gueto de Europa, la miseria absoluta. Si consiguieran no escapar, se darían cuenta de que tienen delante los pilares de la economía, el filón oculto, las tinieblas donde encuentra energía el corazón palpitante del mercado.

Recibía de los periodistas de televisión las propuestas más increíbles. Algunos me pidieron que me pusiera una microcámara en una oreja y recorriera las calles «que yo conocía», siguiendo a personas «que yo sabía». Soñaban con que Scampia les proporcionara material para un episodio de un *reality* con homicidio y venta de droga incluidos. Un guionista me dio un texto que contaba una historia de sangre y muerte, en la que el diablo del Nuevo Siglo era concebido en el barrio Tercer Mundo. Durante un mes cené gratis todas las noches, me invitaban los equipos de televisión para hacerme propuestas absurdas, para tratar de obtener información. Durante el período de la *faida* se creó en Secondigliano y Scampia un auténtico mercado de acompañantes, portavoces oficiales, confidentes, guías indios en la reserva de la Camorra. Muchísimos jóvenes tenían una técnica. Merodeaban en torno a los emplazamientos de los periodistas fingiendo que vendían droga o fingiendo ser *pali*, y en cuanto uno hacía acopio de valor para acercárseles, enseguida se declaraban dispuestos a contar, a explicar, a dejarse filmar. Inmediatamente anunciaban las tarifas: cincuenta euros por el testimonio, cien euros por un recorrido por las plazas de venta de droga, doscientos por entrar en la casa de algún camello que vivía en las Velas.

Para comprender el ciclo del oro no se pueden mirar solo las pepitas y la mina. Hay que partir de Secondigliano y seguir el rastro de los imperios de los clanes. Las guerras de la Camorra sitúan las localidades dominadas por las familias en el mapa geográfico, el interior de la Campania, las «tierras del hueso»,* territorios que algunos llaman el Far West de Italia y que, según una violenta leyenda, son más ricos en metralletas que en tenedores. Pero, aparte de la violen-

---

* Expresión empleada por el agrónomo, escritor y político Manlio Rossi Doria para designar las zonas interiores de la Campania, de colinas y montañas, en contraposición a las «tierras de la pulpa», que son las franjas costeras y llanas. *(N. de los T.)*

cia que surge en períodos concretos, aquí se crea una riqueza exponencial de la que estas tierras solo ven resplandores lejanos. Sin embargo, no se cuenta nada de esto, las televisiones, los enviados, sus trabajos, todo lo llena la estética de los arrabales napolitanos.

El 29 de enero matan a Vincenzo De Gennaro. El 31, en una charcutería, a Vittorio Bevilacqua. El 1 de febrero, Giovanni Orabona, Giuseppe Pizzone y Antonio Patrizio son asesinados. Los matan empleando una estratagema antigua pero todavía eficaz: los killers fingen ser policías. Giovanni Orabona, de veintitrés años, era delantero del Real Casavatore. Iban andando cuando un automóvil los paró. Llevaba una sirena en el techo. Bajaron dos hombres con el documento de identificación de la policía. Los jóvenes no intentaron huir ni oponer resistencia. Sabían cómo debían comportarse, se dejaron esposar y subieron al coche. Al poco, el coche se detuvo de pronto y los hicieron bajar. Quizá no comprendieron enseguida lo que pasaba, pero cuando vieron las pistolas todo quedó claro. Era una emboscada. No eran policías, sino los Españoles. El grupo rebelde. A dos los liquidaron en el acto obligándolos a arrodillarse y disparándoles en la cabeza; el tercero, a juzgar por las huellas encontradas en el lugar, había intentado escapar, con las manos atadas tras la espalda y la cabeza como único eje de equilibrio. Cayó. Se levantó. Volvió a caer. Lo alcanzaron, le metieron una automática en la boca. El cadáver tenía los dientes rotos; el chico debía de haber intentado morder el cañón de la pistola, por instinto, como para romperla.

El 27 de febrero llegó de Barcelona la noticia de la detención de Raffaele Amato. Estaba jugando al black jack en un casino; intentaba aligerarse los bolsillos. Los Di Lauro solo habían conseguido atentar contra su primo Rosario incendiándole la casa. Según las acusaciones de la magistratura napolitana, Amato era el capo carismático de los Españoles. Había crecido en Via Cupa dell'Arco, la calle de Paolo Di Lauro y de su familia. Amato se había convertido en un dirigente de peso desde que hacía de intermediario en las operaciones de tráfico de droga y gestionaba las apuestas de inversión. Según las acusaciones de los arrepentidos y las investigaciones de la Antimafia, gozaba de un crédito ilimitado con los traficantes internacionales y llegaba a importar toneladas de cocaína. Antes de que los policías con pasamontañas lo derribaran con la cara contra el suelo, Raffaele Amato ya había sido arrestado durante una redada en un hotel de Casandrino, junto con otro lugarteniente del grupo y un importante traficante albanés, que tenía un intérprete de lujo para que lo ayudara en los negocios: el sobrino de un ministro de Tirana.

El 5 de febrero le toca el turno a Angelo Romano. El 3 de marzo, Davide Chiarolanza es asesinado en Melito. Había reconocido a los killers, quizá hasta le habían dado cita. Lo liquidaron mientras intentaba escapar hacia su coche. Pero ni la magistratura ni la policía y los carabineros consiguen detener la *faida*. Las fuerzas del orden taponan, apartan brazos, pero no parece que logren detener la hemorragia militar. Mientras, la prensa sigue la crónica negra enredándose en interpretaciones y valoraciones, un diario napolitano da la noticia de un pacto entre los Españoles y los Di Lauro, un pacto de paz momentánea, firmado con la mediación del clan Licciardi. Un pacto deseado por los otros clanes de Secondigliano y quizá también por los otros cárteles camorristas, que temían que el prolongado silencio sobre su poder pudiera ser interrumpido por el conflicto. Era preciso permitir de nuevo que el espacio legal se desentendiera de los territorios de acumulación criminal. El pacto no fue redactado por un boss carismático una noche en el calabozo. No fue difundido a escondidas, sino publicado en un periódico, un diario. El 27 de junio de 2005 se pudo leer en los quioscos. Estos son los puntos de acuerdo publicados:

1) Los secesionistas han exigido la devolución de las viviendas desalojadas entre noviembre y enero en Scampia y Secondigliano: unas ochocientas personas obligadas por el grupo de choque de Di Lauro a dejar las casas.

2) El monopolio de los Di Lauro en el mercado de la droga queda roto. No se da marcha atrás. El territorio tendrá que ser re-

partido de forma equitativa. La provincia para los secesionistas; Nápoles para los Di Lauro.

3) Los secesionistas podrán utilizar sus propios canales para importar droga, sin tener que recurrir obligatoriamente a la mediación de los Di Lauro.

4) Las venganzas privadas son independientes de los negocios, es decir, los negocios son más importantes que las cuestiones personales. Si en lo sucesivo se ejecuta una venganza relacionada con la *faida*, no se reanudarán las hostilidades, sino que permanecerá en la esfera de lo privado.

El boss de los boss secondiglianeses debe de haber vuelto. Ha sido visto en todas partes, desde Apulia hasta Canadá. Los servicios secretos llevan meses moviéndose para pillarlo. Paolo Di Lauro deja huellas, minúsculas, invisibles, como su poder antes de la *faida*. Parece ser que lo han operado en una clínica marsellesa, la misma donde se cree que estuvo el boss de la Cosa Nostra, Bernardo Provenzano. Ha vuelto para firmar la paz o para limitar los daños. Está aquí, ya se siente su presencia, la atmósfera ha cambiado. El boss desaparecido desde hace diez años, el que en una conversación telefónica de un afiliado «tenía que volver, aun a costa de exponerse a la cárcel». El boss fantasma, de rostro desconocido incluso para los afiliados:

—Por favor, déjame verlo, solo un momento, lo miro y enseguida me voy —le había pedido un afiliado al boss Maurizio Prestieri.

El 16 de septiembre de 2005 pillan a Paolo Di Lauro en Via Canonico Stornaiulo. Escondido en la modesta casa de Fortunata Liguori, la mujer de un afiliado de poco rango. Una casa anónima como la que había elegido su hijo Cosimo para instalarse cuando estaba huido de la justicia. En el bosque de cemento es más fácil camuflarse, en casas corrientes se vive sin rostro y con sigilo. La ausencia urbana es más total, más anónima que esconderse en un sótano o en un doble fondo. Paolo Di Lauro había estado a punto de ser arrestado el día de su cumpleaños. El desafío máximo era ir a casa a comer con la familia mientras la policía de media Europa lo perseguía. Pero alguien lo avisó a tiempo. Cuando los carabineros entraron en la residencia familiar, encontraron la mesa puesta con su sitio vacío. En esta ocasión, sin embargo, las unidades especiales de los carabineros, los ROS, van sobre seguro. Los carabineros están nerviosísimos cuando entran en la casa. Son las cuatro de la madrugada, después de toda una noche de observación. Pero el boss no se inmuta, es más, los calma.

—Entrad… yo estoy tranquilo… no pasa nada.

Veinte coches patrulla escoltan el automóvil en el que le hacen subir, más cuatro liebres, las motos que lo preceden para comprobar que todo esté tranquilo. El cortejo se aleja, el boss va en el blindado. Había tres posibles recorridos para trasladarlo al cuartel. Atravesar Via Capodimonte para ir a toda pastilla por Via Pessina y la plaza Dante, o bien cerrar todos los accesos al Corso Secondigliano y tomar la carretera de circunvalación para dirigirse al Vomero. En caso de máximo peligro, habían previsto hacer que aterrizara un helicóptero y trasladarlo por aire. Las liebres informan de que en el recorrido hay un coche sospechoso. Todos esperan una emboscada. Pero es una falsa alarma. Trasladan al boss al cuartel de los carabineros de Via Pastrengo, en el corazón de Nápoles. El helicóptero desciende y el polvo y el mantillo del parterre del centro de la plaza empiezan a agitarse en un remolino a media altura lleno de bolsas de plástico, pañuelos de papel y hojas de periódico. Un remolino de basura.

No hay ningún peligro. Pero es preciso proclamar el arresto, mostrar que se ha conseguido prender lo inaprensible, detener al boss. Cuando llega el carrusel de blindados y coches patrulla, y los carabineros ven que los periodistas ya están presentes en la entrada del cuartel, se sientan a horcajadas sobre la portezuela del automóvil. Utilizando las ventanillas a modo de sillines, empuñan ostensiblemente la pistola y llevan pasamontañas y el chaleco de los carabineros. Desde el arresto de Giovanni Brusca, no hay carabinero ni policía que no quiera que lo fotografíen en esa posición. El desahogo por las noches de vigilancia, la satisfacción por la presa capturada, la astucia de gabinete de prensa para ocupar con toda certeza las primeras páginas. Cuando Paolo Di Lauro sale del cuartel, no tiene la arrogancia de su hijo Cosimo, se dobla por la cintura mirando al suelo, solo deja la calva desnuda ante las cámaras y los fotógrafos. Quizá sea simplemente un modo de protegerse. Dejarse fotografiar por cientos de objetivos desde todos los ángulos, dejarse filmar por decenas de cámaras de televisión habría supuesto mostrar su rostro a toda Italia, lo que tal vez hubiera llevado a algunos vecinos a denunciar que lo habían visto, que habían estado a su lado. Mejor no facilitar las investigaciones, mejor no desvelar sus itinerarios clandestinos. Sin embargo, algunos interpretan su cabeza agachada como un simple gesto de desgana por los flashes y las cámaras, la desazón de ser reducido a animal de feria.

Unos días más tarde, Paolo Di Lauro fue conducido al tribunal, a la sala 215. Tomé asiento entre los parientes. La única palabra que el boss pronunció fue «Presente». Todo lo demás lo dijo sin voz. Gestos, guiños y sonrisas se convierten en la sintaxis muda a través de la cual se comunica desde su jaula. Saluda, responde, tranquiliza. Detrás de mí tomó asiento un hombretón canoso. Paolo Di Lauro parecía mirarme, pero en realidad había visto al hombre que estaba a mi espalda. Se miraron por espacio de unos segundos; luego el boss le guiñó un ojo.

Parece ser que muchos, al enterarse de la detención, habían ido a saludar al boss, al que no habían podido ver durante años porque estaba en busca y captura. Paolo Di Lauro llevaba vaqueros y un polo oscuro. En los pies, unos Paciotti, los zapatos que calzan todos los dirigentes de los clanes de esta zona. Los celadores le liberaron las muñecas quitándole las esposas. Una jaula solo para él. Entra en la sala la flor y nata de los clanes del norte de Nápoles: Raffaele Abbinante, Enrico D'Avanzo, Giuseppe Criscuolo, Arcangelo Valentino, Maria Prestieri, Maurizio Prestieri, Salvatore Britti y Vincenzo Di Lauro. Hombres y ex hombres del boss, ahora divididos en dos jaulas: fieles y Españoles. El más elegante es Prestieri: americana azul marino y camisa oxford azul celeste. Es él el primero que se acerca al cristal de protección que lo separa del boss. Se saludan. Llega también Enrico D'Avanzo, llegan incluso a susurrar algo entre las rendijas del cristal antibalas. Muchos dirigentes no lo veían desde hacía años. Su hijo Vincenzo no ha estado con él desde que en 2002 huyó de la justicia y se refugió en Chivasso, en el Piamonte, donde fue arrestado en 2004.

No aparté la mirada del boss. Cada gesto, cada mueca me parecía suficiente para llenar páginas enteras de interpretaciones, para crear nuevos códigos de la gramática de los gestos. Con su hijo, sin embargo, mantuvo un extraño diálogo silencioso. Vincenzo señaló con el índice el dedo anular de su mano izquierda, como para preguntar a su padre: «¿Y la alianza?». El boss se pasó las manos por ambos lados de la cabeza y luego las movió como si fuera al volante, conduciendo. Me costaba descifrar los gestos. La interpretación que hicieron los periódicos fue que Vincenzo le había preguntado a su padre cómo es que no llevaba la alianza, y su padre le había dado a entender que los carabineros le habían quitado todo el oro. Después de los gestos, los guiños, los rapidísimos movimientos de labios y las manos pegadas al cristal blindado, Paolo Di Lauro se quedó mirando a su hijo con una sonrisa en los labios. Se dieron un beso a través del cristal. Al finalizar la audiencia, el abogado del boss pidió que se les permitiera darse un abrazo. La petición fue concedida. Siete policías lo vigilaban.

—Estás pálido —dijo Vincenzo.

Y su padre le contestó, mirándolo a los ojos:

—Hace muchos años que esta cara no ve el sol.

Muchos prófugos llegan al límite de sus fuerzas antes de ser capturados. La huida continua demuestra la imposibilidad de disfrutar de la propia riqueza y eso hace que los boss estén todavía más en simbiosis con su propio estado mayor, que se convierte en la única medida verdadera de su éxito económico y social. Los sistemas de protección, la morbosa y obsesiva necesidad de planificar cada paso, la mayor parte del tiempo encerrados en una habitación dirigiendo y coordinando los negocios y las empresas, hacen vivir a los boss prófugos como prisioneros del propio negocio. En la sala del tribunal, una señora me contó un episodio de cuando Di Lauro estaba huido de la justicia. Por su aspecto podía ser una profesora; llevaba el pelo teñido de un color más amarillo que rubio, con una ancha raya de su color natural. Cuando empezó a hablar, tenía la voz ronca y grave. Se remontaba a la época en que Paolo Di Lauro todavía andaba por Secondigliano, obligado a moverse siguiendo meticulosas estrategias. Casi parecía que estuviera disgustada por las privaciones del boss. Me decía que Di Lauro tenía cinco coches del mismo color y modelo y con la misma matrícula. Cuando tenía que trasladarse, hacía que salieran los cinco, pero evidentemente él solo montaba en uno. Los cinco llevaban escolta, y ninguno de sus hombres sabía con certeza en qué automóvil iba él. El coche salía de la residencia, y ellos lo seguían para escoltarlo. Una manera segura de evitar traiciones, aunque solo fuera la más inmediata de indicar que el boss se estaba moviendo. La señora lo contaba en un tono de profunda conmiseración por el sufrimiento y la soledad de un hombre obligado siempre a pensar que iban a matarlo. Después del baile de gestos y abrazos, después de los saludos y los guiños de los personajes pertenecientes al poder más feroz de Nápoles, el cristal blindado que separaba al boss de los demás estaba lleno de marcas de todo tipo: huellas de manos, rastros de grasa, sombras de labios.

Menos de veinticuatro horas después de la detención del boss, encontraron en la rotonda de Arzano a un chico polaco que temblaba como una hoja mientras intentaba con dificultad tirar a la basura un enorme fardo. El polaco iba manchado de sangre y el miedo dificultaba sus movimientos. El fardo era un cuerpo. Un cuerpo maltratado, torturado, desfigurado de un modo tan atroz que parecía imposible que se pudiera destrozar así un cuerpo. Una mina que hubieran hecho tragar a alguien y hubiera explotado en su estómago habría causado menos estragos. El cuerpo era de Edoardo La Monica, pero ya no se distinguían sus facciones. La cara solo tenía labios; el resto estaba hecho cisco. El cuerpo, repleto de orificios, estaba cubierto de costras de sangre. Lo habían atado y, con una maza de clavos, torturado lentamente, durante horas. Cada mazazo sobre el cuerpo era un agujero, mazazos que no solo rompían los huesos sino que agujereaban la carne, clavos que entraban y salían. Le habían cortado las orejas, rebanado la lengua, roto las muñecas y sacado los ojos con un destornillador estando vivo, despierto, consciente. Y luego, para matarlo, le habían machacado la cara con un martillo, y con un cuchillo le habían grabado una cruz sobre los labios. El cuerpo debía acabar en la basura para que lo encontraran podrido, entre la inmundicia de un vertedero. Todos entienden claramente el mensaje escrito en la carne, aunque no hay más pruebas que esa tortura. Cortadas las orejas con las que has oído dónde estaba escondido el boss, rotas las muñecas con las que has movido las manos para recibir el dinero, arrancados los ojos con los que has visto, rebanada la lengua con la que has hablado. La cara que has perdido ante el Sistema haciendo lo que has hecho, destrozada. Sellados los labios con la cruz: cerrados para siempre por la fe que has traicionado. Edoardo La Monica era intachable. Tenía un apellido de muchísimo peso, el de una familia que había hecho de Secondigliano una tierra de Camorra y un filón para los negocios. La familia en la que Paolo Di Lauro había dado los primeros pasos. La muerte de Edoardo La Monica es similar a la de Giulio Ruggiero. Ambos maltratados, torturados con meticulosidad pocas horas después de las respectivas detenciones de los boss. Descarnados, machacados, despedazados, desollados. No se veían homicidios cometidos con tan diligente y sanguinaria voluntad simbólica desde hacía años: desde el fin del poder de Cutolo y de su killer Pasquale Barra, llamado «'o Nimale», famoso por haber matado en la cárcel a Francis Turatello y haberle mordido el corazón después de habérselo arrancado del pecho con las manos. Estos ritos habían desaparecido, pero la *faida* de Secondigliano los había desenterrado y había convertido cada gesto, cada centímetro de carne, cada palabra en un instrumento de comunicación de guerra.

En rueda de prensa, los oficiales de los ROS declararon que la detención había sido posible gracias a que habían localizado a la proveedora que compraba el pescado preferido de Di Lauro, el besugo. El relato parecía demasiado perfecto para deteriorar la imagen de un boss poderosísimo, capaz de movilizar a cientos de vigilantes pero que al final se había dejado atrapar por un pecado de gula. En Secondigliano ni por un segundo resultó creíble la historia del seguimiento de la pista del besugo. Muchos señalaban más bien al SISDE (Servicio para la Información y la Seguridad Democrática) como único responsable del arresto. El SISDE había intervenido, lo confirmaban incluso las fuerzas del orden, pero resultaba realmente muy difícil advertir su presencia en Secondigliano. El indicio de algo que se acercaba mucho a la hipótesis de muchos cronistas, esto es, que el SISDE había puesto a sueldo a diversas personas de la zona a cambio de información o de no interferencia, lo había oído fragmentariamente en algunas charlas de bar. Hombres que, mientras tomaban un café o un cappuccino con un cruasán, pronunciaban frases de este tipo:

—Ya que recibes dinero de James Bond…

En aquellos días oí nombrar dos veces de forma furtiva o alusiva a 007, un hecho demasiado insignificante y ridículo para concluir algo de él, pero al mismo tiempo demasiado anómalo para pasar inadvertido.

La estrategia de los servicios secretos en el arresto de Di Lauro podría haber sido la de localizar a los responsables técnicos de los vigilantes y comprarlos, para poder desplazar a todos los *pali* y los centinelas a otras zonas y de ese modo impedir que dieran la alarma e hicieran huir al boss. La familia de Edoardo La Monica desmintió su posible implicación afirmando que el joven nunca había formado parte del Sistema, que tenía miedo de los clanes y sus negocios. Quizá pagó por otro de su familia, pero la quirúrgica tortura parecía encargada para ser recibida, no enviada a través de su cuerpo a otra persona.

Un día vi un grupito de gente no lejos de donde habían encontrado el cuerpo de Edoardo La Monica. Un chico empezó a señalar su dedo anular y luego, tocándose la cabeza, a mover los labios sin emitir ningún sonido. Enseguida me vino a la mente, como si se hubiera encendido una cerilla delante de mis ojos, el gesto de Vincenzo Di Lauro en la sala del tribunal, aquel gesto extraño, insólito, aquel preguntar antes de nada, después de años sin ver a su padre, por el anillo. El anillo, en napolitano *aniello*. Un mensaje para indicar Aniello y el anular como alianza. En consecuencia, la fidelidad traicionada, como si estuviera señalando la cepa familiar de la traición. De dónde procedía la responsabilidad del arresto. Quién había hablado.

Aniello La Monica era el patriarca de la familia. Durante años, en el barrio llamaron a los La Monica los «Anielli», al igual que llamaban a los Gionta de Torre Annunziata los «Valentini», por el boss Valentino Gionta. Según las declaraciones del arrepentido Ruocco y de Luigi Giuliano, Aniello La Monica había sido liquidado precisamente por su ahijado Paolo Di Lauro. Es verdad que todos los hombres de los La Monica están en las filas de los Di Lauro. Pero esta muerte atroz podría ser el castigo por la venganza de aquella muerte de hace veinte años, una venganza servida fría, helada, mediante una delación más violenta que una ráfaga de balas. Una memoria paciente, infinitamente paciente. Una memoria que parecen compartir los clanes que se han sucedido en la cima del poder en Secondigliano y el propio barrio en el que estos reinan. Pero que continúa basándose en rumores, hipótesis y sospechas, capaces tal vez de producir efectos como una detención clamorosa o un cuerpo torturado, pero jamás de plasmarse en verdad. Una verdad que siempre debe ser interpretada, como un jeroglífico que, según te dicen, es mejor no descifrar.

Secondigliano había vuelto a vivir movida por sus mecanismos económicos de siempre. Los Españoles y los Di Lauro tenían a todos los dirigentes encarcelados. Nuevos jefes de zona estaban descollando, nuevos dirigentes jovencísimos empezaban a dar los primeros pasos en las esferas del mando. La palabra *faida* desapareció con el paso de los meses y empezó a sustituirse por «Vietnam».

—Ese… ha hecho el Vietnam… así que ahora tiene que estar tranquilo.

—Después del Vietnam aquí todos tienen miedo…

—¿El Vietnam ha acabado o no?

Son fragmentos de frases pronunciadas en los móviles por las nuevas generaciones del clan. Llamadas interceptadas por los carabineros para desembocar el 8 de febrero de 2006 en la detención de Salvatore Di Lauro, el hijo de dieciocho años del boss, que había empezado a coordinar un pequeño ejército de chiquillos para vender droga. Los Españoles perdieron la batalla, pero parece ser que consiguieron su objetivo de hacerse autónomos, con un cártel propio y hegemónico dirigido por chavales jovencísimos. Los carabineros interceptaron un SMS que una chiquilla mandó a un jefe de plaza jovencísimo, detenido durante el período de la *faida* y que volvió a vender droga nada más salir de la cárcel:

—Enhorabuena por el trabajo y el regreso al barrio, me emociona tu victoria, ¡felicidades!

La victoria era la militar; la felicitación, por haber combatido en el lado bueno. Los Di Lauro están en prisión, pero han salvado la piel y el negocio, por lo menos el familiar.

La situación se calmó de repente después de las negociaciones entre los clanes y de los arrestos. Vagaba por una Secondigliano agotada, pisada por demasiadas personas, fotografiada, filmada, violada. Cansada de todo. Me paraba delante de los murales de Felice Pignataro, delante de los rostros del sol, de los híbridos de calavera y payaso. Murales que estampaban en el cemento armado un sello de ligera e inesperada belleza. De pronto estallaron en el cielo unos fuegos artificiales, y el ruido obsesivo de los cohetes no se acababa nunca. Los equipos periodísticos que estaban desmantelando sus cuarteles después del arresto del boss fueron en tromba a ver qué pasaba. El último reportaje sensacional: dos edificios enteros estaban de fiesta. Conectaron los micrófonos, los focos iluminaban las caras, telefonearon al jefe de sección para anunciar un reportaje sobre los festejos de los Españoles por la detención de Paolo Di Lauro. Me acerqué para preguntar qué pasaba; un chico me respondió, contento por mi pregunta:

—Es por Peppino, ha salido del coma.

Peppino se dirigía al trabajo, hace un año, cuando su Ape, el motocarro con el que iba al mercado, había empezado a derrapar y había volcado. Las calles napolitanas son hidrosolubles, después de dos horas de lluvia el basalto empieza a flotar y el asfalto se deshace como si estuviera mezclado con sal. El motocarro volcó y Peppino sufrió un gravísimo traumatismo craneal. Para sacarlo del terraplén al que había ido a parar el motocarro, utilizaron un tractor que habían hecho traer del campo. Después de un año en coma, se había despertado, y al cabo de unos meses el hospital le había dado el alta para irse a casa. El barrio celebró su regreso. Nada más bajar del coche, mientras todavía estaban instalándolo en la silla de ruedas, habían lanzado los primeros cohetes. Los niños se hacían fotografiar acariciándole la cabeza, completamente afeitada. La madre de Peppino lo protegía de caricias y besos demasiado efusivos para sus menguadas fuerzas. Los enviados que estaban en el lugar de los hechos telefonearon de nuevo a las redacciones, lo anularon todo, la serenata calibre 38 que querían filmar se había transformado en una fiesta para un chiquillo que había salido del coma. Dieron media vuelta para volver a los hoteles; yo seguí. Me metí en casa de Peppino, encantado de colarme en una fiesta demasiado alegre para perdérsela. Durante toda la noche brindé a la salud de Peppino con toda la gente del edificio. Repartida por las escaleras, entre descansillos y puertas abiertas sin saber muy bien de quién eran las casas abiertas y con las mesas rebosantes de cosas. Totalmente empapado de vino, me puse a hacer viajes con la Vespa entre un bar todavía abierto y la casa de Peppino, para aprovisionar a todos de vino tinto y Coca-Cola. Aquella noche Secondigliano estaba silenciosa y extenuada. Sin periodistas ni helicópteros. Sin vigilantes y *pali*. Un silencio que daba ganas de dormir, como por la tarde sobre la arena, con los brazos cruzados debajo de la nuca sin pensar en nada.

Mujeres

Tenía en el cuerpo el olor de algo indefinible. Como el tufo que impregna el abrigo cuando se entra en una freiduría y que al salir se atenúa lentamente, mezclándose con las pestilentes emanaciones de los tubos de escape. Puedes ducharte decenas de veces, poner la carne en remojo en la bañera durante horas con las sales y los bálsamos más perfumados: no te lo quitas de encima. Y no porque haya penetrado en la carne como el sudor de los violadores; no, comprendes que el olor que te notas en el cuerpo ya lo tenías dentro, como despedido por una glándula que nunca había sido estimulada, una glándula adormecida que de repente empieza a secretar, activada, incluso antes que por el miedo, por una sensación de verdad. Como si existiera en el cuerpo algo capaz de señalarte cuándo estás mirando la verdad. Con todos los sentidos. Sin mediaciones. Una verdad no contada, no filmada, no fotografiada, pero que está ahí. Comprender cómo funcionan las cosas, cómo va el derrotero del presente. No hay pensamiento que pueda confirmar lo que has visto. Después de haber fijado en las pupilas una guerra de la Camorra, las excesivamente numerosas imágenes llenan la memoria y no acuden a tu mente de una en una sino todas a la vez, superponiéndose y confundiéndose. No puedes contar con los ojos. Después de una guerra de la Camorra no hay ruinas de casas, y el serrín seca rápidamente la sangre. Como si hubieras sido tú el único que has visto o sufrido, como si alguien estuviera preparado para señalarte con el dedo y decir «No es verdad».

La aberración de una guerra de clanes —capitales que se enfrentan, inversiones que se degüellan, hipótesis financieras que se devoran— siempre encuentra una motivación consoladora, un sentido que pueda empujar el peligro a otro sitio, capaz de hacer sentir lejano, lejanísimo, un conflicto que, por el contrario, está desarrollándose en el portal de casa. Puedes colocarlo todo en un casillero de sentido que poco a poco vas construyendo, pero los olores no se dejan domeñar, están ahí. Como señal postrera y única de un patrimonio de experiencia disperso. En la nariz me habían quedado olores; no solo el olor de serrín y sangre, ni el de las lociones para después del afeitado de los niños soldados puestas sobre mejillas sin vello, sino sobre todo el de los perfumes femeninos. Seguía teniendo bajo las fosas nasales el olor intenso de los desodorantes, de las lacas, de los perfumes dulzones.

Las mujeres siempre están presentes en las dinámicas de poder de los clanes. No es casual que la *faida* de Secondigliano haya visto eliminar a dos mujeres con una crueldad habitualmente reservada a los boss. Como tampoco lo es que cientos de mujeres bajaran a la calle para impedir los arrestos de camellos y centinelas, para incendiar contenedores y tirar de los brazos a los carabineros. Veía correr a las chiquillas cada vez que una cámara de televisión aparecía en la calle; se precipitaban delante de los objetivos, sonreían, canturreaban, pedían ser entrevistadas, revoloteaban alrededor del cámara para ver qué logo llevaba en el aparato, para averiguar qué televisión las estaba filmando. Nunca se sabe. Alguien podría fijarse en ellas y llamarlas para algún programa. Aquí las oportunidades no se presentan, sino que se arrancan con los dientes, se compran, se buscan haciendo averiguaciones. Las oportunidades tienen que surgir a la fuerza. Y lo mismo sucede con los chicos: no se deja nada al azar del encuentro, al hecho del enamoramiento. Cada conquista es una estrategia. Y las chicas que no trazan estrategias pecan de una falta de previsión peligrosa y se exponen a encontrarse manos por todas partes y lenguas tan insistentes que pueden perforar dientes apretados. Vaqueros ajustados, camiseta ceñida: todo debe convertir la belleza en un cebo. En ciertos lugares, la belleza parece una trampa, aunque sea la más agradable de las trampas. Así que se cede, se busca el placer de un momento, no sabes al encuentro de qué vas. La habilidad de la chica se mide por su capacidad para conseguir ser cortejada por el mejor y, una vez que ha caído en la trampa, conservarlo, retenerlo, soportarlo, tragárselo con la nariz tapada. Pero tenerlo para ella. Todo. Una vez pasaba por delante de un colegio y vi a una chiquilla bajando de una moto. Bajó lentamente para dar tiempo a todos de observar bien la moto, el casco, los guantes de motorista y sus botas de punta fina, que a duras penas conseguía apoyar en el suelo. Un bedel, uno de esos bedeles eternos por delante de cuyos ojos pasan generaciones de niños, se acercó a ella y le dijo:

—Pero, France', ¿ya tienes novio? ¡Y nada menos que Angelo! ¿Acaso no sabes que va a acabar en Poggioreale?

El tal Angelo había entrado hacía poco en el Sistema y no parecía ocupar cargos poco importantes. Según el bedel, pronto acabaría en la prisión de Poggioreale. Antes incluso de intentar defender a su novio, la chiquilla tenía preparada una réplica. Una de esas réplicas que se tienen a mano:

—¿Y cuál es el problema, si de todas formas me da la mensualidad? Este me quiere de verdad…

La mensualidad. Ese es el principal éxito de las chicas. Aunque su novio acabe en la cárcel, habrá conquistado un sueldo. La mensualidad es el sueldo mensual que los clanes dan a las familias de los afiliados. Estando comprometidos, la mensualidad se paga a la novia, aunque conviene, para estar seguros de que es la beneficiaria, estar embarazada. No necesariamente casada; basta con tener un hijo, aunque todavía esté en el vientre. Si solo estás prometida, te arriesgas a que se presente ante el clan otra chica, tal vez mantenida oculta hasta entonces, chicas que no saben nada la una de la otra. En este caso, o el responsable de zona del clan decide si se reparte la mensualidad entre dos mujeres, cosa arriesgada porque genera mucha tensión entre las familias, o se hace decidir al afiliado a qué chica se le da. La mayoría de las veces se decide no dar la mensualidad a ninguna de las dos, sino pagarla directamente a la familia del preso, así se resuelve el conflicto. Matrimonio o puerperio son los elementos que garantizan con seguridad las retribuciones. Los sueldos se entregan casi siempre en mano, para evitar dejar demasiados rastros en las cuentas corrientes. Los llevan los «submarinos». El submarino es la persona encargada de repartir las mensualidades. Los llaman así porque reptan por el fondo de las calles. No se dejan ver nunca; no se les debe localizar fácilmente porque pueden chantajearlos, presionarlos, atracarlos. Brotan de la calle de repente y van a las casas haciendo cada vez un recorrido distinto. El submarino se ocupa de los pagos de los niveles más bajos del clan. Los dirigentes, en cambio, piden la suma que necesitan y tratan directamente con los cajeros. Los submarinos no forman parte del Sistema, no son afiliados; podrían, puesto que se ocupan de los sueldos, explotar ese papel fundamental y aspirar a ascender en el clan. Suelen ser jubilados, peritos mercantiles, antiguos contables de comercios que, trabajando para los clanes, cobran un sobresueldo para redondear la pensión y, sobre todo, tienen un motivo para salir de casa y no consumirse delante del televisor. Llaman el 28 de cada mes, dejan las bolsas de plástico encima de la mesa y luego, del interior de la americana, de un bolsillo abultadísimo, sacan un sobre en el que está escrito el apellido del afiliado muerto o encarcelado y se lo dan a su mujer o, si no está, al hijo mayor. Casi siempre llevan también, junto con la mensualidad, algunos comestibles. Jamón, fruta, pasta, huevos, pan. Suben la escalera restregando las bolsas por la pared. Ese frotamiento continuo y el paso lento son el timbre del submarino. Siempre van cargados como burros, hacen la compra en las mismas charcuterías y las mismas fruterías, la hacen toda a la vez y la llevan a las familias. Se puede calcular cuántas mujeres de presos o viudas de camorristas viven en una calle por lo cargado que va el submarino.

Don Ciro es el único submarino que he conocido. Es del centro histórico y se ha ocupado de los pagos de clanes actualmente disueltos pero que poco a poco, en esta nueva fase fértil, están tratando de reorganizarse y no solo de sobrevivir. Los clanes de los Barrios Españoles y durante algunos años también los de Forcella. Ahora trabajaba ocasionalmente para el clan del barrio de Sanità. Don Ciro era tan capaz de encontrar en el dédalo de las callejas napolitanas casas, plantas bajas, semisótanos, edificios sin número y pisos añadidos en las esquinas de los rellanos que a veces los carteros, que se perdían continuamente, le daban el correo para que lo llevara a sus clientes. Don Ciro tenía los zapatos destrozados: el dedo gordo le hacía un bulto, como un bubón, en la punta, y en el talón las suelas estaban totalmente gastadas. Esos zapatos eran realmente el emblema del submarino y auténticos símbolos de los kilómetros hechos a pie por callejas y cuestas, de recorridos deliberadamente alargados por las calles de Nápoles, asediados por la paranoia de persecuciones o atracos. Don Ciro llevaba unos pantalones deslucidos; parecían limpios, pero sin planchar. Ya no tenía mujer y su nueva compañera moldava era demasiado joven para ocuparse realmente de él. Miedoso hasta la médula, miraba siempre hacia el suelo, incluso cuando me hablaba; tenía el bigote amarillento por efecto de la nicotina, así como los dedos índice y corazón de la mano derecha. Los submarinos también entregan la mensualidad a los maridos de las mujeres presas. Para estos es humillante recibir la mensualidad de la esposa encarcelada, así que por regla general los submarinos, para ahorrarse reproches fingidos, gritos en los rellanos y que los echen de casa con mucho teatro pero, eso sí, sin olvidarse nunca de coger antes el sobre con el dinero, para ahorrarse todo eso van a casa de las madres de las afiliadas y les entregan a ellas la mensualidad correspondiente a la familia de la presa. Los submarinos escuchan todo tipo de quejas de las mujeres de los afiliados. Quejas sobre el aumento de los recibos, del alquiler, sobre los hijos que suspenden o que quieren ir a la universidad. Escuchan todas las peticiones, todos los comentarios sobre las mujeres de los otros afiliados, que tienen más dinero porque sus maridos han sido más listos y han conseguido subir de categoría en el interior de los clanes. Mientras ellas hablan, el submarino repite sin parar «Lo sé, lo sé, lo sé». Para que las señoras se desahoguen mejor, cuando acaban solo pronuncia dos tipos de respuesta: «No depende de mí» o «Yo solo traigo el dinero, el que decide no soy yo». Las mujeres saben de sobra que los submarinos no deciden nada, pero esperan que, llenándoles la cabeza de quejas, antes o después algo saldrá de su boca delante de algún jefe de zona, y quizá se decidan a aumentar los salarios y a conceder más favores. Don Ciro estaba tan acostumbrado a decir «Lo sé, lo sé, lo sé» que siempre que hablabas con él, sobre cualquier tema, murmuraba como una letanía «Lo sé, lo sé, lo sé». Había llevado las mensualidades a cientos de mujeres de la Camorra, habría podido contar recuerdos precisos de generaciones de mujeres, de esposas y novias, y también de hombres solos, reproducir los comentarios críticos sobre los boss y los políticos. Pero don Ciro era un submarino silencioso y melancólico que había convertido su cabeza en un cuerpo vacío donde rebotaban, sin dejar huella, las palabras escuchadas. Mientras le hablaba, me había llevado del centro a la periferia de Nápoles; luego se despidió y tomó un autobús que lo llevaría de vuelta al punto del que habíamos partido. Todo formaba parte de la estrategia de distracción para evitar que intuyera, aunque fuera remotamente, dónde vivía.

Para muchas mujeres, casarse con un camorrista suele ser como recibir un préstamo, como conseguir un capital. Si el destino y la pericia lo permiten, ese capital fructificará y las mujeres se harán empresarias, dirigentes, generalas con un poder ilimitado. Las cosas pueden ir mal y solo quedarán horas de espera en las cárceles y súplicas humillantes para hacer de asistenta compitiendo con las eslavas, para poder pagar a los abogados y dar de comer a los hijos, si el clan se viene abajo y no puede seguir pagando la mensualidad. Las mujeres de la Camorra proporcionan a través de su cuerpo bases para alianzas, su rostro y su comportamiento reflejan y muestran el poder de la familia; en público se reconocen sus velos negros en los funerales, los gritos durante los arrestos, los besos lanzados al otro lado de la barra durante las audiencias.

La imagen de las mujeres de la Camorra parece compuesta de visiones previsibles: mujeres capaces de hacer de eco solo al dolor y a la voluntad de los hombres, sean hermanos, maridos o hijos. No es así. La transformación del mundo camorrista en los últimos años ha producido también una metamorfosis del papel femenino, que de una identidad materna, de un apoyo en la desventura ha pasado a ser una auténtica figura directiva, comprometida casi exclusivamente en la actividad empresarial y financiera, delegando en otros las tareas militares y el tráfico ilegal.

Una figura histórica de dirigente camorrista es sin duda Anna Mazza, viuda del padrino de Afragola, una de las primeras mujeres condenadas en Italia por delitos de asociación mafiosa, como jefa de una de las más poderosas sociedades criminales y empresariales. Inicialmente, Anna Mazza explotó el aura de su marido, Gennaro Moccia, asesinado en los años setenta. La «viuda negra de la Camorra», como la llamaron, fue el verdadero cerebro del clan Moccia durante más de veinte años, capaz de ramificar de modo increíble su poder, hasta tal punto que, cuando en la década de 1990 fue confinada cerca de Treviso, consiguió, según diversas investigaciones, establecer contacto con la mafia del Brenta para tratar de consolidar su red de poder incluso en total aislamiento. Fue acusada inmediatamente después de la muerte de su marido de haber armado la mano de su hijo, que aún no había cumplido trece años, para matar al que había ordenado asesinar al padre de este. Sin embargo, fue absuelta de esta imputación por falta de pruebas. Anna Mazza llevaba a cabo una gestión vertical, empresarial y decididamente hostil a las intervenciones militares, capaz de condicionar todos los ámbitos dominados por ella, como demuestra la disolución en 1999, por filtraciones camorristas, del ayuntamiento de Afragola. Los políticos la secundaban, buscaban su apoyo. Anna Mazza era una pionera. Antes que ella solo había estado Pupetta Maresca, la bella killer vengadora que se hizo célebre en toda Italia a mediados de la década de 1950, cuando, estando embarazada de seis meses, decidió vengar la muerte de su marido, Pascalone «'e Nola».

Anna Mazza no fue solo vengadora. Comprendió que sería más sencillo aprovechar el retraso cultural de los boss camorristas y disfrutar de una especie de impunidad reservada a las mujeres. Un retraso cultural que la hacía inmune a emboscadas, envidias y conflictos. En los años ochenta y noventa consiguió dirigir la familia con una marcada tendencia a mejorar sus empresas, a obtener ventajas a través de una firme escalada en el sector de la construcción. El clan Moccia se convirtió en uno de los más importantes en la gestión de las contratas en el ámbito de la construcción, en el control de las canteras y en la mediación para la compra de terrenos edificables. Toda la zona que se extiende por Frattamaggiore, Crispano y Sant'Antimo, así como por Frattaminore y Caivano, está dominada por jefes de zona vinculados a los Moccia. En los años noventa se convirtieron en uno de los pilares de la Nueva Familia, el amplio cártel de clanes que se opuso a la Nueva Camorra Organizada de Raffaele Cutolo y que fue capaz de superar en cifras de negocios y poder a los cárteles de la Cosa

Nostra. Con el desplome de los partidos que habían obtenido ventajas de la alianza con las empresas de los clanes, los boss de la Nueva Familia se encontraron con que eran los únicos detenidos y condenados a cadena perpetua. No querían pagar ellos por los políticos a los que habían ayudado y apoyado. No querían ser considerados el cáncer de un sistema que, por el contrario, habían mantenido en pie siendo parte viva y productiva de él, aunque criminal. Decidieron arrepentirse. En la década de 1990, Pasquale Galasso, boss de Poggiomarino, fue el primer personaje de altísimo nivel empresarial y militar que empezó a colaborar con la justicia. Nombres, lógicas, capitales…, una opción de arrepentimiento total que fue recompensada por el Estado con la protección de los bienes de su familia y en parte también los suyos. Galasso reveló todo lo que sabía. Fueron los Moccia la familia de la gran confederación que asumió la tarea de hacerlo callar para siempre. Las palabras de Galasso habrían podido destruir el clan de la viuda en unas cuantas horas y en unas pocas rondas de revelaciones. Intentaron comprar a su escolta para que lo envenenara, planearon eliminarlo a golpes de bazuca, pero, después de los fallidos intentos militares organizados por los hombres de la casa para liquidarlo, intervino Anna Mazza, que intuyó que había llegado el momento de cambiar de estrategia. Propuso la disociación. Hizo trasladar el concepto del terrorismo a la Camorra. Los militantes de las organizaciones armadas se disociaban sin arrepentirse, sin revelar nombres ni acusar a ordenantes y ejecutores. La disociación era un distanciamiento ideológico, una decisión de conciencia, una tentativa de deslegitimar una práctica política cuyo mero rechazo moral, oficializado, bastaba para proporcionar reducciones de pena. En opinión de la viuda Mazza, sería realmente el mejor truco para eliminar todo riesgo de arrepentimiento y al mismo tiempo hacer creer que los clanes eran independientes del Estado. Alejarse ideológicamente de la Camorra disfrutando de las ventajas, las reducciones de pena, las mejoras de las condiciones carcelarias, pero sin revelar mecanismos, nombres, cuentas corrientes, alianzas. Lo que para algunos observadores podía ser considerado una ideología, la camorrista, para los clanes no era sino la actuación económica y militar de un grupo dedicado a los negocios. Los clanes se estaban transformando: la retórica criminal se acababa, la manía cutoliana de ideologizar la actuación camorrista se había superado. La disociación podía ser la solución al poder letal de los arrepentidos, que, aunque lleno de contradicciones, es el verdadero eje del ataque al poder de la Camorra. Y la viuda comprendió el alto potencial de este truco. Sus hijos escribieron a un sacerdote dando muestras de querer redimirse, habría que dejar un coche lleno de armas en Acerra, delante de una iglesia, como símbolo de «disociación» del clan, igual que hace el IRA con los ingleses. Deposición de las armas. Pero la Camorra no es una organización independentista, un núcleo armado, y sus armas no son su poder real. Aquel coche nunca llegó a ser encontrado y la estrategia de la disociación nacida de la mente de una mujer boss lentamente fue perdiendo atractivo, ni el Parlamento ni la magistratura le prestaron atención, y tampoco los clanes siguieron apoyándola. Los arrepentidos fueron cada vez más y con verdades cada vez menos útiles, y las grandes revelaciones de Galasso condenaron los aparatos militares de los clanes, pero dejaron prácticamente intactos los planes empresariales y políticos. Anna Mazza continuó construyendo una especie de matriarcado de la Camorra. Las mujeres como verdadero centro del poder, y los hombres, brazos armados, intermediarios y dirigentes, solo después de las decisiones de las mujeres. Decisiones importantes, económicas y militares, aguardaban a la viuda negra.

Las mujeres del clan demostraban más capacidad empresarial, menos obsesión por la ostentación y menos voluntad de conflicto. Eran mujeres las dirigentes, mujeres sus guardaespaldas, y mujeres las empresarias del clan. Una de sus «damas de compañía», Immacolata Capone, a lo largo de los años hizo fortuna dentro del clan. Immacolata fue la madrina de Teresa, hija de la viuda. No tenía aspecto de matrona, con el pelo moldeado y la cara rolliza como Anna Mazza. Immacolata era menuda, rubia, llevaba una melena corta y siempre bien peinada, poseía una elegancia sobria. No se parecía en nada a la oscura camorrista. Y más que buscar hombres que le confirieran autoridad, eran los hombres los que se acercaban a ella en busca de protección. Se casó con Giorgio Salierno, camorrista implicado en los intentos de obstaculizar al arrepentido Galasso, y más tarde se unió a un hombre del clan Puca de Sant'Antimo, una familia de po-

deroso pasado cercana a Cutolo, un clan que hizo célebre al hermano del compañero de Immacolata, Antonio Puca. Le encontraron en
un bolsillo una libretita con el nombre de Enzo Tortora, el presenta-
dor televisivo acusado injustamente de ser camorrista. Cuando Immacolata alcanzó la madurez económica y directiva, el clan estaba en
crisis. Cárcel y arrepentidos habían puesto en peligro el infatigable
trabajo de doña Anna. Pero Immacolata lo apostó todo al cemento;
administraba también una fábrica de ladrillos en el centro de Afragola. La empresaria había hecho lo imposible para vincularse al poder del clan de los Casalesi, que es el que más controla los negocios
del sector de la construcción en el plano nacional e internacional.
Según las investigaciones de la DDA de Nápoles, Immacolata Capone fue quien logró que las empresas de los Moccia conquistaran
nuevamente el liderazgo en el sector de la construcción. Tenía a su
disposición la empresa MOTRER, una de las más importantes en el
campo de la maquinaria de construcción del sur de Italia. Había establecido un mecanismo impecable —según las investigaciones—
con el consenso de un político local. El político concedía las contratas, el empresario las obtenía y doña Immacolata las tomaba en subcontrata. Creo haberla visto solo una vez. Precisamente en Afragola,
al llegar a un supermercado. Sus guardaespaldas eran dos chicas. La
escoltaban siguiéndola con un Smart, el pequeño coche de dos plazas que tienen todas las mujeres de la Camorra. Por el grosor de las
puertas, sin embargo, aquel Smart parecía blindado. Es frecuente
imaginar a las mujeres guardaespaldas como esas culturistas cuyos
músculos abultados les dan un aspecto masculino. Muslos prietos,
pectorales que han engullido los pechos, bíceps hipertrofiados, cuello de toro. Las guardaespaldas que yo vi, en cambio, no tenían nada
de virago. Una era bajita, con un trasero grande y bamboleante y el
pelo teñido de un negro excesivo; la otra, delgada, espigada, huesu-
da. Me llamó la atención lo cuidado de la vestimenta; ambas llevaban
algo que recordaba el color del Smart, amarillo fosforescente. Una
llevaba una camiseta del mismo color que el coche, mientras que la
que iba al volante llevaba la montura de las gafas del sol amarilla. Un
amarillo que no podía haber sido elegido por casualidad, ni tampoco que se hubieran puesto las dos algo de ese color por una coinci-

dencia. Era uno de los toques de profesionalidad. El mismo tono de amarillo que el mono de motorista que Uma Thurman lleva en *Kill Bill*, de Quentin Tarantino, una película donde por primera vez las mujeres son protagonistas criminales de primer orden. El amarillo del mono que Uma Thurman lleva también en el cartel de la película, con la espada de samurái desenfundada, y que se te queda grabado en los ojos y quizá también en las papilas gustativas. Un amarillo tan artificial que se convierte en un símbolo. La empresa ganadora debe dar una imagen ganadora. Nada es dejado al azar, ni siquiera el color del coche y el uniforme de las guardaespaldas. Immacolata Capone había dado ejemplo, pues muchísimas mujeres integradas a diferente título y nivel en los clanes exigen escolta femenina y cuidan la armonía de su estilo e imagen.

Pero algo no estaba yendo por buen camino. Quizá había invadido territorios que no eran suyos, quizá tenía enemigos secretos: Immacolata Capone fue asesinada en marzo de 2004 en Sant'Antimo, el pueblo de su compañero. No llevaba escolta. Quizá no creía que corriese peligro. La ejecución tuvo lugar en el centro del pueblo, los killers iban a pie. En cuanto intuyó que la seguían, Immacolata Capone salió huyendo; a su alrededor, la gente creía que le habían dado un tirón y estaba persiguiendo a los ladrones, pero llevaba el bolso colgado al hombro. Corría con el bolso apretado contra el pecho, obedeciendo a un instinto que no permite soltar, tirar al suelo lo que dificulta la carrera para salvar la vida. Immacolata entró en una pollería, pero no tuvo tiempo de refugiarse detrás del mostrador. La alcanzaron y apoyaron el cañón de la pistola en su nuca. Dos tiros secos: el retraso cultural que evitaba tocar a las mujeres y que Anna Mazza había aprovechado quedó superado. El cráneo destrozado por los proyectiles y el rostro bañado en la densa sangre mostraron el nuevo curso de la política militar de los clanes. Ninguna diferencia entre hombres y mujeres. Ningún presunto código de honor. No obstante, el matriarcado de los Moccia ha actuado lentamente, permaneciendo en todo momento dispuesto a hacer grandes negocios, controlando un territorio con inversiones prudentes y mediaciones financieras de primer orden, dominando la adquisición de terrenos, evitando *faidas* y alianzas que hubieran podido interferir en las empresas familiares.

Ahora, en un territorio dominado por sus empresas, se alza el mayor centro Ikea de Italia, y precisamente en esa zona empezará a construirse la línea de alta velocidad del sur de Italia. Por enésima vez, en octubre de 2005 el ayuntamiento de Afragola fue disuelto por infiltración camorrista. Las acusaciones son graves: un grupo de concejales municipales de Afragola pidieron al presidente de una estructura comercial que contratara a más de doscientas cincuenta personas vinculadas por estrechos lazos de parentesco con el clan Moccia.

En la decisión de disolver el concejo pesaron, asimismo, algunas concesiones de obras otorgadas violando las normas. Hay megaestructuras en terrenos propiedad de los boss, y se habla también del hospital que habría que construir en terrenos adquiridos por el clan Moccia precisamente coincidiendo con los debates del concejo municipal. Terrenos comprados a precio bajo, bajísimo, y tras haber sido convertidos en suelos sobre los que construir el hospital vendidos, evidentemente, a precios astronómicos. Un beneficio del 600 por ciento sobre el precio inicial. Un beneficio que solo las mujeres de los Moccia podían obtener.

Mujeres dispuestas a todo para defender los bienes y las propiedades del clan, como hizo Anna Vollaro, nieta del boss del clan de Portici, Luigi Vollaro. Tenía veintinueve años cuando se presentó la policía para embargar el enésimo local de la familia, una pizzería. Cogió una lata de gasolina, se la echó encima y con una cerilla se prendió fuego. Para evitar que alguien tratara de apagar las llamas, echó a correr de un lado para otro. Acabó por chocar contra una pared y la pintura se ennegreció como cuando en una toma de corriente se produce un cortocircuito. Anna Vollaro se quemó viva para protestar contra el embargo de un bien adquirido con capitales ilícitos, que ella consideraba simplemente el resultado de una trayectoria empresarial normal, natural.

Se cree que en la praxis criminal el vector militar lleva, una vez alcanzado el éxito, al papel de empresario. No es así, o al menos no siempre. Sin ir más lejos, la *faida* de Quindici, un pueblo de la provincia de Avellino que sufre desde hace años la presencia asfixiante y perenne de los clanes Cava y Graziano, constituye un ejemplo de ello. Las dos familias están enfrentadas desde siempre y las mujeres constituyen el verdadero eje económico. El terremoto de 1980 destruye el valle de Lauro; la lluvia de miles de millones de liras para su reconstrucción da origen a una burguesía empresarial camorrista, pero en Quindici sucede algo más, algo distinto de lo que ocurre en todas las demás zonas de la Campania: no solo un enfrentamiento entre facciones, sino una *faida* familiar que a lo largo de los años ha hecho que se registre una cuarentena de emboscadas feroces, las cuales provocan luchas entre los dos núcleos contendientes. Se produce una carga de odio incurable que contagia como una enfermedad del alma a todos los representantes de las dos familias durante varias generaciones. El pueblo asiste impotente a la arena donde se asesinan las dos facciones. En la década de 1970, los Cava representaban una costilla de los Graziano. El choque se produce cuando, en la década de 1980, llueven sobre Quindici cientos de miles de millones de liras para la reconstrucción tras el terremoto, una suma que desencadena el conflicto por desacuerdos sobre las cuotas de contratas y porcentajes que hay para repartir. Los capitales que llegan harán levantar a ambas familias, a través de la gestión de las mujeres de los dos clanes, pequeños imperios de la construcción. Un día, mientras el alcalde del pueblo, hecho elegir por los Graziano, estaba en su despacho, un comando de los Cava llamó a su puerta. No disparan enseguida, y eso concede tiempo al alcalde para abrir la ventana, salir del despacho, trepar al tejado del ayuntamiento y escapar por los tejados de las casas. El clan Graziano ha tenido entre sus filas a cinco alcaldes, dos de ellos asesinados y tres destituidos por el presidente de la República por mantener relaciones con la Camorra. Hubo un momento, sin embargo, en que pareció que las cosas podían cambiar. Una joven farmacéutica, Olga Santaniello, fue elegida alcaldesa. Tan solo una mujer tenaz podía responder al poder de las mujeres de los Cava y los Graziano. Intentó por todos los medios eliminar la mugre del poder de los clanes, pero no lo consiguió. El 5 de mayo de 1998 un terrible aluvión inundó todo el valle de Lauro, las casas se llenaron de agua y barro, las tierras se convirtieron en charcas fangosas y los canales se volvieron intransitables. Olga Santaniello murió ahogada. Aquel fango que la asfixió resultó doblemente beneficioso para los clanes. El aluvión llevó más dinero, y con los nuevos capitales aumentó el poder de las dos familias. Por otro lado, fue elegido Antonio Siniscalchi, confirmado en el cargo cuatro años después de manera plebiscitaria. Tras la primera victoria electoral de Siniscalchi, desde la sede del colegio electoral salió un cortejo a pie en el que participaron el alcalde, los concejales y sus más abiertos partidarios. El cortejo llegó a la aldea de Brosagro y desfiló por delante de la vivienda de Arturo Graziano, apodado «Guaglione», pero no era a él a quien iban dirigidos los saludos. Estaban destinados sobre todo a las mujeres de los Graziano, que, en fila en el balcón por orden de edad, recibían el homenaje del nuevo alcalde después de que la muerte hubiera eliminado definitivamente a Olga Santaniello. Más adelante, Antonio Siniscalchi fue arrestado en un *blitz* de la DDA de Nápoles en junio de 2002. Según las acusaciones de la Fiscalía Antimafia de Nápoles, con los primeros fondos de la reconstrucción había adjudicado el contrato para reparar el camino de acceso y la cerca de la villa-búnker de los Graziano.

Las villas diseminadas por Quindici, los escondrijos secretos, las calles asfaltadas y el alumbrado público eran asunto del ayuntamiento, que con el dinero público ayudaba a los Graziano y los hacía inmunes a atentados y emboscadas. Los miembros de las dos familias vivían atrincherados detrás de verjas insalvables y vigilados las veinticuatro horas del día por un circuito cerrado de cámaras de vídeo.

El boss Biagio Cava fue arrestado en el aeropuerto de Niza mientras se disponía a embarcar para Nueva York. Una vez en la cárcel, todo el poder pasó a manos de su hija, de su mujer, de las mujeres del clan. Solo se dejaron ver en el pueblo las mujeres. Además de ser las administradoras ocultas, los cerebros, se convirtieron en el símbolo oficial de las familias, en las caras y los ojos del poder. Cuando se encontraban por la calle, las familias rivales intercambiaban miradas feroces, de superioridad, de esas que se clavan en los pómulos en un juego absurdo que considera perdedores los ojos que miran hacia abajo. La tensión en el pueblo era altísima cuando las mujeres de los Cava se dieron cuenta de que había llegado el momento de empuñar las armas. Debían pasar de ser empresarias a killers. Se entrenaron en los portales de sus casas, con la música alta para cubrir el ruido de las pistolas al disparar contra los sacos de avellanas procedentes de sus latifundios. Mientras se celebraban las elecciones municipales de 2002, empezaron a recorrer armadas el pueblo en su Audi 80. Eran Maria Scibelli, Michelina Cava y las adolescentes Clarissa y Felicetta Cava, de dieciséis y diecinueve años, respectivamente. En Via Cassese, el coche de las mujeres de los Cava se cruzó con el coche de los Graziano, en el cual iban Stefania y Chiara Graziano, de veinte y veintiún años. Desde el coche de las Cava empezaron a disparar, pero las mujeres de los Graziano, como si se esperaran la emboscada, clavaron el coche y consiguieron virar en redondo. Aceleraron y salieron a escape. Los disparos habían roto las ventanillas y agujereado la chapa, pero no las habían alcanzado. Las dos chicas volvieron a la villa gritando. Decidieron ir a vengar la afrenta directamente la madre de las dos chicas, Anna Scibelli, y el boss Luigi Salvatore Graziano, el septuagenario patriarca de la familia. Fueron en su Alfa, seguidos por un automóvil blindado con cuatro personas armadas con metralletas y fusiles. Interceptaron el Audi de las Cava y lo embistieron repetidamente. El coche de apoyo bloqueaba la salida lateral; luego se puso delante del coche perseguido, obstruyendo otra vía de escape. Tras el primer enfrentamiento armado frustrado, las mujeres de los Cava, temiendo que los carabineros las hicieran parar, se habían deshecho de las armas. Así que, al encontrarse frente al coche, viraron, abrieron las portezuelas y se precipitaron fuera para tratar de escapar a pie. Los Graziano bajaron del automóvil y empezaron a disparar contra las mujeres. Una lluvia de plomo atravesó piernas, cabezas, hombros, pechos, mejillas, ojos. Todas cayeron al suelo en unos segundos, esparciendo los zapatos y quedándose con los pies desnudos. Parece ser que los Graziano se ensañaron con los cuerpos, pero no se dieron cuenta de que una seguía con vida. Felicetta Cava se salvó. En el bolso de una de las Cava encontraron un frasco de ácido: quizá, además de disparar, su intención era desfigurar a sus enemigas echándoles ácido a la cara.

Las mujeres son más capaces de afrontar el crimen como si fuera solo el espacio de un momento, el juicio de alguien, un peldaño alcanzado e inmediatamente superado. Esto, las mujeres del clan lo muestran de un modo más evidente. Se sienten ofendidas, vilipendiadas cuando se las llama camorristas, criminales. Como si criminal fuera solo un juicio sobre una acción, no un gesto objetivo, un comportamiento, sino simplemente una acusación. Por lo demás, hasta la fecha, a diferencia de los hombres, ninguna mujer boss de la Camorra se ha arrepentido. Nunca.

Consagrada a la defensa a ultranza de los bienes de la familia ha estado siempre Erminia Giuliano, llamada Celeste por el color de sus ojos, la guapa y llamativa hermana de Carmine y Luigi, los boss de Forcella, que, según las investigaciones, es el referente absoluto en el clan en lo concerniente a la gestión de los bienes inmuebles y de los capitales invertidos en el sector comercial. Celeste tiene la imagen de la napolitana clásica, de la descarada del centro histórico: pelo teñido de rubio platino, ojos claros y fríos siempre pintados con sombra negra. Ella gestionaba los asuntos económicos y legales del clan. En 2004 fueron confiscados a los Giuliano los bienes fruto de la actividad empresarial, veintiocho millones de euros, el verdadero pulmón económico del clan. Tenían una serie de cadenas de tiendas en Nápoles y la provincia, y una empresa titular de una marca que se había hecho muy famosa gracias a la habilidad empresarial y la protección militar y económica del clan. Una marca que posee una red en franquicia compuesta por cincuenta y seis puntos de venta en Italia y en Tokio, Bucarest, Lisboa y Túnez.

El clan Giuliano, hegemónico en las décadas de 1980 y 1990, nace en el vientre ondulante de Nápoles, en Forcella, el barrio que atrae hacia sí mitologías de kasba, leyendas de ombligo podrido del centro histórico. Los Giuliano parecen un clan que ha llegado al final del trayecto tras haber surgido lentamente de la miseria, desde el contrabando hasta las putas, desde la gestión de la extorsión puerta a puerta hasta los secuestros. Una dinastía enorme basada en primos, sobrinos, tíos, parientes. La cima del poder la alcanzaron a finales de la década de 1980 y ahora poseen una especie de carisma que no puede desaparecer. Todavía hoy, quien quiere mandar en el centro histórico tiene que vérselas con los Giuliano. Un clan con el aliento sobre el cuello de la miseria y del terror a volver a ser miserables. El cronista Enzo Perez había recogido una de las afirmaciones de Luigi Giuliano, el rey de Forcella, que mejor demostraba la repugnancia que le producía la miseria: «No estoy de acuerdo con Tommasino, a mí el belén me gusta, son los pastores los que me dan asco».

El rostro del poder absoluto del sistema camorrista adopta cada vez más rasgos femeninos, pero los seres machacados, aplastados por los tanques del poder también son mujeres. Annalisa Durante murió en Forcella el 27 de marzo de 2004, víctima de un fuego cruzado, a los catorce años. Catorce años. Catorce años. Repetírselo es como pasarse por la espalda una esponja empapada de agua helada. Estuve en el funeral de Annalisa Durante. Llegué pronto a las inmediaciones de la iglesia de Forcella. Las flores todavía no habían llegado, había carteles pegados por todas partes, mensajes de condolencia, lágrimas, desgarradores recuerdos de las compañeras de clase. A Annalisa la mataron. Esa noche cálida, tal vez la primera noche cálida de verdad de esa estación terriblemente lluviosa, Annalisa había decidido pasarla ante el portal del edificio donde vivía una amiga. Llevaba un vestido bonito y seductor. Se ceñía a su cuerpo firme y terso, ya bronceado. Esas noches parecen nacer expresamente para conocer chicos, y para una chica de Forcella catorce años es la edad propicia para empezar a elegir un posible novio al que arrastrar hasta el matrimonio. Las chicas de los barrios populares de Nápoles a los catorce años parecen ya mujeres experimentadas. Van profusamente pintadas, sus pechos se han transformado en turgentes meloncitos por obra de los *push-up*, llevan botas de punta fina con unos tacones que ponen en peligro la incolumidad de los tobillos. Deben ser expertas equilibristas para sostenerse en pie caminando vertiginosamente sobre el basalto, piedra de lava que reviste las calles de Nápoles y que es desde siempre enemiga de todos los zapatos femeninos. Annalisa era guapa. Muy guapa. Estaba escuchando música con su amiga y una prima, las tres lanzaban miradas a los chavales que pasaban montados en ciclomotores, encabritándose, haciendo chirriar las ruedas, empeñándose en peligrosas carreras de obstáculos entre coches y personas. Es un juego de cortejo. Atávico, siempre idéntico. La música preferida de las chicas de Forcella es la de los neomelódicos, cantantes populares de un circuito que vende muchísimo en los barrios populares napolitanos, así como en los de Palermo y Bari. Gigi D'Alessio es el mito consagrado. El que ha conseguido salir del microcircuito imponiéndose en toda Italia; los otros, cientos de ellos, se han quedado en pequeños ídolos de barrio, divididos por zonas, por calles, por edificios. Cada uno tiene su cantante. Pero, de pronto, mientras del aparato de música sale un agudo estridente del cantante, pasan dos ciclomotores a todo gas persiguiendo a alguien. Este huye, corre como alma que lleva el diablo. Annalisa, su prima y su amiga no entienden nada, piensan que es una broma o quizá un desafío. Suenan los disparos. Las balas rebotan por doquier. Annalisa está en el suelo, dos balas la han alcanzado. Todos huyen, las primeras cabezas empiezan a asomarse a los balcones todavía abiertos. Los gritos, la ambulancia, la carrera hacia el hospital, el barrio entero llena las calles de curiosidad y angustia.

Salvatore Giuliano es un nombre importante. Llamarse así parece ya una condición suficiente para mandar. Pero en Forcella no es el recuerdo del bandido siciliano lo que confiere autoridad a ese muchacho. Es simplemente su apellido. Giuliano. La situación ha empeorado debido a la decisión de hablar de Lovigino Giuliano. Se ha arrepentido, ha traicionado a su clan para evitar la cadena perpetua. Sin embargo, como sucede casi siempre en las dictaduras, aunque se quite de en medio al jefe, solo uno de sus hombres puede ocupar su puesto. Así pues, los Giuliano, pese a llevar la marca de la infamia, continuaban siendo los únicos en situación de mantener relaciones con los grandes correos del narcotráfico y de imponer las leyes de la protección. Pero, con el tiempo, Forcella se cansa. No quiere seguir estando dominada por una familia de infames, no quiere más arrestos y policía. Quien quiera ocupar su puesto debe cargarse al heredero, debe imponerse oficialmente como soberano y arrancar la raíz de los Giuliano, el nuevo heredero: Salvatore Giuliano, el nieto de Lovigino. Esa noche era el momento elegido para oficializar la hegemonía, para liquidar al retoño que estaba levantando la cabeza y mostrar a Forcella el inicio de un nuevo dominio. Lo esperan, lo identifican. Salvatore camina tranquilamente cuando, de pronto, se da cuenta de que están apuntándolo. Echa a correr, los killers lo persiguen, sigue corriendo, quiere meterse en alguna calleja. Empiezan los disparos. Muy probablemente, Giuliano pasa por delante de las tres chicas, las utiliza como escudo y, aprovechando la confusión, saca la pistola y empieza a disparar. Unos segundos y huye, los killers no consiguen alcanzarlo. Cuatro son las piernas que corren hacia el interior del portal buscando refugio. Las chicas se vuelven, falta Annalisa. Salen. Está en el suelo, sangre por todas partes, un proyectil le ha abierto la cabeza.

En la iglesia consigo acercarme al pie del altar. Ahí está el ataúd de Annalisa. En los cuatro lados hay guardias con uniforme de gala, el homenaje de la región de Campania a la familia de la chiquilla. El ataúd está cubierto de flores blancas. Un móvil, su móvil, es apoyado contra la base del féretro. El padre de Annalisa gime. Se agita, balbucea algo, mueve los puños en los bolsillos. Se me acerca, pero no es a mí a quien se dirige. Dice:

—¿Y ahora qué? ¿Y ahora qué?

En cuanto el padre rompe a llorar, todas las mujeres de la familia empiezan a gritar, a darse golpes de pecho, a balancearse emitiendo chillidos estridentes; en cuanto el cabeza de familia deja de llorar, todas las mujeres se quedan en silencio. Detrás distingo los bancos ocupados por las chiquillas, amigas, primas, simples vecinas de Annalisa. Imitan a sus madres en los gestos, en los movimientos de cabeza, en las cantinelas que repiten:

—¡Esto no ha pasado! ¡No es posible!

Se sienten investidas de un papel importante: consolar. No obstante, exhalan orgullo. Un funeral por una víctima de la Camorra es para ellas una iniciación, como la menarquia o la primera relación sexual. Al igual que sus madres, con este acontecimiento toman parte activa en la vida del barrio. Las cámaras de televisión las enfocan, los fotógrafos, todos parecen existir para ellas. Muchas de estas chiquillas se casarán dentro de no mucho con camorristas, de elevada o ínfima categoría. Camellos o empresarios. Killers o contables. Muchas de ellas tendrán hijos a los que matarán y harán cola en la cárcel de Poggioreale para llevar noticias y dinero a los maridos presos. Pero ahora solo son niñas de luto, sin olvidar los pantalones de talle bajo y el tanga. Es un funeral, pero van vestidas de modo impecable. Perfecto. Lloran a una amiga, conscientes de que esa muerte las hará mujeres. Y, pese al dolor, no veían la hora. Pienso en el eterno retorno de las leyes de esta tierra. Pienso que los Giuliano alcanzaron el máximo poder cuando Annalisa aún no había nacido y su madre era una chiquilla que se relacionaba con chiquillas, las cuales se convirtieron más tarde en esposas de los Giuliano y de sus afiliados, escucharon de adultas la música de D'Alessio y aplaudieron a Maradona, que siempre compartió con los Giuliano cocaína y festines, memorable la foto de Diego Armando Maradona en la bañera en forma de concha de Lovigino. Veinte años después, Annalisa muere mientras perseguían a un Giuliano disparándole, mientras un Giuliano respondía a la agresión utilizándola como escudo o quizá simplemente pasando por su lado. Un recorrido histórico idéntico, eternamente igual. Imperecedero, trágico, perenne.

La iglesia está ahora a rebosar. La policía y los carabineros están nerviosos. No lo entiendo. Se les ve inquietos, pierden la paciencia por tonterías, caminan nerviosos de un lado a otro. Comprendo lo que pasa al salir de la iglesia. Me alejo unos pasos y veo que un vehículo de los carabineros separa a la multitud de personas que han acudido al funeral de un grupo de individuos de punta en blanco, en motos lujosas, coches descapotables, *scooters* potentes. Son los miembros del clan Giuliano, los últimos incondicionales de Salvatore. Los carabineros temen que puedan cruzarse insultos entre los camorristas y la gente y que se arme un cirio. Por suerte, no pasa nada, pero su presencia es profundamente simbólica. Demuestran que nadie puede dominar en el centro histórico de Nápoles sin que ellos lo decidan o, al menos, lo autoricen. Ponen de manifiesto que ellos están ahí y siguen siendo los capos, pese a todo.

El ataúd blanco sale de la iglesia, una muchedumbre empuja para tocarlo, muchos se desmayan, los gritos desaforados empiezan a destrozar los tímpanos. Cuando el féretro pasa por delante de la casa de Annalisa, su madre, que no se ha sentido capaz de asistir a la ceremonia celebrada en la iglesia, intenta tirarse por el balcón. Grita, forcejea, tiene la cara hinchada y enrojecida. Un grupo de mujeres la sujeta. Es la escena trágica habitual. Que quede muy claro que el llanto ritual y las escenas de dolor no son mentiras ni simulaciones. Nada de eso. Muestran, eso sí, la condena cultural en la que todavía viven gran parte de las mujeres napolitanas, obligadas a seguir recurriendo a comportamientos marcadamente simbólicos para demostrar su dolor y hacerlo reconocible ante toda la comunidad. Pese a ser tremendamente real, ese frenético dolor mantiene en su apariencia las características de una representación.

Los periodistas apenas se acercan. Antonio Bassolino, presidente de la región de Campania, y Rosa Russo Iervolino, alcaldesa de Nápoles, están aterrorizados, temen que el barrio pueda sublevarse contra ellos. No es así. La gente de Forcella ha aprendido a sacar provecho de la política y no quiere enemistarse con nadie. Alguien aplaude a las fuerzas del orden. Ese gesto hace que algunos periodistas se exalten. Carabineros aplaudidos en el barrio de la Camorra. Qué ingenuidad. Ese aplauso ha sido una provocación. Mejor los carabineros que los Giuliano. Eso es lo que han querido decir. Algunas cámaras intentan recoger testimonios, se acercan a una viejecita de aspecto frágil. La mujer se apodera del micrófono y grita:

—¡Por culpa de esos… mi hijo pasará cincuenta años en la cárcel! ¡Asesinos!

El odio contra los arrepentidos es celebrado. La multitud empuja, la tensión es tremenda. Pensar que una chiquilla ha muerto porque había decidido escuchar música con sus amigas delante del portal de casa, una noche de primavera, hace que se te revuelvan las tripas. Siento náuseas. Tengo que mantener la calma. Tengo que entender, si es posible. Annalisa nació y vivió en este mundo. Sus amigas le contaban las escapadas en moto con los chicos del clan, ella misma tal vez se habría enamorado de un chaval guapo y rico, capaz de hacer carrera en el Sistema, o tal vez de un buen chico que se deslomaría trabajando todo el día por cuatro perras. Su destino habría sido trabajar diez horas al día en una fábrica clandestina de bolsos por quinientos euros al mes. Annalisa estaba impresionada por la marca que tienen en la piel las que trabajan el cuero. En su diario había escrito: «Las chicas que hacen bolsos tienen siempre las manos negras y están todo el día metidas en la fábrica. Mi hermana Manu también, pero por lo menos a ella el jefe no la obliga a trabajar cuando no se encuentra bien». Annalisa se ha convertido en símbolo trágico porque la tragedia se ha producido en su aspecto más terrible y consustancial: el asesinato. Sin embargo, aquí no hay instante en que el oficio de vivir no parezca una condena a cadena perpetua, una pena que hay que descontar a lo largo de una existencia primitiva, idéntica, veloz, feroz. Annalisa es culpable de haber nacido en Nápoles. Ni más ni menos. Mientras el cuerpo de Annalisa en el ataúd blanco es sacado a hombros, la compañera de banco deja sonar su móvil. Suena sobre el féretro: es el nuevo réquiem. Un sonido continuo, luego musical, repite una suave melodía. Nadie responde.

SEGUNDA PARTE

Kaláshnikov

Había pasado los dedos por encima. Incluso había cerrado los ojos. Dejaba deslizar la yema del índice por toda la superficie. De arriba abajo. Luego, al pasar sobre el orificio, se me enganchaba la mitad de la uña. Lo hacía en todos los escaparates. A veces el índice entraba del todo en el orificio; otras veces solo entraba a medias. Luego aumenté la velocidad; recorría la lisa superficie de manera desordenada, como si mi dedo fuera una especie de gusano enloquecido que entraba y salía de los agujeros, superando los baches y corriendo de un lado a otro sobre el cristal. Hasta que me hice un limpio corte en la yema. Seguí deslizándola por el cristal, dejando un halo acuoso de color rojo púrpura. Luego abrí los ojos. Un dolor sutil, inmediato. El orificio se había llenado de sangre. Dejé de hacer el idiota y empecé a chupar la herida.

Los orificios del kaláshnikov son perfectos. Se estampan violentamente sobre los cristales blindados, horadan, mellan, parecen termes que mordisquearan y luego dejaran la galería. Desde lejos, los disparos de metralleta dan una impresión extraña, como si se formaran decenas de bolitas en el corazón del cristal entre las diversas capas blindadas. Después de una ráfaga de kaláshnikovs, ningún comerciante cambia los cristales. Hay quien mete pasta de silicona por dentro y por fuera; hay quien los cubre con cinta adhesiva negra, pero la mayoría lo deja todo tal como está. Un escaparate blindado de una tienda puede llegar a costar hasta cinco mil euros, de modo que es mejor mantener estas violentas decoraciones. Y en el fondo, hasta resultan atractivas para los clientes, que se detienen con curiosidad, preguntándose qué habrá pasado, explayándose con el dueño del comercio, y, en suma, acaban comprando algo más de lo necesario. Lejos de sustituir los cristales blindados, lo que se espera es más bien que la próxima ráfaga los haga estallar. En ese caso la aseguradora paga, ya que, si uno llega por la mañana temprano y hace desaparecer la ropa, la ráfaga de ametralladora pasa a clasificarse de robo.

Disparar a los escaparates no es tanto un acto de intimidación, un mensaje que las balas han de transmitir, como más bien una necesidad militar. Cuando llegan nuevas partidas de kaláshnikovs hay que probarlas. Ver si funcionan, comprobar si el cañón está bien montado, familiarizarse, verificar que los cargadores no se encasquillen. Podrían probar las ametralladoras en el campo, con los cristales de viejos coches blindados, comprar planchas para poder destrozarlas con toda tranquilidad. Pero no lo hacen. En lugar de ello disparan a los escaparates, a las puertas blindadas, a las persianas metálicas, a modo de recordatorio de que no hay nada que no pueda ser suyo y de que todo, en el fondo, no es más que una concesión momentánea, un poder delegado de una economía que solo ellos gestionan. Una concesión, nada más que una concesión que en cualquier momento puede ser revocada. Y además, supone, asimismo, una ventaja indirecta, ya que las cristalerías de la zona que tienen los mejores precios en cristales blindados están todas ellas vinculadas a los clanes; luego, cuantos más escaparates arruinados, más dinero para las cristalerías.

La noche anterior habían llegado una treintena de kaláshnikovs procedentes del Este. De Macedonia. De Skopje a Gricignano d'Aversa, un viaje rápido y tranquilo que había llenado los garajes de la Camorra de ametralladoras y fusiles. En cuanto cayó el telón socialista, la Camorra se reunió con los dirigentes de los partidos comunistas en descomposición. Se sentó a la mesa de negociaciones en representación del Occidente potente, capaz y silencioso. Sabedor de su crisis, los clanes compraron extraoficialmente a los estados del Este —Rumanía, Polonia, la antigua Yugoslavia— depósitos enteros de armas, pagando durante años el sueldo a los vigilantes, a los guardias, a los oficiales encargados de la conservación de los recursos militares. En suma, pues, una parte de la defensa de aquellos países pasó a estar costeada por los clanes. El mejor modo, en el fondo, de ocultar las armas y de tenerlas en los cuarteles. Así, durante años, y pese a la alternancia de dirigentes, los conflictos internos y las crisis, los boss han mantenido como referencia, no el mercado negro de armas, sino los depósitos de los ejércitos del Este a su entera disposición. Aquella vez las metralletas las habían cargado en camiones militares que ostentaban en sus flancos el símbolo de la OTAN. Camiones TIR robados de los garajes estadounidenses, que gracias a aquel anagrama podían rodar tranquilamente por media Italia. En Gricignano d'Aversa, la base de la OTAN es un pequeño coloso inaccesible, como una especie de columna de cemento armado situada en medio de una llanura. Una estructura construida por los Coppola, como todo lo demás en esta zona. Casi nunca se ven estadounidenses. Son raros los controles. Los camiones de la OTAN gozan de máxima libertad, y así, una vez que las armas han entrado en el país, los conductores se detienen y se toman su cruasán con su capuchino, mientras preguntan en el bar dónde pueden encontrar a «un par de negros para descargar ropa urgentemente». Y todos saben qué significa eso de «urgentemente». Las cajas de armas pesan solo un poco más que las cajas de tomates; los muchachos africanos que quieren sacarse un dinero extra después de haber trabajado en los campos se llevan dos euros por caja, el cuádruple de lo que les dan por una cajita de tomates o de manzanas.

En cierta ocasión leí en una revista de la OTAN —dedicada a los familiares de los militares destinados en el extranjero— un pequeño artículo dirigido a los que tenían que venir a Gricignano d'Aversa. Traduje el pasaje y me lo apunté en una agenda para recordarlo. Decía: «Para entender dónde vais a vivir, tenéis que pensar en las películas de Sergio Leone. Es como el Lejano Oeste, está el que manda, hay tiroteos, reglas no escritas e inatacables. Pero no os preocupéis: para con los ciudadanos y militares estadounidenses habrá el máximo respeto y la máxima hospitalidad. En cualquier caso, salid de la zona militar únicamente en caso necesario». Aquel articulista yanqui me ayudó a comprender mejor el lugar donde vivía.

Aquella mañana encontré a Mariano en el bar presa de una extraña euforia. Estaba frente a la barra sumamente excitado, cargándose de martinis de buena mañana.

—¿Qué ocurre?

Todos le preguntaban lo mismo. Incluso el camarero se negó a llenarle el cuarto vaso hasta saberlo. Pero él no respondía, como si los demás pudieran comprenderlo perfectamente por sí mismos.

—Quiero ir a conocerle, me han dicho que todavía está vivo; pero ¿será verdad?

—¿Será verdad el qué?

—¿Cómo es posible? Yo me cojo vacaciones y me voy a conocerle...

—Pero ¿a quién?, ¿qué...?

—¿Os dais cuenta? Es muy ligero, preciso, puede disparar veinte o treinta tiros, y no han pasado ni cinco minutos... ¡es un invento genial!

Estaba en éxtasis. El camarero lo miró como quien mira a un muchacho que ha penetrado a una mujer por primera vez y exhibe en el rostro una expresión inconfundible, la misma de Adán. Entonces entendí de dónde venía la euforia. Mariano había probado por primera vez un kaláshnikov, y se había quedado tan favorablemente impresionado por aquel chisme que quería ir a conocer a su inventor, Mijaíl Kaláshnikov. Jamás había disparado a nadie; había entrado en el clan para controlar la distribución de algunas marcas de café en distintos bares del territorio. Extremadamente joven, licenciado en economía y comercio, era responsable de un montón de millones de euros, puesto que los bares y las empresas cafeteras que querían entrar en la red comercial del clan se contaban por decenas. Sin embargo, el jefe de zona no quería que sus hombres, licenciados o no, soldados o directivos comerciales, no fueran capaces de disparar, y por ello les había puesto la metralleta en la mano. Por la noche, Mariano había descargado unas cuantas balas en varios escaparates, eligiendo los bares al azar. No era una advertencia, si bien, en resumidas cuentas, aunque él no supiera el verdadero motivo por el que disparaba sobre aquellos escaparates, sin duda los propietarios encontrarían un motivo válido. Siempre hay una causa para sentirse en falso. Mariano denominaba a la metralleta con tono fiero y profesional: AK-47. El nombre oficial de la ametralladora más célebre del mundo. Un nombre bastante simple, donde AK son las siglas de Avtomat

Kaláshnikova, es decir, «la automática de Kaláshnikov», y 47 se refiere al año en que fue seleccionada como arma para el ejército soviético. A menudo las armas tienen nombres cifrados, letras y números que deberían ocultar su potencia letal, símbolos de su carácter despiadado. Pero en realidad se trata de nombres banales puestos por algún suboficial encargado de anotar el depósito de nuevas armas no menos que el de nuevos tornillos. Los kaláshnikovs son ligeros y fáciles de usar, y requieren solo un sencillo mantenimiento. Su fuerza estriba en su munición intermedia: ni demasiado pequeña como la de los revólveres, para evitar perder la potencia de fuego, ni demasiado grande, para evitar el retroceso y la escasa manejabilidad y precisión del arma. El mantenimiento y el montaje son tan sencillos que los muchachos de la antigua Unión Soviética lo aprendían en los pupitres de la escuela, en presencia de un responsable militar, en un tiempo medio de dos minutos.

La última vez que había oído disparos de ametralladora había sido hacía unos años. Fue cerca de la Universidad de Santa Maria Capua Vetere, no recuerdo muy bien dónde, pero estoy seguro de que era en un cruce. Cuatro vehículos bloquearon el automóvil de Sebastiano Caterino, un camorrista desde siempre próximo a Antonio Bardellino, el capo de los capos de la Camorra casertana en las décadas de 1980 y 1990, y lo acribillaron con una orquesta de kaláshnikovs. Cuando Bardellino desapareció y cambiaron los dirigentes, Caterino había logrado huir, escapando a la matanza. Durante trece años no había salido de casa, había vivido escondido, solo asomaba la nariz de noche, camuflándose, saliendo del portal de su casa de campo en un coche blindado, y pasándose la vida fuera de su tierra. Después de tantos años de silencio creía haberse investido de una nueva autoridad. Confiaba en que el clan rival, ya olvidado del pasado, no atacaría a un viejo líder como él. Así, se había puesto a forjar un nuevo clan en Santa Maria Capua Vetere, y la antigua ciudad romana se había convertido en su feudo. El comandante de San Cipriano d'Aversa, la ciudad natal de Caterino, al llegar al lugar del atentado solo pronunció una frase: «¡De verdad que le han hecho daño!». De hecho, aquí el trato que te reservan se evalúa en función de los disparos que recibes. Si te matan con delicadeza, de un tiro en la cabeza o en la barriga, se interpreta como una operación necesaria, quirúrgica, sin rencores. En cambio, pegarle más de doscientos tiros al coche y más de cuarenta al cuerpo constituye un modo rotundo de borrarte de la faz de la tierra. La Camorra tiene una memoria larguísima y es capaz de una paciencia infinita. Trece años, ciento cincuenta y seis meses, cuatro kaláshnikovs, doscientos tiros, una bala por cada mes de espera. En algunos territorios, las armas poseen asimismo el rastro de la memoria, que conservan con odio en sí mismas; una condena que luego escupen en el momento oportuno.

Aquella mañana pasaba los dedos sobre los ornamentos de la ametralladora con la mochila puesta. Estaba a punto de partir: tenía que ir a Milán, a ver a mi primo. Es extraño cómo, hables con quien hables, y cualquiera que sea el motivo, en cuanto dices que estás a punto de irte pasas a ser objeto de buenos deseos, atenciones y juicios entusiastas:

—¡Bien hecho! Haces muy bien, yo también lo haría.

No hay que dar detalles ni especificar qué es lo que vas a hacer. Cualquiera que sea el motivo, siempre será mejor que el que encontrarías para seguir viviendo en esta zona. Cuando me preguntan de dónde soy, nunca contesto. Me gustaría responder que del sur, pero me parece demasiado retórico. Cuando me lo preguntan en un tren, miro hacia abajo y finjo no haberlo oído, puesto que siempre me viene a la mente la novela *Conversación en Sicilia*, de Vittorini, y si abro la boca corro el riesgo de repetir las palabras de su protagonista, Silvestro Ferrato. Y no se trata de eso. Los tiempos cambian; las voces son las mismas. En un viaje, sin embargo, me ocurrió que me encontré con una señora entrada en carnes embutida de mala manera en el reducido asiento del Eurostar. Había subido en Bolonia con un deseo increíble de hablar para sofocar el tiempo, además de su propio cuerpo. Insistía en saber de dónde venía, qué hacía, adónde iba... Tuve ganas de responderle simplemente mostrándole la herida de la yema del dedo y nada más. Pero me contuve. En lugar de ello le contesté:

—Soy de Nápoles.

Una ciudad que da tanto que hablar, que basta con pronunciar su nombre para escaparse de cualquier clase de respuesta. Un lugar donde el mal se convierte en todo el mal, y el bien en todo el bien. Luego me quedé dormido.

A la mañana siguiente, muy temprano, Mariano me telefoneó ansioso. Hacía en parte de contable y en parte de organizador de una operación muy delicada que algunos empresarios de nuestra zona estaban realizando en Roma. Juan Pablo II estaba muy mal, quizá incluso ya había muerto, pero todavía no habían dado oficialmente la noticia. Mariano me pidió que le acompañara. Me bajé en la primera parada que pude y me volví atrás. Negocios, hoteles, restaurantes, supermercados, tenían necesidad en muy pocos días de enormes y extraordinarios suministros de toda clase de productos. Había un mar de dinero a ganar: en muy poco tiempo, millones de personas inundarían la capital, viviendo en las calles, pasando horas y horas en las aceras, y teniendo que beber, que comer, en una palabra, que comprar. Se podían triplicar los precios, vender a todas horas, hasta de noche, sacar provecho a cada minuto. Llamaron a Mariano, él me propuso que le acompañara, y a cambio de mi amabilidad me daría algo de dinero. Nada es gratuito. A Mariano le habían prometido un mes de vacaciones para que pudiera realizar su sueño de ir a Rusia a conocer a Mijaíl Kaláshnikov; incluso tenía la garantía de un hombre de las familias rusas que le había jurado que lo conocía. Así, Mariano podría conocerle, mirarle a los ojos, tocar las manos que habían inventado la poderosa metralleta.

El día del funeral del Papa, Roma era un hervidero de gente. Imposible distinguir los rostros de las calles, ni los trazados de las aceras. Una única piel de carne había revestido el asfalto, las entradas de los edificios, las ventanas; una riada que se canalizaba a través de cualquier espacio disponible. Una riada que parecía aumentar su propio volumen, hasta hacer explotar los canales en los que confluía. Por todas partes había personas. Por doquier. Un perro aterrorizado se había escondido temblando debajo de un autobús, ya que había visto su espacio vital invadido de pies y piernas. Mariano y yo nos detuvimos en el umbral de un edificio, el único que quedaba al abrigo de un grupo que había decidido, a modo de voto, cantar durante seis horas seguidas una cancioncilla inspirada en san Francisco. Allí nos sentamos a comer un bocadillo. Yo estaba agotado. Mariano, en cambio, no se cansaba nunca: cualquier esfuerzo se le remuneraba, y eso le hacía sentirse perennemente a pleno rendimiento.

De repente oí que alguien me llamaba. Antes de girarme había adivinado ya de quién se trataba: era mi padre. Hacía dos años que no nos veíamos; habíamos vivido en la misma ciudad sin cruzarnos nunca. Era increíble que nos encontráramos precisamente en el laberinto de carne romano. Mi padre se sentía muy violento. No sabía cómo saludarme, y acaso tampoco podía hacerlo como habría querido. Pero estaba eufórico, como en aquellas excursiones en las que dicen que en pocas horas te pasarán cosas hermosas, las mismas que no podrán repetirse durante al menos los tres meses siguientes, y por ello quieres absorberlas todas, sentirlas hasta el fondo, aunque velozmente, por miedo a perder las otras alegrías en el poco tiempo que te queda. Había aprovechado el hecho de que una compañía rumana había bajado el precio de los vuelos a Italia debido a la muerte del Papa, y había pagado el billete a toda la familia de su pareja. Todas las mujeres del grupo llevaban el cabello cubierto por un velo y un rosario arrollado en la muñeca. Era imposible saber en qué calle nos encontrábamos; solo recuerdo una enorme pancarta que ondeaba entre dos edificios: «Undécimo mandamiento: no empujes y no te empujarán», escrito en doce lenguas. Los nuevos parientes de mi padre estaban contentos. Contentísimos de participar en un acontecimiento tan importante como la muerte del Papa. Todos soñaban con indulgencias para los inmigrantes. Sufrir por el mismo motivo, participar en una manifestación tan multitudinaria y universal, era para aquellos rumanos el mejor modo de adquirir la ciudadanía sentimental y objetiva de Italia, antes incluso que la legal. Mi padre adoraba a Juan Pablo II, le entusiasmaba la fascinación de aquel hombre que hacía que todos le besaran la mano. Le intrigaba cómo había llegado a alcanzar aquel inmenso poder de convocatoria sin coacciones evidentes ni estrategias claras. Todos los poderes se arrodillaban ante él. Para mi padre, eso bastaba para admirar a un hombre. Lo vi arrodillarse junto a la madre de su pareja para recitar un rosario improvisado en la calle. De entre el montón de parientes rumanos vi asomar a un niño. De inmediato comprendí que era el hijo de mi padre y de Micaela. Sabía que había nacido en Italia para poder tener la ciudadanía, pero que, por deseo de la madre, había vivido siempre en Rumanía. El niño trataba de no soltarse de la falda de su mamá. Yo no le había visto nunca, pero sabía su nombre: Stefano Nicolae. Stefano, como el padre de mi padre; Nicolae, como el padre de Micaela. Mi padre le llamaba Stefano; su madre y sus tíos, Nico. Acabarían por llamarle Nico, pero el momento de la derrota de mi padre aún no había llegado. Evidentemente, el primer regalo que había recibido de su padre apenas había descendido la escalerilla del avión era una pelota. Era la segunda vez que mi padre veía a su hijito, pero lo trataba como si lo hubiera tenido siempre ante sus ojos. Lo cogió en brazos y se acercó a mí.

—Ahora Nico viene a vivir aquí. En esta tierra. En la tierra de su padre.

No sé por qué, pero el niño puso una expresión triste y dejó caer la pelota al suelo; yo logré sujetarla con el pie antes de que se perdiese irremisiblemente entre la muchedumbre.

De repente me vino a la cabeza un olor a mezcla de sal y polvo, de cemento y basura. Un olor húmedo. Me acordé de cuando tenía doce años, en la playa de Pinetamare. Mi padre entró en mi habitación; yo acababa de despertarme. Posiblemente era domingo.

—¿Te das cuenta de que tu primo ya sabe disparar? ¿Y tú? ¿Es que vas a ser menos que él?

Me llevó a Villaggio Coppola, en la costa domicia. La playa era un yacimiento abandonado de utensilios devorados por la sal y recubiertos de una costra caliza. Yo me habría pasado cavando días enteros, buscando paletas, guantes, botas desfondadas, azadas rotas, picos despuntados… pero no me habían llevado hasta allí para rebuscar en la basura. Mi padre paseaba de un lado a otro buscando posibles blancos, preferiblemente botellas. Sus predilectas eran las de la cerveza Peroni. Luego puso las botellas sobre el techo de un 127 quemado, ya que el lugar estaba lleno de esqueletos de automóviles. Las playas de Pinetamare se utilizaban también para depositar todos los coches quemados previamente empleados en robos y atentados. Todavía recuerdo la Beretta 92 FS de mi padre. Estaba toda rayada, como si fuera atigrada; una vieja y señora pistola. Todo el mundo la conoce como M9, no sé por qué. Siempre la oigo mencionar por ese nombre: «¡A que te meto una M9 entre ceja y ceja!», «¿Tendré que sacar la M9?», «¡Demonios! Tengo que conseguir una M9». Mi padre me puso la Beretta en la mano. La encontré pesadísima. La culata de la pistola es muy áspera, parece de papel de lija, se te engancha a la palma y cuando te quitas la pistola de la mano parece casi como si te arañara con sus microdientes. Mi padre me indicó cómo debía quitar el seguro, cargar la pistola, extender el brazo, cerrar el ojo derecho si el blanco estaba a la izquierda, y apuntar.

—Roberto, el brazo relajado y firme a la vez. O sea, tranquilo, pero no fláccido... usa las dos manos.

Antes de apretar el gatillo con toda la fuerza de los dos índices que se presionaban el uno al otro, cerré los ojos y alcé los hombros como si quisiera taparme las orejas con los omóplatos. Todavía hoy el ruido del disparo me pone enfermo. Debo de tener algún problema en los tímpanos, y después de oír un disparo me quedo sordo durante media hora.

En Pinetamare, los Coppola, una familia de empresarios muy poderosa, construyeron la mayor aglomeración urbana ilegal de Occidente. Ochocientos sesenta y tres mil metros cuadrados de cemento, justamente el Villaggio Coppola. No se pidió autorización; no hacía falta: en esas tierras las licitaciones y los permisos son formas de aumentar vertiginosamente los costes de producción, puesto que hay que «engrasar» demasiados trámites burocráticos. De modo que los Coppola pasaron directamente a las hormigoneras. Hoy, varios quintales de cemento armado han ocupado el lugar de una de las pinedas marítimas más bellas del Mediterráneo. Se construyeron edificios por cuyos porteros automáticos se oía el mar.

Cuando finalmente di en el primer blanco de mi vida, experimenté una sensación de orgullo y sentimiento de culpa a la vez. Había sido capaz de disparar, finalmente había sido capaz. Ya nadie podría hacerme daño. Pero había aprendido a utilizar un instrumento terrible. Uno que, una vez que lo sabes utilizar, jamás puedes dejar de usarlo; es como aprender a montar en bicicleta. La botella no había estallado del todo. Mejor dicho, todavía seguía en pie; partida por la mitad, la mitad derecha. Mi padre se alejó hacia el coche. Yo me quedé allí con la pistola, aunque extrañamente no me sentía solo, rodeado como estaba de fantasmas de desperdicios y de metal. Tendí el brazo hacia el mar, y disparé dos balas al agua. No las vi salpicar, y quizá ni siquiera llegaron hasta el agua; pero disparar al mar me parecía un hecho valeroso. Mi padre volvió con un balón de cuero que llevaba dibujada la efigie de Maradona. Era el premio por mi buena puntería. Luego acercó como siempre su rostro al mío. Yo podía sentir su aliento a café. Estaba satisfecho: ahora su hijo no era menos que el hijo de su hermano. Así que recitamos la cantinela habitual, su catecismo:

—Roberto, ¿qué es un hombre sin carrera y con pistola?

—Un capullo con pistola.

—¡Bien! ¿Qué es un hombre con carrera y sin pistola?

—Un capullo con carrera.

—¡Bien! ¿Y qué es un hombre con carrera y con pistola?

—¡Un hombre, papá!

—¡Muy bien, Robertito!

Nico caminaba todavía con inseguridad. Mi padre le hablaba a ráfagas. El pequeño no le entendía: era la primera vez que oía hablar en italiano, a pesar de que su mamá había sido lo bastante astuta como para hacerle nacer aquí.

—¿No crees que se te parece, Roberto?

Lo miré con detenimiento. Y me alegré por él: no se me parecía en absoluto.

—¡Por suerte, no se me parece!

Mi padre me miró con su acostumbrada expresión de decepción; ¡cómo decirle que a aquellas alturas ya ni siquiera en broma me oiría decir lo que le hubiera gustado escuchar! Tenía siempre la impresión de que mi padre estaba en guerra con alguien. Como si hubiese de librar una batalla con alianzas, precauciones, maquinaciones. Para mi padre, ir a un hotel de dos estrellas era como perder prestigio ante no se sabía quién. Como si hubiera de rendir cuentas a un ente que le habría castigado con violencia si no hubiese vivido en la riqueza y con un talante autoritario y extravagante.

—El mejor, Roberto, no ha de necesitar a nadie; debe saber, es cierto, pero también ha de inspirar miedo. Si no inspiras miedo a nadie, ni nadie se siente cohibido al mirarte, entonces es que en el fondo no has llegado a ser auténticamente capaz.

Cuando íbamos a comer fuera, le fastidiaba el hecho de que a menudo en algunos restaurantes los camareros servían primero a algunos personajes locales aunque hubieran entrado una hora después que nosotros. Aquellos boss se sentaban, y a los pocos minutos tenían toda la comida delante. Mi padre les saludaba. Pero entre dientes murmuraba su deseo de gozar del mismo respeto. Un respeto que consistía en generar la misma envidia de poder, el mismo temor, la misma riqueza.

—¿Ves a esos? Son los que mandan de verdad. ¡Son ellos quienes lo deciden todo! Hay quien manda en las palabras y quien manda en las cosas. Tú debes averiguar quién manda en las cosas, y fingir que crees a quien manda en las palabras. Pero siempre has de saber la verdad en tu interior. Solo manda de verdad quien manda en las cosas.

Aquellos mandatarios de las cosas, como les llamaba mi padre, estaban sentados a la mesa. Desde siempre habían decidido la suerte de estas tierras. Comían juntos y sonreían. Luego, con los años, se han ido matando entre ellos, dejando una estela de miles de muertos, como ideogramas de sus inversiones financieras. Los boss sabían bien cómo arreglar el desaire de que les sirvieran los primeros: invitaban a comer a todos los presentes en el local; pero solo después de que ellos se hubieran marchado, temerosos de recibir muestras de agradecimiento y adulación. Todos tenían la comida pagada, salvo dos personas: el profesor Iannotto y su esposa. No les habían saludado, y ellos no habían osado ofrecerles la comida. Aunque sí les habían obsequiado, a través de un camarero, con una botella de licor. Un camorrista sabe que debe cuidar incluso a los enemigos leales, puesto que estos son siempre más preciados que los ocultos. Cuando tenía que mostrarme un ejemplo negativo, mi padre me señalaba siempre al profesor Iannotto. Habían ido juntos al colegio. Iannotto vivía de alquiler, había sido expulsado de su partido, no tenía hijos, e iba siempre malcarado y mal vestido. Enseñaba en un instituto; lo recuerdo siempre bregando con los padres, y a estos preguntándole a qué amigo suyo podían enviar a sus hijos a clases particulares para que aprobaran. Mi padre le consideraba un hombre condenado. Un muerto andante.

—Es como quien decide ser filósofo y quien decide ser médico. Según tú, ¿cuál de los dos decide sobre la vida de una persona?

—¡El médico!

—¡Muy bien! El médico. Porque puede decidir sobre la vida de las personas. Decidir. Salvarlas o no salvarlas. Es así como se hace el bien, solo cuando puedes hacer el mal. Si en lugar de ello eres un fracasado, un payaso, uno que no hace nada, entonces solo puedes hacer el bien; pero eso es voluntariado, un bien de pacotilla. El auténtico bien es cuando eliges hacerlo porque también puedes hacer el mal.

Yo no respondía. Nunca llegué a entender qué era lo que realmente quería demostrarme. Y en el fondo ni siquiera ahora he llegado a entenderlo. Quizá sea también por eso por lo que me licencié en filosofía, para no decidir en el lugar de nadie. Mi padre había trabajado en el servicio de ambulancias, como joven médico, allá en la década de 1980. Cuatrocientos muertos al año. En zonas donde se llegaba a matar hasta cinco personas al día. Llegaban con la ambulancia; pero si el herido estaba en el suelo y la policía no había llegado aún, no se lo podían llevar. Y eso porque, si se corría la voz, los killers volvían atrás, seguían a la ambulancia, le cerraban el paso, entraban en el vehículo y terminaban el trabajo. Eso había pasado montones de veces, y tanto los médicos como los enfermeros sabían que ante un herido tenían que quedarse quietos y esperar a que los killers volvieran para acabar la operación. Una vez, sin embargo, mi padre llegó a Giugliano, un pueblecito situado entre las provincias de Nápoles y de Caserta, feudo de los Mallardo. El muchacho tenía dieciocho años, o tal vez menos. Le habían disparado en el tórax, pero una costilla había desviado la bala. La ambulancia llegó enseguida, ya que estaba en la zona. El muchacho agonizaba, gritaba, perdía sangre. Mi padre lo subió a la ambulancia. Los enfermeros estaban aterrados.

Trataron de disuadirle; era evidente que los killers habían disparado sin mirar, y alguna patrulla los había puesto en fuga, pero no cabía duda de que volverían. Los enfermeros intentaron calmar a mi padre:

—Esperemos. Vienen, terminan el trabajo, y nos lo llevamos

Pero mi padre no lo aceptaba. La muerte, al fin y al cabo, tiene su momento. Y a los dieciocho años no le parecía que fuera el momento de morir, ni siquiera para un soldado de la Camorra. Así que lo subió a la ambulancia, se lo llevó al hospital y le salvó la vida. Aquella noche, los killers que no habían dado en el blanco como debían fueron a su casa. A casa de mi padre. Yo no estaba: entonces vivía con mi madre. Pero llegaron a explicarme tantas veces esta historia, truncada siempre en el mismo punto, que la recuerdo como si yo también hubiera estado en casa y lo hubiese presenciado todo. Creo que a mi padre le dieron una brutal paliza. Durante al menos dos meses no se dejó ver, y durante los cuatro siguientes no se atrevió a mirar a la cara a nadie. Decidir salvar a quien debe morir significa querer compartir su suerte, porque aquí con la voluntad no se cambia nada. No es una decisión que logre sacarte de un problema, no es una toma de conciencia, un pensamiento, una decisión, que de verdad logren darte la sensación de estar actuando del mejor modo posible. Sea lo que sea lo que hagas, será siempre una equivocación por un motivo u otro. Esa es la verdadera soledad.

El pequeño Nico volvía a reír. Micaela tiene más o menos mi misma edad. También a ella, al declarar su deseo de irse a Italia, de marcharse, le habrán dado la enhorabuena sin preguntarle nada, sin saber si iba a hacer de puta, de esposa, de asistenta o de empleada. Sabiendo solo que se marchaba, condición suficiente para considerarla afortunada. Nico, sin embargo, obviamente no pensaba nada. Absorbía con fruición el enésimo batido que su madre le daba a engullir. Mi padre, para hacerle comer, le puso el balón en los pies, y Nico lo chutó con todas sus fuerzas. La pelota rebotó en las rodillas, las tibias y las puntas de los zapatos de decenas de personas. Mi padre corrió tras ella. Sabiendo que Nico le miraba, fingió torpemente que driblaba a una monja, pero el balón se le escapó de nuevo de entre los pies. El pequeño reía; los montones de tobillos que veía extenderse ante sus ojos le hacían sentirse como en un bosque de piernas y sandalias. Le gustaba ver a su padre, a nuestro padre, esforzándose en recuperar aquella pelota. Traté de alzar la mano para saludarle, pero ahora le bloqueaba una muralla de carne. Se quedaría allí atascado durante una buena media hora. Era inútil esperar; se había hecho tarde. Ni siquiera se intuía ya su silueta: el estómago de la multitud la había engullido.

Mariano había logrado conocer a Mijaíl Kaláshnikov. Había pasado un mes entero viajando por el este de Europa. Rusia, Rumanía, Moldavia: unas vacaciones que el clan le había regalado como premio. Volví a verle precisamente en un bar de Casal di Principe. El mismo bar de siempre. Mariano llevaba un grueso paquete de fotografías atadas con una goma como si fueran cromos dispuestos para el intercambio. Eran retratos de Mijaíl Kaláshnikov autografiados con dedicatorias. Antes de volver, se había hecho revelar montones de copias de una foto de Kaláshnikov retratado con el uniforme de general del Ejército Rojo, y con una ringlera de medallas en el pecho: la orden de Lenin, la medalla de honor de la Gran Guerra Patriótica, la medalla de la Orden de la Estrella Roja, la de la Orden de la Bandera Roja al Trabajo... Mariano lo había conseguido gracias a las indicaciones de algunos rusos que hacían negocios con los grupos de la provincia de Caserta, y precisamente ellos le habían presentado al general.

Mijaíl Timoféievich Kaláshnikov vivía en un piso de alquiler en una pequeña población situada al pie de los Urales, Ízhevsk-Ustínov, que hasta 1991 ni siquiera aparecía en los mapas. Era uno de los numerosos lugares mantenidos en secreto por la URSS. Kaláshnikov constituía el único atractivo de la ciudad. Por él habían hecho una conexión directa con Moscú, y se había convertido en una especie de atracción para turistas de élite. Un hotel próximo a su casa, en el que había dormido Mariano, hacía el agosto alojando a todos los admiradores del general que esperaban en la ciudad su retorno de algún viaje por Rusia, o que simplemente aguardaban a ser recibidos.

Mariano había entrado con la videocámara en la mano en casa del general Kaláshnikov y su esposa. El general se lo había permitido, pidiéndole solo que no hiciera público lo que filmara, y Mariano, obviamente, había aceptado, sabiendo sobre todo que la persona que había mediado entre Kaláshnikov y él conocía su dirección, su número de teléfono y su cara. Mariano se presentó ante el general con un cubo de poliestireno cerrado con cinta adhesiva y lleno de caras de búfala estampadas en la tapa: había logrado conservar en el maletero del coche aquella cajita llena de mozzarellas de búfala de la campiña aversana bañadas en leche.

Mariano me mostró la filmación de su visita a la casa de Kaláshnikov en el pequeño monitor que se abría a un lado de la videocámara. El vídeo saltaba, las imágenes se agitaban, los rostros bailaban, el movimiento del zoom deformaba ojos y objetos, y el objetivo chocaba contra dedos y muñecas. Parecía el vídeo de una excursión escolar filmado mientras uno salta y corre. La casa de Kaláshnikov se parecía a la dacha de Gennaro Marino Marino, o quizá era simplemente una dacha clásica; pero el caso es que la única que yo había visto era precisamente la del boss secesionista de Arzano, razón por la que me parecían construcciones idénticas. La casa de la familia Kaláshnikov tenía las paredes tapizadas de reproducciones de Vermeer, y los muebles estaban abarrotados de baratijas de cristal y de madera. El suelo estaba totalmente revestido de alfombras. En un determinado momento de la filmación, el general pone la mano delante del objetivo. Mariano me explicó que jugueteando con la videocámara, y provisto de una buena dosis de mala educación, había acabado por entrar en una habitación que Kaláshnikov no quería que saliera en el vídeo bajo ninguna circunstancia. En un bargueño metálico adosado a la pared, bien visible detrás del cristal blindado, se conservaba el primer modelo de kaláshnikov, el prototipo construido a partir de los dibujos que —según la leyenda— el anciano general (por entonces, un desconocido suboficial) había trazado en unas hojas de papel mientras estaba en el hospital, herido de bala y deseoso de crear un arma que hiciera invencibles a los ateridos y afamados soldados del Ejército Rojo. El primer AK-47 de la historia, escondido como el primer céntimo que había ganado el tío Paperone, la famosa *number one* bajo la vitrina blindada, la «número uno» mantenida obsesivamente fuera del alcance de las manos de Amelia. Aquel modelo no tenía precio. Muchos habrían dado realmente cualquier cosa por poseer aquella especie de reliquia militar. En cuanto muera Kaláshnikov, acabará vendida en una subasta de Christie's, como las telas de Tiziano y los dibujos de Miguel Ángel.

Aquel día, Mariano pasó toda la mañana en casa del anciano Kaláshnikov. El ruso que les presentó había de ser verdaderamente influyente para que el general le otorgara tanta confianza. La videocámara filmó cuando se sentaron a la mesa y una viejecita menuda abría el poliestireno de la cajita de mozzarella. Comieron a gusto. Vodka y mozzarella. Mariano no quería perderse ni siquiera aquella escena, y puso la videocámara en la cabecera de la mesa para que lo captara todo. Quería una prueba cierta del general Kaláshnikov comiéndose la mozzarella de la quesería del boss para el que él trabajaba. El objetivo, colocado sobre la mesa, captó a lo lejos un mueblecito donde había fotos de niños enmarcadas. Aunque yo estaba deseando que el vídeo terminara de una vez, ya que sentía un insoportable mareo, no pude contener mi curiosidad:

—Oye, Mariano, ¿todos esos hijos y nietos tiene Kaláshnikov?

—¡Qué narices de hijos! Son todos hijos de gente que le manda fotos de niños que se llamarán como él, a lo mejor gente que se ha salvado gracias a su metralleta, o que simplemente lo admira…

Como los cirujanos que reciben las fotos de los niños a los que han salvado, curado u operado, y las enmarcan colocándolas en las estanterías de su despacho a modo de recordatorio del éxito en su profesión, así también el general Kaláshnikov tenía en la sala de estar las fotos de los niños que llevaban el nombre de su criatura. Por otra parte, un cronista italiano de Angola había entrevistado a un conocido guerrillero del Movimiento de Liberación, que había declarado: «He llamado a mi hijo Kalsh, porque es sinónimo de libertad».

Kaláshnikov es un anciano de ochenta y cuatro años, todavía activo y bien conservado. Lo invitan a todas partes, como una especie de icono móvil sustituto del fusil ametrallador más famoso del mundo. Antes de retirarse como general del ejército percibía un salario fijo de quinientos rublos, que en aquella época equivalía aproximadamente a una mensualidad de unos quinientos dólares. Si Kaláshnikov hubiese tenido la posibilidad de patentar su ametralladora en Occidente, hoy seguramente sería unos de los hombres más ricos del mundo. Se calcula —con cifras aproximadas— que se han fabricado más de ciento cincuenta millones de metralletas de la familia del kaláshnikov, todas ellas a partir del proyecto originario del general. Habría bastado con que por cada una de ellas hubiese recibido un dólar para que ahora nadara en la abundancia. Pero esta trágica falta de dinero no le turbaba en absoluto: él había engendrado a la criatura, le había infundido su soplo, y ello parecía ser condición suficiente para sentirse satisfecho. O quizá sí tenía en realidad un beneficio económico. Mariano me había contado que alguna que otra vez sus admiradores le enviaban dinero: acciones, miles de dólares en su cuenta, valiosos regalos de África, incluso se hablaba de una máscara tribal de oro regalada por Mobutu y de un dosel de marfil taraceado enviado por Bokassa; de China, en cambio, se decía que le había llegado nada menos que un tren, con su locomotora y sus vagones, regalo de Deng Xiaoping, que sabía de las dificultades del general para subir al avión. Pero eran solo leyendas, rumores que corrían en los cuadernillos de aquellos periodistas que, al no poder llegar a entrevistar al general —que no recibía a nadie sin una recomendación importante—, se dedicaban a entrevistar a los operarios de la fábrica de armas de Ízhevsk.

Mijaíl Kaláshnikov respondía automáticamente, siempre las mismas respuestas fuera cual fuese la pregunta, sirviéndose de un inglés llano, aprendido de adulto, que utilizaba como quien usa un destornillador para aflojar un tornillo. Mariano le hacía preguntas inútiles y genéricas —una manera de reducir su inquietud— sobre la metralleta:

—Yo no inventé el arma para que se vendiera con ánimo de lucro, sino única y exclusivamente para defender a la madre patria en la época en la que lo necesitaba. Si pudiera volver atrás, volvería a hacer lo mismo y viviría de la misma forma. He trabajado toda la vida, y mi vida es mi trabajo.

Una respuesta que repetía a todas las preguntas que le formulaba sobre su metralleta.

No existe nada en el mundo, orgánico o inorgánico, objeto metálico u elemento químico, que haya causado más muertes que el AK-47. El kaláshnikov ha matado más que la bomba atómica de Hiroshima y Nagasaki, que el virus del sida, que la peste bubónica, que la malaria, que todos los atentados de los fundamentalistas islámicos, que la suma de muertos de todos los terremotos que han sacudido la corteza terrestre. Un número exorbitante de carne humana imposible de imaginar siquiera. Solo un publicista logró, en un congreso, dar una descripción convincente: aconsejaba que para hacerse una idea de los muertos producidos por la metralleta llenaran una botella de azúcar, dejando caer los granitos por un agujero en la punta del paquete; cada grano de azúcar equivale a un muerto producido por el kaláshnikov.

El AK-47 es un arma capaz de disparar en las condiciones más adversas. Es imposible que se encasquille, está lista para disparar aunque esté llena de tierra o empapada de agua, es cómoda de empuñar, tiene un gatillo tan suave que hasta un niño puede apretarlo. La fortuna, el error, la imprecisión: todos los elementos que permiten salvar la vida en los enfrentamientos parecen quedar eliminados por la certeza del AK-47, un instrumento que impide que el hado tenga papel alguno. Fácil de usar, fácil de transportar, dispara con una eficacia que permite matar sin ninguna clase de entrenamiento. «Es capaz de transformar en combatiente hasta a un mono», declaraba Kabila, el temible líder político congoleño. En los conflictos de los últimos treinta años, más de cincuenta países han utilizado el kaláshnikov como fusil de asalto de sus ejércitos. Se han producido matanzas con el kaláshnikov, según la ONU, en Argelia, Angola, Bosnia, Burundi, Camboya, Chechenia, Colombia, el Congo, Haití, Cachemira, Mozambique, Ruanda, Sierra Leona, Somalia, Sri Lanka, Sudán y Uganda. Más de cincuenta ejércitos regulares tienen el kaláshnikov, y resulta imposible hacer una estadística de los grupos irregulares, paramilitares y guerrilleros que lo utilizan.

Murieron por el fuego del kaláshnikov: Sadat, en 1981; el general Dalla Chiesa, en 1982; Ceaucescu, en 1989. En el chileno Palacio de la Moneda, Salvador Allende fue encontrado con proyectiles de kaláshnikov en el cuerpo. Y estos muertos eminentes constituyen la verdadera carta de presentación histórica de la metralleta. El AK-47 incluso ha acabado formando parte de la bandera de Mozambique y se halla también en centenares de símbolos de grupos políticos, desde al-Fatah en Palestina hasta el MRTA en Perú. Cuando aparece en vídeo en las montañas, Osama bin Laden lo utiliza como único símbolo amenazador. Ha acompañado a todos los papeles: al del libertador, al del opresor, al del soldado del ejército regular, al del terrorista, al del secuestrador, al del guardaespaldas que escolta al presidente. Kaláshnikov ha creado un arma sumamente eficaz, capaz de mejorar con los años; un arma que ha tenido dieciocho variantes y veintidós nuevos modelos forjados a partir del proyecto inicial. Es el auténtico símbolo del liberalismo económico, su icono absoluto. Podría convertirse incluso en su emblema: no importa quién seas, no importa lo que pienses, no importa de dónde provengas, no importa qué religión tengas, no importa contra quién ni a favor de qué estés; basta con que lo que hagas, lo hagas con nuestro producto. Con cincuenta millones de dólares se pueden comprar cerca de doscientas mil metralletas; es decir, que con cincuenta millones de dólares se puede crear un pequeño ejército. Todo lo que destruye los vínculos políticos y de mediación, todo lo que permite un consumo masivo y un poder exorbitante, se convierte en vencedor en el mercado; y Mijaíl Kaláshnikov, con su invento, ha permitido a todos los grupos de poder y de micropoder contar con un instrumento militar. Después de la invención del kaláshnikov, nadie puede decir que ha sido derrotado porque no podía acceder al armamento. Ha llevado a cabo una acción de equiparación: armas para todos, matanzas al alcance de cualquiera. La batalla ya no es ámbito exclusivo de los ejércitos. A escala internacional, el kaláshnikov ha hecho lo mismo que han hecho los clanes de Secondigliano a nivel local, liberalizando completamente la cocaína y permitiendo que cualquiera pueda convertirse en narcotraficante, consumidor o camello, liberando el mercado de la simple mediación criminal y jerárquica. Del mismo modo, el kaláshnikov ha permitido a todos convertirse en soldados, incluso niños y muchachitas esmirriadas; y ha transformado en generales del ejército a personas que no sabrían ni guiar a un rebaño de diez ovejas. Comprar metralletas, disparar, destruir personas y cosas, y volver a comprar. El resto son solo detalles. El rostro de Kaláshnikov aparece sereno en todas las fotos; con su angulosa frente eslava y sus ojos de mongol que, con los años, se vuelven cada vez más sutiles. Duerme el sueño de los justos. Se acuesta, si no feliz, al menos sereno, con las zapatillas bajo la cama, en orden; incluso cuando está serio tiene los labios tensos en forma de arco como el rostro del recluta Pyle en *La chaqueta metálica*. Los labios sonríen, pero el rostro no.

Cuando miro los retratos de Mijaíl Kaláshnikov pienso siempre en Alfred Nobel, famoso por el premio que lleva su nombre, pero en realidad padre de la dinamita. Las fotos de Nobel en los años posteriores a la elaboración de la dinamita —después de que comprendiera el uso que se haría de su mezcla de nitroglicerina y arcilla— lo retratan trastornado por la inquietud, con los dedos atenazando la barba. Tal vez sea impresión mía, pero cuando miro las fotos de Nobel, con el entrecejo fruncido y los ojos perdidos, parecen decir una sola cosa: «Yo no quería. Yo pretendía abrir montañas, desmigajar masas rocosas, crear galerías. No deseaba lo que ha sucedido». Kaláshnikov, en cambio, tiene siempre un aire sereno, de viejo pensionista ruso, con la cabeza llena de recuerdos. Te lo imaginas con el aliento oliendo a vodka y hablándote de los amigos con los que vivió la época de la guerra, o sentado a la mesa susurrándote que de joven era capaz de resistir horas y horas en la cama sin detenerse. Siguiendo con el juego infantil de las impresiones, la cara de Mijaíl Kaláshnikov parece decir: «Todo va bien, no son problemas míos, yo solo he inventado una metralleta. Cómo la usen los demás, es algo que no me atañe». Una responsabilidad delineada en los límites de la propia carne, circunscrita por el gesto. Solo lo que la propia mano ha hecho compete a la propia conciencia. Creo que este es uno de los elementos que ha hecho convertirse al viejo general en involuntario icono de los clanes de todo el planeta. Mijaíl Kaláshnikov no es un traficante de armas, no interviene para nada en la mediación para comprar metralletas, no tiene influencia política, ni posee una personalidad carismática; pero lleva consigo el imperativo cotidiano del hombre en la época del mercado: haz lo que debas hacer para vencer; lo demás no te importa.

Mariano llevaba un macuto en bandolera y vestía una sudadera con capucha: todo con la firma Kaláshnikov. El general había diversificado sus inversiones y estaba haciendo de sí mismo un empresario de talento. Nadie como él podía gozar de un nombre tan archiconocido. Así, un empresario alemán había montado una fábrica de ropa con la marca Kaláshnikov, y el general le había tomado el gusto a distribuir su apellido, invirtiendo también en una empresa de extintores. Mientras Mariano proseguía su relato, de golpe paró la filmación y se precipitó fuera del bar. Abrió el maletero de su coche y, tras coger un pequeño petate militar, lo puso sobre la barra del bar. Yo creía que su obsesión por la metralleta le había enloquecido del todo. Temía que hubiese atravesado media Europa con una metralleta en el maletero, y que ahora quisiera exhibirla delante de todos. Pero en lugar de ello, sacó de aquel petate militar un pequeño kaláshnikov de cristal lleno de vodka. Era una botella muy kitsch, con un tapón en forma de punta de caña. Y en la campiña aversana, todos los bares que habían de abastecerse a través de Mariano tenían ahora como nueva propuesta comercial el vodka Kaláshnikov. Ya imaginaba la reproducción de cristal destacando detrás de todos los camareros entre Teverola y Mondragone. La película estaba terminando; los ojos —a fuerza de entrecerrarlos para compensar mi miopía— me dolían. Pero la última imagen valía la pena de veras. Dos viejecitos a la puerta de casa que, calzados con zapatillas, saludaban con la mano a su joven huésped mientras aún tenían en la boca el último pedazo de mozzarella. Mientras tanto, en torno a Mariano y a mí se había formado un grupo de muchachos que miraban al viajero como a un elegido, una especie de genio de la entrevista: alguien que había conocido a Mijaíl Kaláshnikov. Mariano me miró con una fingida complicidad que yo jamás había tenido con él. Quitó la goma elástica a las fotografías y empezó a pasarlas. Después de echar una ojeada a varias decenas, sacó una:

—Esta es para ti. Para que no digas que no me acuerdo.

Sobre el retrato del viejo general aparecía escrito con rotulador negro: «To Roberto Saviano with Best Regards M. Kaláshnikov».

Las instituciones internacionales de investigaciones económicas están constantemente sirviendo datos, que nutren cada día a los periódicos, las revistas y los partidos políticos; como, por ejemplo, el célebre índice «Big Mac», que considera más próspero un país cuanto más caro cuesta un bocadillo en los McDonald's. En cambio, para evaluar la situación de los derechos humanos, los analistas observan el precio al que se vende el kaláshnikov. Cuanto más barata sea la metralleta, más se violan los derechos humanos, más corrompido se halla el Estado de derecho, y más podrido y arruinado está el armazón de los equilibrios sociales. En África occidental, el precio del arma puede llegar a los cincuenta dólares. En Yemen es posible encontrar AK-47 usados de segunda y tercera mano incluso a *seis*. El dominio del este, su impronta en los depósitos de armas de los países socialistas en descomposición, han convertido a los clanes casertanos y napolitanos en el mejor referente para los traficantes de armas, junto a las bandas calabresas, con las que se hallan en permanente contacto.

La Camorra —llevándose una enorme tajada del mercado internacional de armas— determina el precio de los kaláshnikovs, convirtiéndose indirectamente en juez del estado de salud de los derechos humanos en Occidente, drenando así el nivel del derecho, lentamente, como una gota que baja por un catéter. Mientras los grupos criminales franceses y estadounidenses utilizaban el M-16 de Eugene Stoner, el grueso, voluminoso y pesado fusil de asalto de los marines, un fusil que debe engrasarse y limpiarse regularmente si uno no quiere que le estalle en las manos, en Sicilia y en la Campania, desde Cinisi hasta Casal di Principe, ya en la década de 1980 los kaláshnikovs corrían de mano en mano. En 2003, a partir de las declaraciones de un arrepentido —Raffaele Spinello, del clan Genovese, hegemónico en la ciudad y la provincia de Avellino—, salió a la luz la noticia de la relación entre ETA y la Camorra. El clan Genovese es un aliado de los Cava de Quindici y de las familias casertanas. No es un clan de primer orden, y pese a ello estaba en condiciones de suministrar armas a uno de los principales grupos armados de

Europa, que en el transcurso de treinta años había utilizado múltiples vías para aprovisionarse de armamento. Los clanes de la Campania, no obstante, resultaban interlocutores privilegiados. Según las investigaciones de la fiscalía de Nápoles en 2003, dos etarras, los vascos José Miguel Arreta y Gracia Morillo Torres, se alojaron durante diez días en una suite de un hotel de Milán. Precio, itinerario, entrega: se pusieron de acuerdo en todo. ETA enviaría cocaína a través de los militantes de la organización para recibir armas a cambio, reduciría constantemente el precio de la coca que se procuraba a través de sus contactos con los grupos guerrilleros colombianos y asumiría el coste y la responsabilidad del transporte de la mercancía hasta Italia: todo con tal de mantener relaciones con los cárteles de la Campania, probablemente los únicos capaces de proporcionar arsenales enteros. Pero ETA no quería solo kaláshnikovs: deseaba también armas pesadas, potentes explosivos y, sobre todo, lanzamisiles.

Las relaciones entre la Camorra y los grupos guerrilleros siempre han sido prolíficas; incluso en Perú, segunda patria de los narcos napolitanos. En 1994, el tribunal de Nápoles presentó un exhorto a las autoridades peruanas a fin de que iniciaran investigaciones después de que en Lima se cargaran a una decena de italianos; investigaciones orientadas a desvelar las relaciones que los clanes napolitanos habían mantenido —a través de los hermanos Rodríguez— con el MRTA, el grupo de guerrilleros del pañuelo rojo y blanco colocado en el rostro a modo de máscara. También ellos habían tratado con los clanes; *incluso* ellos: coca a cambio de armas. En 2002 se arrestó a un abogado, Francesco Magliulo, vinculado según la acusación al clan Mazzarella, la potente familia de San Giovanni a Teduccio con una filial criminal en la ciudad de Nápoles, en el barrio de Santa Lucia e Forcella. Llevaban siguiéndole más de dos años, en sus negocios entre Egipto, Grecia e Inglaterra. Una llamada de teléfono interceptada proveniente de Mogadiscio, de la villa del general Aidid, el señor de la guerra somalí que, enfrentándose a las bandas de Alí Mahdi, había reducido Somalia a un cadáver arruinado y podrido destinado a ser sepultado junto a los residuos tóxicos de media Europa. Las investigaciones sobre la relación entre el clan Mazzarella y Somalia prosiguieron en todas direcciones, y seguramente el elemento del tráfico de armas se convirtió en una pista fundamental. Incluso los señores de la guerra se convirtieron en meros señoritos frente a la necesidad de abastecerse de armas por medio de los clanes de la Campania.

Especialmente impresionante fue, en marzo de 2005, la potencia de fuego descubierta en Sant'Anastasia, un pueblo situado en la falda del Vesubio; un descubrimiento que fue en parte fruto de la casualidad y en parte debido a la indisciplina de los traficantes, que empezaron a pegarse en la calle porque compradores y transportistas no se ponían de acuerdo en los precios. Cuando llegaron los carabineros, procedieron a desmontar los paneles del interior de una furgoneta que había aparcada junto al lugar de la pelea, encontrando uno de los mayores polvorines móviles jamás vistos. Ametralladoras Uzi provistas de cuatro recámaras, siete cargadores y 112 proyectiles del calibre 380, armas de origen ruso y checo capaces de disparar ráfagas de 950 disparos por minuto. Seminuevas, bien engrasadas y con el número de serie intacto, las metralletas acababan de llegar de Cracovia. Novecientos cincuenta disparos por minuto era la potencia de fuego de los helicópteros estadounidenses en Vietnam. Se trataba, pues, de armas concebidas para despanzurrar a divisiones de hombres y carros blindados, y no como baterías de fuego de familias camorristas de la región del Vesubio. La potencia de las armas se convierte, así, en la enésima posibilidad de hacerse con los resortes del verdadero poder del Leviatán que impone la autoridad en nombre de su potencial violencia. En las armerías se encuentran bazucas, bombas de mano, minas antitanque, ametralladoras… pero resulta que lo que se utiliza exclusivamente son los kaláshnikovs, las metralletas Uzi y las pistolas automáticas y semiautomáticas. El resto forma parte de la dotación empleada en la construcción del propio arsenal militar, que hay que exhibir sobre el terreno. Con esta potencialidad bélica, los clanes no se contraponen a la violencia legítima del Estado, sino que tienden a monopolizar ellos toda la violencia. En la Campania no hay ninguna obsesión de tregua, como la de los viejos clanes de la Cosa Nostra. Las armas son la extensión directa de las dinámicas de ordenación de los capitales y del territorio, la mezcla de grupos de poder emergentes y de familias rivales. Es como si poseyeran en exclusiva el concepto de violencia, la carne de la violencia, los instrumentos de la violencia. La violencia se convierte en su territorio; ejercerla equivale a ejercitarse en su poder, en el poder del sistema. Los clanes incluso han creado nuevas armas, diseñadas, proyectadas y realizadas directamente por sus afiliados. En Sant'Antimo —al norte de Nápoles—, en 2004, la policía encontró, oculto en un hoyo excavado en el suelo y cubierto de un montón de hierba, un fusil extraño, envuelto en una tela de algodón impregnada en aceite. Era una especie de mortífero fusil de fabricación casera que en el mercado se encuentra a un precio de unos docientos cincuenta euros; muy poco en comparación a una semiautomática, cuyo precio medio es de dos mil quinientos euros. El fusil de los clanes está formado por un encaje de dos tubos que se pueden transportar por separado, pero que una vez montados se convierten en una mortífera escopeta de cañón corto cargada con cartuchos o con balas. Se proyectó según el modelo de un viejo fusil de juguete de la década de 1980, que disparaba pelotas de ping-pong si se tiraba fuertemente de la culata haciendo saltar un muelle en su interior, uno de aquellos fusiles de juguete que adiestrarían a miles de niños italianos en las guerras de salón. De ahí, precisamente de aquellos modelos de juguete, proviene el que hoy denominan simplemente «el tubo». Este está formado en realidad de dos tubos, el primero de ellos de mayor diámetro y de unos cuarenta centímetros de largo, con una empuñadura. Dentro lleva unido un grueso tornillo de metal, cuya punta hace de obturador. La segunda parte está formada por otro tubo de diámetro inferior, capaz de contener un cartucho del calibre 20, y una empuñadura lateral. Increíblemente simple y terriblemente potente. Este fusil tenía la ventaja de no crear complicaciones tras su utilización: después de un atentado no hacía falta salir corriendo a destruir el arma; bastaba con desmontarlo, y el fusil se convertía únicamente en un tubo cortado en dos, inocuo ante cualquier eventual pesquisa.

Antes del secuestro, oí hablar de este fusil a un pobre infeliz, un pastor, uno de aquellos demacrados campesinos italianos que todavía circulan, con sus rebaños, por los campos que rodean los viaductos de las autopistas y los caserones de la periferia. Con frecuencia este pastor encontraba a sus ovejas partidas en dos; desgarrados, antes que cortados, aquellos cuerpos flaquísimos de ovejas napolitanas a través de cuyo pelaje se adivinan incluso las costillas, que mastican una hierba cargada de dioxinas que pudre los dientes y agrisa la lana. El pastor creía que tal vez se trataba de un aviso, de una provocación de sus miserables competidores de ganados igualmente enfermos. No lo entendía. En realidad sucedía que los fabricantes del tubo probaban la potencia de tiro sobre animales ligeros. Las ovejas eran el mejor blanco para comprobar de inmediato la fuerza de los proyectiles y la calidad del arma. Se comprendía, pues, que el impacto las hiciera saltar por los aires y partirse en dos como si fueran objetivos de un videojuego.

La cuestión de las armas se ha ocultado en las tripas de la economía, encerrada en un páncreas de silencio. Italia gasta 27.000 millones de dólares en armas; más dinero que Rusia, y el doble que Israel. La clasificación la ha hecho pública el Instituto Internacional de Investigación sobre la Paz de Estocolmo (SIPRI). Si a estos datos de la economía legal se añade el hecho de que, según el EURISPES, hay otros 3.300 millones de dólares que constituyen el volumen del negocio de armamento que gestionan la Camorra, la 'Ndrangheta, la Cosa Nostra y la Sacra Corona Unita, eso significa que, siguiendo el rastro de las armas que gestionan tanto el Estado como los clanes, se llega a las tres cuartas partes de las armas que circulan en medio mundo. El cártel de los Casalesi es con mucho el grupo empresarial-criminal más capacitado para actuar como referente en el ámbito internacional no solo para grupos, sino para ejércitos enteros. Durante la guerra angloargentina de 1982, la llamada guerra de las Malvinas, Argentina vivió su más intenso período de aislamiento económico. Debido a ello, la Camorra entró en negociaciones con la defensa argentina, convirtiéndose en el embudo a través del cual se hicieron descender las armas que nadie le habría vendido oficialmente. Los clanes se habían equipado para una larga guerra, pero, en cambio, el conflicto se inició en marzo y en junio ya se adivinaba su conclusión. Pocos disparos, pocos muertos, y poco gasto. Una guerra que servía más a los políticos que a los empresarios, que servía más a la diplomacia que a la economía. A los clanes casertanos no les convenía malvender el género para acaparar un beneficio inmediato. El mismo día en que se decretó el final del conflicto, el servicio secreto británico interceptó una llamada telefónica intercontinental entre Argentina y San Cipriano d'Aversa. Dos únicas frases, aunque suficientes para comprender el poderío de las familias casertanas y su capacidad diplomática:

—¿Diga?

—¡Sí!

—Aquí la guerra ha terminado. ¿Qué hacemos?

—No te preocupes, ya habrá otra guerra...

La sabiduría del poder lleva implícita una paciencia que a menudo no tienen los empresarios más hábiles. En 1977, los Casalesi habían negociado la adquisición de carros blindados, y los servicios secretos italianos detectaron que había un Leopard desmontado y listo para su envío en la estación de Villa Literno. El comercio de carros blindados Leopard ha sido durante mucho tiempo un mercado controlado por la Camorra. En febrero de 1986 se interceptó una llamada telefónica en la que varios representantes del clan de los Nuvoletta negociaban la adquisición de algunos Leopard con la antigua Alemania del Este. Pese a la sucesión de los diversos capos, los Casalesi siguieron siendo un referente en el ámbito internacional no solo para grupos, sino para ejércitos enteros. Un informe de 1994 del SISMI y del centro de contraespionaje de Verona señala que Zeljco Raznatovic, más conocido como el «Tigre Arkan», mantuvo contactos con Sandokan Schiavone, capo de los Casalesi. A Arkan se lo cargaron en el año 2000 en un hotel de Belgrado. Había sido uno de los criminales de guerra serbios más despiadados, capaz de arrasar en sus incursiones las poblaciones musulmanas de Bosnia, y fundador de un grupo nacionalista, los Voluntarios de la Guardia Serbia. Los dos tigres se aliaron. Arkan pidió armas para sus guerrilleros, y, sobre todo, la posibilidad de eludir el embargo impuesto a Serbia, haciendo entrar capital y armas bajo la apariencia de ayuda humanitaria: hospitales de campaña, medicinas y equipamiento médico. Según el SISMI, no obstante, dichos suministros —de un valor global de varias decenas de millones de dólares— los pagaba en realidad la propia Serbia mediante retiradas de fondos de sus propios depósitos en un banco austríaco, equivalentes a unos ochenta y cinco millones de dólares. Luego ese dinero se enviaba a una entidad aliada de los clanes de Serbia y la Campania, que habría procedido a encargar a las empresas pertinentes los bienes que había que enviar en concepto de ayuda humanitaria, pagando con dinero procedente de actividades ilícitas, y contribuyendo de ese modo al blanqueo de los propios capitales. Y es precisamente en ese momento cuando entra en escena el clan de los Casalesi. Son ellos quienes proporcionaron las firmas, los transportes y los bienes necesarios para efectuar la operación de blanqueo. Sirviéndose de sus intermediarios, Arkan, siempre según el informe, requirió la intervención de los Casalesi para silenciar a los mafiosos albaneses que habrían podido arruinar su guerra financiera, atacando por el sur o bloqueando el comercio de armas. Los Casalesi calmaron a sus aliados albaneses, dando armas y concediendo a Arkan una guerrilla tranquila. A cambio, los empresarios del clan adquirieron fábricas, empresas, negocios, casas de labranza y criaderos a un precio inmejorable, y la empresa italiana se diseminó por media Serbia. Así, antes de entrar en el fragor de la guerra, Arkan recurrió a la Camorra. Así pues, las guerras, de Sudamérica a los Balcanes, se libran con las garras de las familias de la Campania.

Cemento armado

Hacía mucho que no iba por Casal di Principe. Si Japón se considera la patria de las artes marciales, Australia la del surf y la República de Sierra Leona la de los diamantes, Casal di Principe es la capital del poder empresarial de la Camorra. En la provincia napolitana y casertana el mero hecho de provenir de Casale* era como una especie de garantía de inmunidad, significaba ser algo más que uno mismo, como directamente emanado de la ferocidad de los grupos criminales casertanos. Se gozaba de total respeto, de una especie de temor natural. Incluso Benito Mussolini había tratado de eliminar esa marca de procedencia, esa aura criminal, y había rebautizado los dos municipios de San Cipriano d'Aversa y Casal di Principe con el nombre de Albanova. A fin de inaugurar un nuevo amanecer de justicia, mandó incluso a decenas de carabineros con el encargo de resolver el problema «a hierro y fuego». Hoy, del nombre de Albanova no queda más que la ruinosa estación de Casale.

Puedes haber estado dando puñetazos al saco durante horas, haber pasado tardes enteras bajo un balancín para ejercitar los pectorales, haber engullido un blíster tras otro de píldoras para hinchar los músculos, pero frente al acento preciso, frente a la gesticulación fuerte, es como si se materializaran todos los cuerpos en tierra cubiertos de sábanas. Hay viejas maneras de decir en estos lugares que llegan a sintetizar muy bien la carga letal de cierta mitología violenta: «El camorrista se hace; el casalés nace». O bien cuando se riñe, cuando uno

---

* En italiano, *casal* es apócope de *casale*; de ahí que el autor se refiera indistintamente a Casal di Principe o a Casale. *(N. de los T.)*

desafía con la mirada, un instante antes de liarse a trompazos o a cuchilladas, se clarifica la propia visión de la vida: «¡Para mí, vida y muerte es lo mismo!». A veces el propio origen, el propio lugar de procedencia, pueden resultar ventajosos, se pueden utilizar como elemento de fascinación, dejarse confundir de buena gana con la imagen de violencia, utilizándolos como disimulada intimidación. Puedes tener descuento en el cine y crédito ante cualquier encargo terrible. Pero ocurre también que tu lugar de origen te supone una carga perjudicial demasiado fuerte, y no quieres ni siquiera quedarte allí para decir que no todos son afiliados, que no todos son criminales, que los camorristas son una minoría, y coges un atajo corriendo con la mente a un pueblo vecino, más anónimo, que pueda alejar cualquier vínculo entre los criminales y tú: así, Secondigliano suele convertirse en Nápoles, y Casal di Principe en Aversa o Caserta. Uno se avergüenza o se siente orgulloso según el juego, según el momento o la situación; como un traje, aunque con la diferencia de que es este el que decide cuándo llevarte a ti.

Corleone, en comparación con Casal di Principe, parece una ciudad proyectada por Walt Disney. Casal di Principe, San Cipriano d'Aversa, Casapesenna: un territorio con menos de 100.000 habitantes, pero con 1.200 condenados por el 416 bis, el delito de asociación mafiosa, y un número exorbitante de investigados y condenados por colaboración externa en asociación mafiosa. Esta tierra sufre desde tiempo inmemorial el peso de las familias camorristas, una burguesía violenta y feroz que posee en el clan su vanguardia más cruenta y potente. El clan de los Casalesi —que toma su nombre precisamente de Casal di Principe— es una confederación que reúne en sí misma, en una relación de autonomía federativa, a todas las familias camorristas de la región casertana: desde Castelvolturno, Villa Literno, Gricignano, San Tammaro, o Cesa, hasta Villa di Briano, Mondragone, Carinola, Marcianise, San Nicola La Strada, Calvi Risorta, Lusciano y varias decenas más de poblaciones. Cada una de ellas con su jefe de zona, y todas integradas en la red de los Casalesi. El fundador de las familias casalesas, Antonio Bardellino, había sido el primero en Italia que había comprendido que a la larga la cocaína llegaría a sustituir en gran medida a la heroína. Y sin embargo, para la Cosa Nostra y para muchas familias de la Camorra, la heroína seguía siendo la principal mercancía. Se veía a los heroinómanos como auténticas cajas de caudales, mientras que en la década de 1980 la coca tenía la característica de ser una droga de élite. Antonio Bardellino había comprendido, sin embargo, que el mayor mercado había de ser el de una droga capaz de no matar en un tiempo breve, capaz de ser más un aperitivo burgués que un veneno de los parias. Creó, así, una empresa de importación y exportación de harina de pescado, que exportaba a Sudamérica e importaba a la región de Aversa; harina de pescado entre la que se escondían toneladas de coca. La heroína con la que traficaba, Bardellino la vendía también en Estados Unidos, donde la enviaba a John Gotti, introduciendo la droga en los filtros para máquinas de café expreso. En una ocasión, las brigadas de narcóticos estadounidenses interceptaron sesenta y siete kilos de heroína, pero para el boss de San Cipriano d'Aversa aquello no representó una derrota. A los pocos días mandó que se telefoneara a Gotti:

—Enseguida enviamos el doble por otras vías.

De la campiña aversana nació el cártel que supo oponerse a Cutolo, y la ferocidad de aquella guerra todavía está presente en el código genético de los clanes casertanos. En la década de 1980, las familias cutolianas fueron eliminadas con unas pocas operaciones militares, aunque de violentísima potencia. Los Di Matteo, cuatro hombres y cuatro mujeres, fueron exterminados en el plazo de unos días. Los Casalesi solo dejaron vivo a un niño de ocho años. Los Simeone, en cambio, fueron asesinados en siete, casi todos al mismo tiempo. Por la mañana la familia estaba viva, presente y poderosa; aquella misma noche había desaparecido. Exterminada. En Ponte Annicchino —en marzo de 1982—, los Casalesi apostaron sobre una colina una ametralladora de campaña, de las que se utilizan en las trincheras, y dispararon hasta matar a cuatro cutolianos.

Antonio Bardellino estaba afiliado a la Cosa Nostra, se hallaba vinculado a Tano Badalamenti, era socio y amigo de Tommaso Buscetta, con quien compartía una villa en Sudamérica. Cuando los Corleonesi acabaron con el poder de Badalamenti-Buscetta trataron de eliminar también a Bardellino, aunque sin éxito. Los sicilianos, durante la primera fase del auge de la denominada Nueva Camorra Organizada, intentaron eliminar también a Raffaele Cutolo. Para ello enviaron a un killer, Mimmo Bruno, en un ferry desde Palermo; pero este fue asesinado en cuanto puso el pie fuera del puerto. La Cosa Nostra siempre ha sentido por los Casalesi una especie de respeto y sumisión; pero cuando, en el año 2002, estos mataron a Raffaele Lubrano —boss de Pignataro Maggiore, cerca de Capua—, un hombre afiliado a la Cosa Nostra, *concertado* directamente por Totò Riina, muchos temieron que se desatara la venganza. Recuerdo que el día después de la emboscada, un quiosquero, que vendía un periódico local, se dirigía a un cliente mascullando entre dientes sus temores:

—¡Como también se líen a pelear los sicilianos perderemos la paz durante tres años!

—¿Qué sicilianos? ¿Los mafiosos?

—Sí, los mafiosos.

—Esos tienen que arrodillarse delante de los Casalesi y tragar. Eso es lo único que tienen que hacer: tragar y nada más.

Una de las declaraciones que más me han llamado la atención sobre los mafiosos sicilianos la hizo Carmine Schiavone, un arrepentido del clan de los Casalesi, en una entrevista realizada en 2005. Hablaba de la Cosa Nostra como de una organización esclava de los políticos, incapaz de razonar en términos de negocios, a diferencia de los camorristas casertanos. Para Schiavone, la Mafia pretendía ser una especie de anti-Estado, y ese no era precisamente un discurso propio de empresarios. No existe el paradigma Estado/anti-Estado, sino únicamente un territorio en el que se hacen negocios, ya sea con, mediante o sin el Estado.

Nosotros vivíamos con el Estado. Para nosotros, el Estado había de existir y había de ser el Estado que era, pero teníamos una filosofía distinta de la de los sicilianos. Mientras que Riina procedía del aislamiento insular, de la montaña, era en definitiva un viejo cateto, nosotros habíamos superado esos límites, nosotros queríamos vivir con el Estado. Si alguien en el Estado nos hacía obstruccionismo, encontrábamos a otro dispuesto a favorecernos. Si era un político no le votábamos; si era uno de las instituciones se encontraba la manera de engatusarle.

Carmine Schiavone, primo del boss Sandokan, fue el primero en destapar los negocios del clan de los Casalesi. Cuando optó por colaborar con la justicia, su hija Giuseppina le lanzó una terrible condena, quizá aún más letal que una condena de muerte. Escribió en algunos periódicos con letras de fuego: «Es un falso, un embustero, un malhechor y un hipócrita, que ha vendido a los suyos fraudulentamente. Una bestia. Nunca ha sido un padre para mí. Yo ni siquiera sé qué es la Camorra».

Empresarios. Así se definen los camorristas de Caserta: nada más que empresarios. Un clan formado por ejecutivos violentos, gerentes killers, constructores y terratenientes. Cada uno con sus propias bandas armadas, confabuladas entre sí y con diversos intereses en todos los ámbitos económicos. La fuerza del cártel de los Casalesi ha sido siempre la de negociar con grandes partidas de droga sin necesidad de alimentar un mercado interno. La gran plaza romana es su referente de venta al por menor, aunque ha asumido mucha mayor relevancia el carácter intermediario en la compraventa de grandes partidas. Las actas de la Comisión Antimafia de 2006 señalan que los Casalesi abastecían de droga a las familias de Palermo. La alianza con los clanes nigerianos y albaneses les ha permitido emanciparse de la gestión directa de la venta al por menor y del narcotráfico. Los pactos con los clanes nigerianos de Lagos y de la ciudad de Benín, las alianzas con las familias mafiosas de Priština y Tirana, los acuerdos con los mafiosos ucranianos de Lvov y de Kíev han emancipado a los Casalesi de las actividades criminales de primer nivel. Al mismo tiempo, los Casalesi recibían un trato privilegiado en las inversiones realizadas en los países del Este y en la adquisición de coca de los traficantes internacionales con base en Nigeria. Los nuevos líderes, las nuevas guerras: todo se había producido tras la eclosión del clan Bardellino, origen del poder empresarial de la Camorra en estas tierras. Tras haber alcanzado un dominio total en todos los ámbitos económicos legales e ilegales, desde el narcotráfico hasta la construcción, Antonio Bardellino se había establecido en Santo Domingo con una nueva familia. Había dado a sus hijos sudamericanos los mismos nombres que a los de San Cipriano, una manera simple y cómoda de no confundirse. Sus hombres más fieles tenían en sus manos las riendas del clan en el territorio. Habían salido indemnes de la guerra con Cutolo, habían creado empresas y se habían investido de autoridad, se habían expandido por doquier, tanto en el norte de Italia como en el extranjero. Mario Iovine, Vincenzo De Falco, Francesco Schiavone «Sandokan», Francesco Bidognetti «Cicciotto di Mezzanotte» y Vincenzo Zagaria eran los capos de la confederación casalesa. A comienzos de la década de 1980, Cicciotto di Mezzanotte y Sandokan, responsables militares, pero también empresarios con intereses en todos los ámbitos, habían madurado ya la posibilidad de dirigir el enorme ente multicéfalo de la confederación. Sin embargo, tenían en Mario Iovine a un boss demasiado ligado a Bardellino, un capo reacio a apostar por la autonomía. Adoptaron, pues, una estrategia sibilina, aunque políticamente eficaz. Utilizaron las asperezas de la diplomacia camorrista del único modo que podía permitirles realizar su objetivo: hacer estallar una guerra interna en la sociedad.

Como relata el arrepentido Carmine Schiavone, los dos boss presionaron a Antonio Bardellino para hacerle regresar a Italia y empujarlo a eliminar a Mimì Iovine, hermano de Mario, que tenía una tienda de muebles y era completamente ajeno oficialmente a la dinámica de la Camorra, aunque según los dos boss había desempeñado demasiadas veces el papel de confidente de los carabineros. Para convencer al boss le habían contado que incluso Mario estaba dispuesto a sacrificar a su hermano con tal de mantener firme el poder del clan. Bardellino se dejó convencer e hizo matar a Mimì cuando iba a trabajar a su tienda de muebles. Poco después del atentado, Cicciotto di Mezzanotte y Sandokan presionaron a Mario Iovine para que eliminara a Bardellino, diciéndole que había osado matar a su hermano con un pretexto, solo por un rumor; un doble juego que lograría enfrentar al uno contra el otro. Empezaron, pues, a organizarse. Los delfines de Bardellino estaban todos de acuerdo en eliminar al capo de los capos, el hombre que, más que nadie en la Campania, había creado un sistema de poder criminal-empresarial. Convencieron al boss de que se trasladara de Santo Domingo a su villa brasileña, diciéndole que la Interpol le pisaba los talones. En Brasil, en 1988, fue a verle Mario Iovine con el pretexto de tratar asuntos de negocios en la empresa de importación y exportación de harina de pescado-cocaína. Una tarde, Iovine —que en aquel momento no llevaba la pistola en la pernera— cogió un mazo y le abrió la cabeza a Bardellino. Luego enterró el cuerpo en un hoyo excavado en una playa brasileña, donde jamás le encontrarían; así nació la leyenda de que Antonio Bardellino en realidad seguía vivo y gozando de sus riquezas en alguna isla de Sudamérica. Una vez ejecutada la operación, el boss telefoneó de inmediato a Vincenzo De Falco para comunicarle la noticia y dar comienzo a la matanza de todos los bardellinianos. Paride Salzillo, sobrino de Bardellino y en la práctica su verdadero heredero, fue invitado a una cumbre de todos los dirigentes del cártel casalés. Cuenta el arrepentido Carmine Schiavone que le hicieron sentar a la cabecera de la mesa, en representación de su tío. Entonces, de repente, Sandokan se abalanzó sobre él y empezó a estrangularle, mientras su primo, su homónimo conocido como «Cicciariello», y otros dos individuos, Raffaele Diana y Giuseppe Caterino, le sujetaban los brazos y las piernas. Había podido matarle de un tiro o de una puñalada en el estómago como hacían los antiguos boss. Pero, en cambio, tenía que hacerlo con sus propias manos, tal como se mata a los viejos reyes cuando son reemplazados por otros nuevos. Desde que, en 1345, Andrés de Hungría fue estrangulado en Aversa, en una conjura organizada por su mujer, Juana I, y los nobles napolitanos dirigidos por Carlos Durazzo, que ambicionaba el trono de Nápoles, en la campiña aversana el estrangulamiento se había convertido en el símbolo de la sucesión al trono, del reemplazo violento de un soberano por otro. Sandokan había de demostrar a todos los boss que él era el heredero; que él, por derecho de ferocidad, era el nuevo líder de los Casalesi.

Antonio Bardellino había creado un complejo sistema de dominio, y todas las células empresariales que se habían generado en su seno ya no podían permanecer por mucho más tiempo limitadas a los compartimientos que él dirigía. Habían alcanzado su madurez, debían expresar todo su poder, sin más vínculos de jerarquía. Sandokan Schiavone se convirtió, así, en el líder. Había erigido un sistema extremadamente eficiente, ligado del todo a su familia. Su hermano Walter coordinaba las baterías de fuego; su primo Carmine gestionaba el aspecto económico y financiero; su primo Francesco fue elegido alcalde de Casal di Principe, y su otro primo, Nicola, concejal de economía y finanzas. Todos ellos pasos importantes para llegar a afianzarse en el territorio, lo que en la fase de auge significa mucho. El poder de Sandokan se afirmó en los primeros años de su dominio también a través de sus estrechos vínculos políticos. Por un conflicto con la vieja Democracia Cristiana, en Casal di Principe, en 1992, los clanes apoyaron al Partido Liberal Italiano, que experimentó la mayor remontada de toda su historia: de un escaso 1 por ciento pasó, tras contar con el apoyo del clan, nada menos que al 30 por ciento. Sin embargo, todos los demás hombres de primera línea del clan eran contrarios al liderazgo absoluto de Sandokan; sobre todo los De Falco, un grupo capaz de contar con sus propios carabineros y policías, con alianzas empresariales y políticas. En 1990 hubo varias reuniones de dirigentes de los Casalesi. A una de ellas se invitó incluso a Vincenzo De Falco, apodado «el Fugitivo». Al parecer, los boss pretendían eliminarlo. Pero no se presentó. Sí se presentaron, en cambio, los carabineros, que arrestaron a todos los invitados. En 1991, Vincenzo De Falco fue asesinado: lo acribillaron a tiros en su coche. La policía lo encontró desplomado, con el equipo de música atravesado por una bala y un casete de Modugno todavía funcionando. Tras esta muerte se produjo una escisión entre todas las familias de la confederación de los Casalesi. Por un lado, las familias cercanas a Sandokan-Iovine: Zagaria, Reccia, Bidognetti y Caterino. Por el otro, las familias próximas a De Falco: Quadrano, La Torre, Luise y Salzillo. Los De Falco respondieron a la muerte del Fugitivo matando a Mario Iovine en Cascais, Portugal, en 1991. Lo acribillaron a tiros cuando estaba en una cabina telefónica. Con la muerte de Iovine se despejó el camino para Sandokan Schiavone. Hubo cuatro años de guerras, de constantes matanzas entre las familias próximas a Schiavone y las cercanas a De Falco. Años de cambios y de alianzas, de clanes que pasaban de un bando a otro; no hubo una verdadera solución, sino un reparto de territorios y de poder. Sandokan se convirtió en el símbolo de la victoria de su cártel sobre las demás familias. Después, todos sus enemigos se convirtieron en aliados suyos. Cemento y narcotráfico, crimen organizado, transportes, residuos, y monopolio del comercio y de los gravámenes sobre suministros. Este era el territorio empresarial de los Casalesi de Sandokan. Los consorcios del cemento se convirtieron en un arma fundamental para los clanes casaleses.

Cualquier empresa de construcción debía abastecerse con el cemento de dichos consorcios, y así, este mecanismo pasaba a ser fundamental para que los clanes entraran en relación con todos los empresarios de la construcción que había en el territorio y con todos los negocios posibles. El precio del cemento de los consorcios gestionados por los clanes, como declararía con frecuencia Carmine Schiavone, llegaba a tener grandes ventajas, puesto que, además del cemento, los barcos de los consorcios distribuían armas a los países de Oriente Próximo sobre los que pesaban embargos. Este segundo nivel de comercio permitía reducir los costes del nivel legal. Los clanes Casalesi ganaban en todas y cada una de las fases de la economía de la construcción. Suministrando cemento, proporcionando empresas subcontratadas, y recibiendo una comisión sobre los grandes negocios; una comisión que resultaba ser un punto de partida, ya que sin ella sus eficientes empresas económicas no habrían podido trabajar, y tampoco habría podido hacerlo ninguna otra firma sin perjuicios y de forma barata. Se puede cuantificar el volumen de negocio gestionado por la familia Schiavone en 5.000 millones de euros. Toda la potencia económica del cártel de las familias de los Casalesi, entre bienes inmuebles, casas de labranza, acciones, líquido, empresas de construcción, azucareras, cementeras, usura, tráfico de drogas y tráfico de armas, ronda los 30.000 millones de euros. La Camorra casalesa se ha convertido en una empresa polivalente; la más sólida de la Campania, capaz de participar en todos los negocios. La cantidad de capital que ha acumulado ilegalmente le posibilita contar a menudo con un crédito barato que, a su vez, permite a sus empresas desbaratar a la competencia con precios bajos y con intimidaciones. La nueva burguesía camorrista casalesa ha transformado la relación de extorsión en una especie de servicio adicional, y el crimen organizado, en una parti-

212

cipación en la empresa de la Camorra. Pagar una mensualidad al clan puede significar concederle exclusivamente dinero para sus negocios, pero, al mismo tiempo, puede significar también disponer de protección económica con los bancos, servicio de transporte puntual y respetados agentes comerciales: el crimen organizado como una adquisición planificada de servicios. Esta nueva concepción del crimen organizado proviene de una investigación realizada en el año 2004 por la jefatura de policía de Caserta, que concluyó con el arresto de dieciocho personas. Francesco Schiavone, Sandokan, Michele Zagaria y el clan Moccia eran los socios más importantes de Cirio y Parmalat* en la Campania. En toda la provincia de Caserta, en una parte importante de la de Nápoles, en todo el bajo Lacio, en parte de las Marcas y de los Abruzos, y también en parte de Lucania, la leche distribuida por Cirio y, más tarde, por Parmalat había conquistado el 90 por ciento del mercado; un resultado obtenido gracias a la estrecha alianza con la Camorra casalesa y a las comisiones que las empresas pagaban a los clanes para mantener una posición predominante. Eran varias las marcas implicadas, pero todas ellas relacionadas en última instancia con el imperio Eurolat, la empresa que en 1999 pasó de manos de la Cirio de Cragnotti a las de la Parmalat de Tanzi.

Los jueces habían dispuesto el embargo de tres concesionarias y de varias firmas dedicadas a la distribución y venta de leche, todas ellas, según la acusación, controladas por la Camorra casalesa. Las empresas lácteas estaban registradas a nombre de testaferros que actuaban por cuenta de los Casalesi. Para obtener el papel de cliente especial, primero Cirio, y luego Parmalat, habían tratado directamente con el cuñado de Michele Zagaria, prófugo de la justicia desde hacía una década y regente del clan de los Casalesi. El trato de favor se conseguía sobre todo a través de políticas comerciales. Las marcas de Cirio y Parmalat concedían a los distribuidores un descuento especial —del 4 al 6,5 por ciento, en lugar del habitual, que rondaba el 3 por ciento—, además de diversas primas de producción; de modo que también los supermercados y detallistas podían conseguir buenos descuentos en los precios: los Casalesi creaban así una

---

* En ambos casos se trata de importantes empresas alimentarias. *(N. de los T.)*

conformidad generalizada con respecto a su predominio comercial. Luego, donde no llegaban el convencimiento pacífico o el interés común, entraba en acción la violencia: amenazas, extorsiones, destrucción de los camiones de transporte de mercancías... Agredían a los camioneros, asaltaban los TIR de las empresas de la competencia, o pegaban fuego a los almacenes, creando un clima de temor generalizado, hasta el punto de que en las zonas controladas por los clanes resultaba imposible no solo distribuir, sino incluso encontrar a alguien dispuesto a vender marcas distintas de las impuestas por los Casalesi. Quienes acababan pagándolo al final eran los consumidores, ya que, en aquella situación de monopolio y de mercado bloqueado, los precios finales quedaban fuera de todo control por falta de una verdadera competencia.

El gran acuerdo entre las empresas lácteas nacionales y la Camorra se rompió en el otoño de 2000, cuando un afiliado de los Casalesi, Cuono Lettiero, empezó a colaborar con los jueces y a explicar las estrechas relaciones comerciales de los clanes. La certeza de poder contar con un volumen de ventas constante era la manera más directa y automática de disponer de un aval frente a los bancos; el sueño de cualquier gran empresa. En semejante situación, Cirio y Parmalat resultaban ser oficialmente las «partes agraviadas», esto es, víctimas de la extorsión, aunque los investigadores están convencidos de que el clima de negocios era relativamente distendido y que las dos partes, las empresas nacionales y los camorristas locales, obraban con mutua satisfacción.

Jamás ni Cirio ni Parmalat habían denunciado que sufrieran las imposiciones de los clanes de la Campania, si bien en 1998 un empleado de Cirio había sido víctima de una agresión en su residencia de la provincia de Caserta, donde fue brutalmente golpeado con un bastón delante de su mujer y de su hija de nueve años porque no había obedecido las órdenes del clan. Ni rebelión ni denuncia alguna: la seguridad del monopolio era preferible a la incertidumbre del mercado. Los pagos distribuidos para mantener el monopolio y ocupar el mercado de la Campania habían de justificarse en los balances de las empresas, pero eso no representaba ningún problema en el país de las finanzas creativas y de la despenalización de la falsedad en los balances: falsas facturas, falsas esponsorizaciones y falsas primas de fin de año sobre el volumen de leche vendido venían a resolver cualquier problema contable. En 1997, por ejemplo, se financiaron espectáculos inexistentes: la Feria de la Mozzarella, Música al Aire Libre, e incluso la fiesta de San Tammaro, patrón de Villa Literno. En el caso de Cirio, la empresa llegó a financiar, como muestra de gratitud por la labor realizada, incluso una sociedad deportiva gestionada, de hecho, por el clan Moccia, la Polisportiva Afragolese, además de una tupida red de clubes deportivos, musicales y recreativos: la «sociedad civil» de los Casalesi en el territorio.

El poder del clan en los últimos años ha crecido enormemente, llegando a alcanzar el este de Europa: Polonia, Rumanía, Hungría... Precisamente en Polonia, en marzo de 2004, fue arrestado Francesco Schiavone, Cicciariello, el primo de Sandokan, el boss bigotudo y rechoncho, una de las personalidades más importantes de la sociedad camorrista. Era buscado por diez homicidios, tres secuestros, nueve tentativas de homicidio y numerosas violaciones de las leyes en materia de armas, además de extorsión. Lo pillaron cuando iba a hacer la compra con su compañera rumana, Luiza Boetz, de veinticinco años de edad. Cicciariello se hacía llamar Antonio, y aparentaba ser un simple empresario italiano de cincuenta y un años. Sin embargo, su pareja Luiza debería haber intuido que algo no iba bien en su vida, puesto que para encontrarse con él en Krosno, cerca de Cracovia, había tenido que dar un tortuoso rodeo en tren para despistar a los sabuesos de la policía. Un viaje con varias etapas, en el que la habían seguido a través de tres fronteras y luego en automóvil hasta la periferia de la ciudad polaca. A Cicciariello le habían detenido en la caja del supermercado; se había cortado el bigote y se había estirado su encrespado cabello, y además estaba más delgado. Aunque se había trasladado a Hungría, había viajado a Polonia para encontrarse con su compañera. Tenía enormes negocios, criaderos, terrenos edificables de su propiedad y corretajes de empresas del lugar. El representante italiano del SECI, un organismo dedicado a combatir la criminalidad transfronteriza en la Europa sudoriental, había denunciado que Schiavone y sus hombres viajaban con frecuencia a Rumanía y tenían importantes negocios en las ciudades de Bârlad (al este del país), Sinaia (centro) y Cluj (oeste), así como en la costa del mar Negro. Cicciariello Schiavone tenía dos amantes: además de Luiza Boetz estaba Cristina Coremanciau, también rumana. En Casale, la noticia de su detención «por medio de una mujer», pareció ser motivo de befa del boss. Un periódico local tituló, casi como mofándose de él: «Cicciariello arrestado con su amante». En realidad, las dos amantes eran auténticas gestoras que habían velado en su nombre por sus inversiones en Polonia y Rumanía, haciéndose indispensables para sus negocios. Cicciariello era uno de los últimos boss de la familia Schiavone detenidos. Muchos dirigentes y soldados del clan de los Casalesi habían acabado en la cárcel a lo largo de veinte años de poder y de conflictos. El macrojuicio «Espartaco», llamado como el gladiador rebelde que precisamente desde estas mismas tierras intentó la mayor insurrección que Roma había conocido nunca, recogía la suma de las investigaciones sobre el cártel de los Casalesi y todas sus ramificaciones.

El día de la sentencia fui al tribunal de Santa Maria Capua Vetere. Encajé mi Vespa en un intersticio entre dos coches, y me dispuse a entrar en el edificio. Me esperaban algunas videocámaras y máquinas fotográficas, aunque había muy pocas, y solo de periódicos y emisoras de televisión locales. Los carabineros y policías, en cambio, estaban por todas partes: había casi doscientos. Dos helicópteros sobrevolaban el tribunal a baja altura, dejando que el rumor de las palas se nos metiera a todos en los oídos. Perros antibomba, patrullas... Una tensión altísima. Y sin embargo, la prensa y la televisión nacionales brillaban por su ausencia. El mayor proceso contra un cártel criminal tanto por el número de imputados como por las condenas propuestas había sido completamente ignorado por los medios de comunicación. Los encargados de su gestión conocen el proceso «Espartaco» por un número: el 3.615, que es el número del registro general atribuido al sumario, con cerca de mil trescientas pesquisas iniciadas por la Dirección de Distrito Antimafia (DDA) en 1993 partiendo de las declaraciones de Carmine Schiavone.

Un proceso que duró siete años y veintiún días, con un total de 626 vistas. El proceso antimafia más completo realizado en Italia en los últimos quince años: 500 testimonios, además de los 24 colaboradores de la justicia, de los que seis resultaron imputados; 90 carpetas de actas, sentencias de otros procesos, documentos, transcripciones de escuchas. Casi un año después de la campaña de 1995 llegaron también los sumarios subsidiarios de «Espartaco»: «Espartaco 2» y «Regi Lagni», este último relacionado con la recuperación de los canales hidrográficos borbónicos del mismo nombre cuyo origen se remontaba al siglo XVIII, y que desde entonces no habían sido objeto de una adecuada reestructuración. La recuperación de los Regi Lagni estuvo dirigida durante años por los clanes, los cuales —según la acusación— generaron contratas millonarias que luego no se utilizaron para reconstruir las viejas estructuras borbónicas, sino que, en cambio, se desviaron hacia sus empresas de construcción, que en los años posteriores pasarían a adquirir un papel preponderante en toda Italia. Y luego vino, asimismo, el proceso «Aima», relativo a los fraudes que los clanes Casalesi habían cometido en los centros en donde la Comunidad Europea recogía la fruta producida en exceso para destruirla, dando a cambio una indemnización a los agricultores. En las grandes crateras en las que se vertía la fruta, los clanes echaban escombros, hierros y desechos de los trabajos de construcción. Pero antes hacían pasar todos aquellos desperdicios como si fueran fruta. Y evidentemente recibían el dinero de las indemnizaciones, mientras que la fruta de sus parcelas seguía vendiéndose por doquier. Se emitieron 131 decretos de embargo que afectaban a empresas, terrenos e industrias agrarias, por un valor global de cientos de millones de euros. También fueron objeto de embargo dos clubes de fútbol, el Albanova, que jugaba en la liga C2, y el Casal di Principe.

La investigación examinó también la imposición por parte del clan de la adjudicación de subcontratas de obras públicas a empresas próximas a la organización, con la consiguiente gestión del suministro de hormigón y de las actividades de movimiento de tierras. Otro capítulo relevante de la investigación fue el relativo a los fraudes cometidos en perjuicio de la CEE, en particular con respecto a las subvenciones obtenidas ilegalmente en el sector agroalimentario. Y también centenares de homicidios y de alianzas empresariales. Mientras estaba allí, a la espera de la sentencia como todo el mundo, pensaba que aquel no era un proceso como los demás, no era un simple y ordinario juicio contra familias camorristas de la provincia meridional.

Aquel parecía más bien un proceso a la historia, como una especie de Nuremberg para toda una generación de la Camorra, si bien, a diferencia de los generales del Reich, muchos de los camorristas que estaban allí seguían mandando, seguían siendo los referentes de su imperio. Un Nuremberg sin vencedores. Los imputados permanecían en sus jaulas, en silencio. Sandokan comparecía mediante videoconferencia, inmovilizado en la cárcel de Viterbo: habría sido demasiado arriesgado trasladarlo hasta allí. En la sala se oían solo las voces de los abogados: participaban más de veinte bufetes, y más de cincuenta personas, entre abogados y pasantes, habían estudiado, seguido, observado y defendido en el caso. Los parientes de los imputados estaban todos apiñados en una salita situada junto a la sala-búnker, observando atentamente el monitor. Cuando el presidente del tribunal, Catello Marano, cogió las treinta páginas de la sentencia, se hizo un gran silencio: solo se escuchaba la respiración pesada, centenares de gargantas tragando saliva, el tictac de cientos de relojes, la silenciosa vibración de decenas de teléfonos móviles… Era un silencio nervioso, acompañado de una orquesta de ansiosos sonidos del exterior. El presidente empezó leyendo primero la lista de los condenados, y luego la de los absueltos. Veintiuna cadenas perpetuas; más de setecientos cincuenta años de cárcel. El presidente repitió veintiuna veces la condena a prisión perpetua, a menudo repitiendo también el nombre de los condenados. Y otras setenta veces dio lectura a los años que otros hombres, soldados y gerentes, habían de pasar en la cárcel para pagar el precio de sus alianzas con el terrible poder casalés. A la una y media todo estaba a punto de terminar. Sandokan pidió que le dejaran hablar. Se agitaba, quería responder a la sentencia, remachar sus tesis y las de su bufete de abogados: que él no era más que un empresario que había triunfado, que un complot de magistrados envidiosos y marxistas había considerado que el poder de la burguesía de la campiña aversana constituía una fuerza criminal, y no el fruto del ejercicio empresarial y económico. Quería gritar que la sentencia era una injusticia. Todos los muertos de la provincia de Caserta, según su argumentación habitual, habían de atribuirse a riñas debidas a la cultura campesina de la zona, y no a conflictos de la Camorra. Pero esta vez a Sandokan no se le permitió hablar, y se le obligó a callarse como a un escolar bullicioso. Empezó a gritar, y los jueces mandaron desconectar el audio; siguió viéndose a un hombre barbudo que se revolvía hasta que se desconectó también el vídeo. La sala se vació enseguida, y los policías y carabineros se fueron yendo poco a poco, mientras el helicóptero seguía sobrevolando el búnker judicial. Era extraño, pero yo no tenía la sensación de que el clan de los Casalesi hubiera sido derrotado. Muchos hombres habían sido castigados con unos cuantos años de cárcel; los boss no saldrían de la cárcel en toda su vida, aunque con el tiempo es probable que alguno decidiera arrepentirse y recuperar así algunos años de vida fuera de los barrotes. La rabia de Sandokan probablemente se debía a la asfixiante sensación del hombre de poder que tiene en la cabeza el mapa entero de su imperio, pero que no puede controlarlo directamente.

Los boss que deciden no arrepentirse viven de un poder metafísico, casi imaginario, y tienen que hacer de todo para olvidar a los empresarios a los que ellos mismos han sostenido y potenciado, y que, al no ser miembros del clan, pueden llegar a salir limpios de polvo y paja. Si quisieran, los boss podrían hacer que también ellos acabaran en la cárcel; pero para ello habrían de arrepentirse, y eso pondría fin de inmediato a su máxima autoridad y supondría un riesgo para todos sus familiares. Además —cosa aún más trágica para un boss—, muchas veces ni siquiera podrían llegar a rastrear adónde ha ido a parar su capital, sus inversiones legales. Aun confesando, aun desvelando su poder, jamás llegarían a saber hasta el fondo dónde ha acabado su dinero. Los boss siempre pagan, es imposible que no lo hagan. Matan, gestionan baterías militares, constituyen el primer eslabón de la extracción de capital ilegal, y ello hará que sus delitos resulten siempre identificables y no tan diáfanos como los delitos económicos de sus empleados de cuello blanco. Por lo demás, los boss no pueden ser eternos. Cutolo deja paso a Bardellino, Bardellino a Sandokan, Sandokan a Zagaria, La Monica a Di Lauro, Di Lauro a los Españoles, y estos vete a saber quién. La fuerza económica del sistema de la Camorra reside precisamente en el continuo recambio de líderes y de opciones criminales. La dictadura de un hombre en el clan es siempre breve; si el poder de un boss durara demasiado, haría dispararse los precios, empezaría a monopolizar el mercado, haciendo que este se volviera rígido, invertiría siempre en los mismos espacios de mercado, sin explorar nunca otros nuevos. En lugar de convertirse en un valor añadido para la economía criminal, sería un obstáculo para los negocios. Así, apenas un boss llega al poder, al poco tiempo surgen nuevas figuras dispuestas a ocupar su puesto con la voluntad de expandirse y alzarse sobre los hombros de los gigantes que ellos mismos han contribuido a crear. Lo recordaba siempre uno de los observadores más atentos de las dinámicas del poder, el periodista Riccardo Orioles: «La criminalidad no es el poder, sino uno de los poderes». Jamás habrá un boss que pretenda sentarse en el gobierno. Si la Camorra fuese todo el poder, sus negocios no resultarían esenciales en el mecanismo del escalafón legal e ilegal. En este sentido, todo arresto, todo macrojuicio, parece más bien una manera de reemplazar capos, de interrumpir fases, antes que una acción destinada a destruir un sistema de cosas.

Los rostros publicados en fila el día después por los periódicos, unos al lado de otros, los rostros de los boss, de los soldados, de los muchachitos afiliados y de los viejos desechos de la sociedad, no representaban un cerco infernal para los criminales, sino teselas de un mosaico de poder que durante veinte años nadie había podido ignorar o desafiar. Después de la sentencia del proceso «Espartaco», los boss con condenas de cárcel empezaron a lanzar amenazas implícitas y explícitas a los jueces, a los letrados, a los periodistas, y a todos aquellos a los que consideraban responsables de haber puesto a un puñado de gerentes del cemento y de torpes killers ante los ojos de la ley.

El senador Lorenzo Diana seguía siendo el blanco privilegiado de su odio, con cartas enviadas a periódicos locales y amenazas explícitas proferidas durante el juicio. Inmediatamente después de la sentencia del caso «Espartaco», algunas personas habían entrado en el criadero de truchas del hermano del senador y las habían esparcido por los alrededores, dejándolas morir lentamente, agitándose en el suelo, asfixiadas por el aire. Algunos arrepentidos se habían referido, asimismo, a intentos de atentado por parte de los «halcones» de la organización contra el senador, unas operaciones que luego habrían sido interrumpidas por los sectores más diplomáticos del clan. Sin duda, también contribuyó a disuadirles la escolta del senador. Normalmente, la escolta armada nunca es un obstáculo para los clanes: estos no tienen miedo de los coches blindados ni de los policías; pero sí es una señal, la señal de que el hombre al que quieren eliminar no está solo, y que no podrán desembarazarse de él con tanta facilidad como si se tratara de un individuo cuya muerte no preocupara más que a su propio círculo familiar. Lorenzo Diana es uno de esos políticos que ha decidido mostrar la complejidad del poder casalés en lugar de denunciar genéricamente a los criminales. Nacido en San Cipriano d'Aversa, ha vivido observando muy de cerca el auge del poder de Bardellino y de Sandokan, los conflictos, las matanzas, los negocios... Puede hablar de dicho poder mejor que nadie, y los clanes temen sus conocimientos y su memoria. Temen que de un momento a otro pueda atraer la atención de los medios de comunicación nacionales sobre el poder casalés, temen que en la Comisión Antimafia el senador pueda denunciar lo que actualmente la prensa todavía ignora, relegando todo el asunto a una especie de delincuencia provinciana. Lorenzo Diana es uno de esos pocos hombres que sabe que combatir el poder de la Camorra comporta una paciencia inquebrantable, la que se requiere para empezar cada vez de cero, desde el principio, tirando uno a uno de los hilos de la madeja económica para llegar hasta los capos criminales. Poco a poco, pero con constancia, con rabia, incluso cuando la atención se disipa, incluso cuando todo parece realmente inútil y perdido en una metamorfosis que reemplaza unos poderes criminales por otros, sin derrotarlos jamás.

Con el proceso ya concluido, entre los Bidognetti y los Schiavone podía estallar un conflicto abierto. Durante años se habían enfrentado a través de los diversos clanes con ellos confederados, pero luego los negocios comunes habían prevalecido siempre sobre los conflictos. Los Bidognetti disponen de potentes baterías de fuego, y su territorio es el norte de la provincia de Caserta, un dominio que llega hasta la costa domicia. De carácter extremadamente feroz, en Castelvolturno habían quemado vivo a un camarero, Francesco Salvo, propietario del local en el que trabajaba, el Tropicana, como castigo por haber osado sustituir las máquinas de videopóquer de los Bidognetti por otras gestionadas por un clan rival. Los Mezzanotte habían llegado a lanzar una bomba de fósforo contra el automóvil de Gabriele Spenuso, mientras circulaba por la carretera de Nola a Villa Literno. Domenico Bidognetti había ordenado en 2001 la eliminación de Antonio Magliulo porque, a pesar de ser un hombre casado, se había atrevido a hacer insinuaciones a una muchacha que era prima de un boss. Le habían atado a una silla, en una playa, y frente al mar habían empezado a llenarle la boca y la nariz de arena. Para respirar, Magliulo tragaba y escupía arena, al tiempo que trataba de expulsarla de la nariz. Vomitaba, masticaba y agitaba el cuello, amasando la arena con la saliva y creando de ese modo una especie de primitivo cemento, una materia pegajosa que poco a poco fue ahogándole. La ferocidad de los Mezzanotte era directamente proporcional a su poder empresarial. Vinculados a la gestión de residuos, los Bidognetti habían forjado alianzas —según diversas investigaciones realizadas por la DDA de Nápoles en 1993 y en 2006— con la masonería derivada de la logia P2. Eliminaban ilegalmente, y a precios muy ventajosos, los residuos tóxicos de los empresarios ligados a la logia. Un sobrino de Cicciotto di Mezzanotte, Gaetano Cerci, arrestado en el marco de la operación «Adelphi» sobre las ecomafias, era el contacto entre la Camorra casalesa y ciertos masones, y solía reunirse con mucha frecuencia para hablar de negocios directamente con Licio Gelli; negocios que los investigadores han llegado a identificar con el volumen financiero de una sola empresa implicada, que se ha cuantificado en más de treinta y cinco millones de euros. Cada uno de los boss, Bidognetti y Schiavone, ambos en la cárcel, y ambos con una perpetua a sus espaldas, habría podido tratar de sacar provecho de la condena del otro para lanzar a la calle a sus propios hombres y tratar de eliminar al clan rival. Hubo un momento en el que todo pareció degenerar en un enorme conflicto, de los que cada día acarrean montones de muertos.

En la primavera de 2005, el más pequeño de los hijos de Sandokan había ido a una fiesta en Parete, territorio de los Bidognetti, donde —según las investigaciones— había empezado a cortejar a una muchacha a pesar de que esta iba ya acompañada. El retoño de los Schiavone iba sin escolta, y creía que el mero hecho de ser hijo de Sandokan lo hacía inmune frente a cualquier clase de agresión.

Pero no fue así. Un pequeño grupo de personas lo arrastró fuera de casa y le dio una tunda de bofetadas, de puñetazos y de patadas en el trasero, después de lo cual hubo de ir corriendo al hospital para que le dieran puntos de sutura en la cabeza. Al día siguiente, un grupo de unas quince personas, en motos y automóviles, se presentaron delante del bar Penélope, donde solían reunirse los muchachos que habían atacado al retoño. Entraron con bates de béisbol y lo destrozaron todo, golpeando con saña a todo el que encontraron en el interior, aunque no consiguieron identificar a los responsables de la afrenta a Schiavone, que muy probablemente habían logrado escapar, seguramente por la puerta de atrás del bar. Luego el comando les persiguió por la calle y empezó a disparar entre la gente, alcanzando a un transeúnte en el abdomen. Como respuesta, al día siguiente llegaron tres motocicletas al café Matteotti de Casal di Principe, donde suelen reunirse los miembros más jóvenes del clan Schiavone. Los motoristas bajaron lentamente, para dar tiempo a escapar a los transeúntes, y empezaron también ellos a destrozarlo todo. Hubo peleas a puñetazos y más de seis personas apuñaladas. La atmósfera era asfixiante: estaba a punto de empezar una nueva guerra.

La inesperada confesión de un arrepentido vino a aumentar más todavía la tensión. Se trataba de Luigi Diana, que había declarado, según un periódico local, que Bidognetti era el responsable de la primera detención de Schiavone, que era él quien había colaborado con los carabineros revelando el paradero del boss en Francia. Las baterías de fuego se estaban preparando, y los carabineros se aprestaban a recoger los cadáveres de la matanza. Fue el propio Sandokan el que detuvo el proceso con un gesto público. Pese a estar sujeto a un duro régimen penitenciario, logró enviar una carta abierta a un periódico local, que se publicó el 21 de septiembre de 2005 directamente en primera página. El boss, como un afamado gerente, resolvió el conflicto desmintiendo lo que había declarado el arrepentido, a quien, entre otras cosas, poco después del arrepentimiento le habían matado a un pariente:

«El chivatazo, o, mejor dicho, quien lo anunció a los cuatro vientos y permitió mi detención en Francia, fue, como se ha probado fehacientemente, Carmine Schiavone, y no Cicciotto Bidognetti. Lo cierto es que el individuo que responde al nombre del arrepentido Luigi Diana dice falsedades y quiere sembrar cizaña por intereses personales».

Asimismo, «sugería» al director del periódico que explicara bien la noticia:

«Le ruego que no instrumentalice a este delator, que no es más que un mercenario, y que no incurra en el error de convertir su diario informativo en un periódico sensacionalista, que inevitablemente perdería credibilidad como le ha sucedido a un competidor suyo con el que no he renovado mi suscripción, cosa que, como yo, harán muchos otros, dejando de comprar un periódico tan instrumentalizado».

Con la carta, Sandokan deslegitimaba al periódico competidor de aquel al que la había dirigido, al tiempo que elegía oficialmente a este como su nuevo interlocutor.

«No comento ni siquiera el hecho de que el periódico competidor suyo está habituado a escribir falsedades. El abajo firmante es como el agua de la fuente: ¡transparente en todo!»

Sandokan invitó a sus hombres a comprar el nuevo periódico en lugar del viejo; de decenas de cárceles de toda Italia llegaron solicitudes de suscripción para el nuevo diario escogido por el boss y bajas de suscripción para el que había criticado. El boss concluía su carta de paz con Bidognetti escribiendo:

«La vida te pide siempre aquello que eres capaz de afrontar. A esos llamados arrepentidos la vida les ha pedido que afronten el fango. ¡Como los cerdos!».

El cártel de los Casalesi no estaba derrotado. Incluso salía reforzado. Según las investigaciones de la Fiscalía Antimafia de Nápoles, actualmente el cártel está regido por una diarquía formada por Antonio Iovine, llamado «o Ninno», es decir, el Bebé, debido a que llegó a lo más alto del clan siendo todavía un muchacho, y Michele Zagaria, el boss gerente de Casapesenna, llamado «Capastorta» por las irregularidades de su rostro, aunque parece ser que ahora se hace llamar «Manera». Los dos boss son prófugos de la justicia desde hace años, y el Ministerio del Interior los tiene en la lista de los fugitivos italianos más peligrosos. Ilocalizables, aunque seguramente siempre presentes en su lugar de origen. Ningún boss puede abandonar durante mucho tiempo sus propias raíces, puesto que sobre ellas se edifica todo el poder y también por ellas puede derrumbarse.

Apenas unos cuantos kilómetros, localidades minúsculas, escasos senderos y algunas casas de labranza perdidas en la campiña; aun así resulta imposible cogerles. Están en su tierra. Se mueven a través de trayectos internacionales, pero siempre vuelven a casa: durante la mayor parte del año están en su tierra. Todos lo saben. Y a pesar de eso, no les cogen. Las estructuras de protección son tan eficientes que impiden su detención. Sus villas siguen estando habitadas por parientes y familiares. La de Antonio Iovine en San Cipriano parece un palacio modernista, mientras que la de Michele Zagaria, en cambio, es un auténtico complejo situado entre San Cipriano y Casapesenna, una casa que en lugar de techo tiene una cúpula de vidrio para permitir que entre la luz y alimentar el crecimiento de un enorme árbol que preside el centro del salón. La familia Zagaria posee decenas de empresas filiales en toda Italia, y es, según los magistrados de la DDA de Nápoles, la primera firma italiana en el sector del movimiento de tierras, la más potente en términos absolutos. Una supremacía económica que no nace directamente de la actividad criminal, sino de la capacidad de equilibrar los capitales legales e ilegales.

Estas empresas tienden a actuar de forma extremadamente competitiva. Tienen auténticas colonias criminales en las regiones de Emilia, Toscana, Umbría y el Véneto, donde las auditorías y los controles antimafia son más suaves y permiten la transferencia de secciones empresariales enteras. Los Casalesi primero impusieron la mordida a los empresarios del norte de la Campania, y ahora gestionan directamente el mercado. En las provincias de Módena y de Arezzo, los Casalesi tienen en sus manos la mayor parte de los negocios de construcción, y se traen mano de obra básicamente casertana.

Las investigaciones actualmente en curso muestran que las empresas de construcción ligadas al clan de los Casalesi se han infiltrado en las obras del tren de alta velocidad en el norte de Italia, después de haberlo hecho en el sur. Como revela una investigación coordinada por el juez Franco Imposimato y realizada en julio de 1995, las grandes empresas que se adjudicaron las principales contratas de las obras del TAV (Tren de Alta Velocidad) Nápoles-Roma habían subcontratado, a su vez, a Edilsud, vinculada nada menos que a Michele Zagaria, así como a varias decenas más de empresas ligadas al cártel casalés. Un negocio, el de la línea de alta velocidad Nápoles-Roma, que ha producido cerca de diez billones de liras.

Las investigaciones revelaron que el clan Zagaria había establecido ya acuerdos con las *'ndrine* o clanes calabreses para participar con sus propias empresas en las contratas cuando las líneas de alta velocidad llegaran a la región de Calabria. Los Casalesi estaban listos, como lo están ahora. La rama de Casapesenna de la sociedad casalesa ha logrado penetrar, según las investigaciones de la Fiscalía Antimafia de Nápoles en los últimos años, en una serie de obras públicas en el centro y norte del país, participando en la reconstrucción de la región de Umbría tras el terremoto de 1997. Toda gran contrata y obra puede llegar a ser dominada en todas sus fases por las empresas de la Camorra de la campiña aversana: fletes, movimientos de tierras, transportes, materiales, mano de obra...

Las empresas de la campiña aversana están listas para intervenir: organizadas, económicas, rápidas y eficientes. Las empresas de construcción de Casal di Principe son oficialmente 517. Muchísimas emanan directamente de los clanes, y varios cientos de ellas se encuentran en todas las poblaciones de la campiña aversana, un auténtico ejército dispuesto a cementar todo lo que se le ponga por delante. Los clanes no parecen haber obstaculizado el desarrollo del territorio, que más bien les reportaba ventajas a la hora de hacer caja. En una zona de poquísimos kilómetros cuadrados, se han edificado en los últimos cinco años auténticos reinos comerciales de cemento: uno de los mayores cines multisalas de toda Italia, en Marcianise; el mayor centro comercial del sur del país, en Teverola; el mayor centro comercial de Europa, también en Marcianise; y todo ello en una región con elevadísimas tasas de paro y un flujo constante de emigrantes. Unos enormes complejos comerciales que, lejos de ser «no-lugares», como los definiría el etnólogo Marc Augé, parecerían ser más bien «lugares-inicio»: supermercados donde todo lo que puede ser comprado y consumido permite «bautizar» capitales que de otro modo no habrían podido encontrar su partida de nacimiento legal;

lugares donde se «inicia», pues, el origen legal del dinero, su «bautismo» oficial. Cuantos más centros comerciales se construyen, más obras se levantan, más mercancías se traen, más proveedores trabajan, más transportes llegan, y más rápido logra sobrepasar el dinero el impreciso perímetro del territorio ilegal para entrar en el legal.

Los clanes se han beneficiado del desarrollo estructural de la provincia y están listos para recoger su parte del botín. Esperan con ansia el inicio de las grandes obras en su territorio: el metro de Aversa y el aeropuerto de Grazzanise, que será uno de los más grandes de Europa, construido a poca distancia de las casas de campo que fueron de Cicciariello y de Sandokan.

Los Casalesi han diseminado sus bienes por toda la provincia. Solo los bienes inmuebles embargados por la DDA de Nápoles en los últimos pocos años equivalen a 750 millones de euros. La lista resulta espeluznante. Solo en el marco del proceso «Espartaco» se han embargado 199 edificios, 52 terrenos, 14 sociedades, 12 automóviles y tres embarcaciones. En el curso de los años se ha embargado a Schiavone y a sus fiduciarios, a raíz de un proceso de 1996, bienes por valor de 450.000 millones, empresas, chalets, terrenos, edificios y automóviles de gran cilindrada (entre ellos, el Jaguar en el que encontraron a Sandokan en su primer arresto). Embargos que habrían destruido a cualquier empresa, pérdidas que habrían arruinado a cualquier empresario, auténticos mazazos económicos que habrían asfixiado a cualquier grupo económico; a cualquiera, menos al cártel de los Casalesi. Cada vez que leía noticias sobre secuestros de inmuebles, cada vez que tenía ante mis ojos las listas de bienes que la DDA embargaba a los capos, experimentaba una sensación de incomodidad y cansancio. Mirara donde mirase, parecía que todo estaba allí. Todo: tierras, granjas de búfalas, casas de labranza, obras, aparcamientos y queserías, hoteles y restaurantes. Era como una especie de omnipotencia camorrista: no lograba ver otra cosa que no fuera propiedad suya.

Había un empresario que, más que ningún otro, había gozado de ese poder total, el de convertirse en amo y señor de todo: Dante Passarelli, de Casal di Principe. Fue detenido hace años por asociación camorrista, acusado de ser el cajero del clan de los Casalesi, y la fiscalía propuso la pena de ocho años de reclusión por el delito 416 bis. No era este simplemente uno de los muchísimos empresarios que hacían negocios con los clanes, o por medio de ellos. Passarelli era el Empresario en términos absolutos, el número uno, el más próximo y el más fiable. Era un antiguo charcutero con grandes dotes comerciales, y dichas dotes le habían bastado, puesto que había sido elegido, según la acusación, para convertirse en el inversor de una parte de los capitales del clan. Pasó a ser mayorista, y luego industrial. De empresario de la pasta se convirtió también en empresario de la construcción, y, más tarde, pasó del azúcar al catering, hasta llegar al fútbol. El patrimonio de Dante Passarelli, según las estimaciones de la Dirección de Investigación Antimafia (DIA), valía entre trescientos y cuatrocientos millones de euros. Buena parte de aquella riqueza era fruto de su participación accionarial y de su considerable cuota de mercado en el sector agroalimentario. Era propietario de Ipam, una de las más importantes azucareras de Italia. Era líder en la distribución de comidas preparadas con la empresa Passarelli Dante e Figli, que se había adjudicado la contrata para los comedores de los hospitales de Santa Maria Capua Vetere, de Capua y de Sessa Aurunca. Y era dueño de cientos de pisos, sedes comerciales e industriales. En el momento de su detención, el 5 de diciembre de 1995, todos estos bienes fueron objeto de embargo: nuevos edificios en Villa Literno; un piso en Santa Maria Capua Vetere; otro en Pinetamare; un edificio en Casal di Principe; y más tarde, diversos terrenos en Castelvolturno, en Casal di Principe, en Villa Literno y en Cancello Arnone, además del complejo agrícola La Balzana, en Santa Maria La Fossa, compuesto por 209 hectáreas de terreno y 40 construcciones rurales. Y luego estaba la joya de la corona: el *Anfra III*, un lujosísimo yate con decenas de habitaciones, parquet y bañera de hidromasaje, que tenía atracado en Gallípoli. En el *Anfra III*, Sandokan y su esposa habían hecho un crucero por las islas griegas. Las pesquisas estaban llevando a la progresiva confiscación de todos esos bienes cuando Dante Passarelli fue hallado muerto, en noviembre de 2004, tras caerse por el balcón de una de sus casas. Fue su mujer quien encontró el cuerpo, con la cabeza rota y la espina dorsal destrozada. La investigación sigue aún en curso. Todavía no se sabe si ha sido la fatalidad, o una conocidísima mano anónima, la que hizo caer al empresario del balcón en construcción. Con su muerte, todos sus bienes, que deberían haber pasado a disponibilidad del Estado, han vuelto a su familia. El destino de Passarelli ha sido el de un comerciante que, por sus dotes empresariales, había recibido mucho más capital del que jamás podría llegar a administrar, pero que supo hacer aumentar de forma extraordinaria. Luego llegó el tropiezo, la investigación judicial, y ni ese mismo patrimonio pudo defenderle del embargo. Al igual que sus dotes de empresario le habían valido un imperio, así también la derrota de los embargos le valió la muerte. Los clanes no permiten errores. Cuando indicaron a Sandokan, durante un juicio, que Dante Passarelli había muerto, el boss se limitó a decir con serenidad:

—¡Descanse en paz!

El poder de los clanes seguía siendo el poder del cemento. En sus actividades de construcción yo había sentido físicamente, visceralmente, toda su potencia. Durante varios veranos había trabajado en la construcción, y para ponerme a amasar cemento no me bastaba sino mencionar mi origen al capataz, y nadie me negaba jamás el trabajo. La región de Campania suministraba los mejores albañiles de toda Italia: los más decididos, los más rápidos, los más económicos y los menos hinchapelotas. Un trabajo bestial, que jamás he llegado a aprender demasiado bien, un oficio que te puede proporcionar un buen dinero solo si estás dispuesto a hacerlo con todas tus fuerzas, todos tus músculos, todas tus energías; a trabajar en cualesquiera condiciones meteorológicas, lo mismo con el pasamontañas en la cabeza que en calzoncillos. Acercarme al cemento, con las manos y con la nariz, ha sido el único modo de entender en qué se fundamentaba el poder, el verdadero poder.

Fue cuando murió Francesco Iacomino, no obstante, cuando comprendí hasta el fondo los mecanismos de la construcción. Tenía treinta y tres años cuando lo encontraron con el mono de trabajo tirado en el empedrado, en el cruce entre la Via Quattro Orologi y la Via Gabriele D'Annunzio, en Ercolano. Se había caído de un andamio. Tras el incidente habían huido todos, incluido el aparejador. Nadie había llamado a la ambulancia, temiendo que esta pudiera llegar antes de que hubieran podido darse a la fuga. Así que, mientras escapaban, habían dejado el cuerpo en mitad de la calle, todavía vivo y escupiendo sangre de los pulmones. Esta enésima noticia de muerte, uno de los trescientos albañiles que reventaban cada año en las obras de toda Italia, en cierto modo me había calado hondo. Con la muerte de Iacomino se me despertó una rabia de aquellas que se parecen más a un ataque de asma que a una crisis nerviosa. Me habría gustado hacer como el protagonista de *La vita agra*, de Luciano Bianciardi, que llega a Milán con la intención de hacer saltar por los aires el rascacielos Pirellone para vengar a los 48 mineros de Ribolla, muertos a consecuencia de una explosión en la mina, en mayo de 1954, en el pozo Camorra, llamado así por sus infames condiciones de trabajo. Quizá yo también debía escoger un edificio representativo y hacerlo saltar por los aires; pero aun antes de caer en la esquizofrenia del terrorista, apenas iniciada la crisis asmática de la rabia, me retumbó en los oídos el célebre escrito de denuncia de Pasolini, el «Yo sé», como una pieza musical que se repitiera hasta el hastío. Y así, en lugar de buscar edificios para hacer saltar por los aires, me fui a Casarsa, a visitar la tumba de Pasolini. Me fui solo, aunque estas cosas, para que resulten menos patéticas, habría que hacerlas en compañía o en grupo. Con un grupo de fieles lectores, o con una novia. Pero yo, obstinadamente, me fui solo.

Casarsa es un bello lugar, uno de esos lugares en donde te es fácil pensar en alguien que quiera vivir de la literatura, y en cambio se te hace difícil pensar en alguien que se vaya de su tierra natal para caer más bajo, más allá de la línea del infierno. Fui a visitar la tumba de Pasolini no como un homenaje, ni siquiera como una celebración. Pier Paolo Pasolini; el nombre uno y trino, como decía Caproni, no es mi santo laico, ni tampoco un Cristo literario. Iba buscando un sitio; un sitio donde todavía fuera posible reflexionar sin vergüenza sobre la posibilidad de la palabra. La posibilidad de escribir sobre los mecanismos del poder, más allá de las historias, más allá de los detalles. Reflexionar acerca de si todavía era posible decir los nombres, uno a uno, señalar los rostros, desnudar los cuerpos del delito y convertirlos en elementos de la arquitectura de la autoridad. Si todavía era posible perseguir como cerdos truferos las dinámicas de lo real, la afirmación del poder, sin metáforas, sin mediaciones, con la sola llama de la escritura.

Cogí el tren de Nápoles a Pordenone, un tren lentísimo, cuyo nombre resultaba especialmente elocuente con respecto a la distancia que había de cubrir: *Marco Polo*; la enorme distancia que parece separar las regiones de Friul y Campania. El tren salió a las ocho menos diez, y llegó a Friul a las siete y veinte del día siguiente, atravesando una noche extremadamente fría que no me dio tregua para lograr dormir ni siquiera un poco. Desde Pordenone, en autobús, llegué a Casarsa; bajé y empecé a caminar con la cabeza gacha como el que sabe adónde va y puede reconocer el camino mirándose solo la punta de los zapatos. Evidentemente, me perdí. Pero después de haber vagado inútilmente logré llegar a la calle Valvasone, al cementerio donde están sepultados Pasolini y toda su familia. A la izquierda, poco después de la entrada, había una franja de tierra desnuda. Me acerqué a aquella parcela, en cuyo centro se alzaban dos pequeñas lápidas de mármol blanco, y vi la tumba: «Pier Paolo Pasolini (1922-1975)». A un lado, un poco más allá, estaba la de su madre. Me pareció que estaba menos solo, y allí empecé a mascullar mi rabia, apretando los puños hasta que las uñas se me clavaron en la palma de la mano. Empecé a articular mi propio «Yo sé»; el «Yo sé» de mi tiempo.

Yo sé, y tengo las pruebas. Yo sé dónde se originan las economías y de dónde toman su olor. El olor de la afirmación y de la victoria. Yo sé qué exuda el beneficio. Yo sé. Y la verdad de la palabra no hace prisioneros, porque todo lo devora y de todo hace una prueba. Y no debe arrastrar contrapruebas ni hilvanar sumarios. Observa, sopesa, mira, escucha. Sabe. No condena a ninguna trena y los testimonios no se retractan. Nadie se arrepiente. Yo sé, y tengo las pruebas. Yo sé dónde se deshojan las páginas de los manuales de economía, transformando sus fractales en materia, cosas, hierro, tiempo y contratos. Yo sé. Las pruebas no se hallan ocultas en ningún *pen-drive* custodiado en un hoyo bajo tierra. No tengo vídeos comprometedores en garajes escondidos en inaccesibles poblaciones de montaña. Ni poseo documentos ciclostilados de los servicios secretos. Las pruebas son inconfundibles porque son parciales, capturadas por el iris, explicadas con las palabras y forjadas con emociones que rebotan en hierros y maderas. Yo veo, presiento, miro, hablo, y así testimonio, fea palabra que todavía puede valer cuando susurra «Es falso» a la oreja de quien escucha las cantinelas en versos pareados de los mecanismos del poder. La verdad es parcial; en el fondo, si pudiera reducirse a una fórmula objetiva, sería química. Yo sé, y tengo las pruebas. Y por ello hablo. De estas verdades.

Trato siempre de calmar esta ansia que me invade cada vez que ando, cada vez que subo escaleras, que cojo un ascensor, que arrastro las suelas sobre felpudos y atravieso umbrales. No puedo evitar rumiar permanentemente sobre cómo se han construido edificios y casas. Y cuando tengo a alguien que me escuche, solo con gran dificultad logro abstenerme de contarle cómo se suben pisos y balcones hasta el techo. No es un sentimiento de culpa universal lo que me invade, ni una redención moral para con quien ha sido borrado de la memoria histórica. Más bien trato de interrumpir aquel mecanismo brechtiano, que, sin embargo, es connatural en mí, consistente en pensar en las manos y en los pies de la historia. Es decir, de pensar más en las escudillas perennemente vacías que llevaron a la toma de la Bastilla que en las proclamas de los girondinos y los jacobinos. No logro dejar de pensar en ello. Tengo este vicio. Como alguien que, mirando un Vermeer, pensara en quien ha mezclado los colores, tensado la tela con maderas o engarzado los aretes de perlas, en lugar de contemplar el retrato. Una verdadera perversión. No logro siquiera acordarme de cómo funciona el ciclo del cemento cuando veo un tramo de escaleras, y no me distrae de cómo se monta la torre del andamiaje el hecho de ver una vertical de ventanas. No logro hacer como si nada. No logro apenas ver el entramado, pensar en la argamasa y en la paleta. Será tal vez que quien nace en ciertos meridianos tiene relación con algunas sustancias de un modo singular, único. No toda la materia se acoge de la misma manera en todas partes. Creo que en Qatar el olor a petróleo y gasolina evoca sensaciones y sabores que hablan de residencias inmensas, gafas de sol y limusinas. Ese mismo olor ácido del crudo, en Minsk, imagino que evoca rostros ceñudos, fugas de gas y ciudades ahumadas, mientras que en Bélgica evoca el olor a ajo de los italianos y la cebolla de los magrebíes. Lo mismo ocurre con el cemento para Italia, para el mediodía italiano. El cemento. Petróleo del sur. Todo nace del cemento. No existe imperio económico nacido en el sur de Italia que no pase por la construcción: licitaciones, contratas, obras, cemento, grava, mortero, ladrillos, andamios, obreros… Este es el instrumental del empresario italiano. El empresario italiano que no tenga la base de su imperio en el cemento no tiene esperanza alguna. Es el oficio más simple para ganar dinero en el más breve tiempo posible, adquirir solvencia, contratar personas en el momento propicio para unas elecciones, distribuir salarios, acaparar financieramente, multiplicar el propio rostro en las fachadas de los edificios que se construyen. El talento del constructor es el del intermediario y el del rapaz. Primero posee la paciencia del inquebrantable recopilador de documentos burocráticos, de esperas interminables, de autorizaciones sedimentadas como lentas gotas de estalactitas. Y luego el talento del rapaz, capaz de planear sobre terrenos insospechables, sustraerlos por poco dinero y después reservarlos hasta que cada centímetro y cada hoyo se hagan revendibles a precios exorbitantes. El empresario rapaz sabe muy bien cómo usar el pico y las garras. Los bancos italianos saben dar a los constructores el máximo crédito; digamos que los bancos italianos parecen edificados por los constructores. Y cuando no tenga crédito y las casas que va a construir no basten como garantía, siempre habrá algún buen amigo que le avale. La concreción del cemento y de los ladrillos es la única materialidad que verdaderamente conocen los bancos italianos. Investigación, laboratorio, agricultura, artesanía, los directores de banca los conciben como territorios difusos, lugares sin presencia de gravedad siquiera. Habitaciones, planos, azulejos, tomas de teléfono y de corriente: estas son las únicas concreciones que reconocen. Yo sé, y tengo las pruebas. Sé cómo se ha construido media Italia. Y más de media. Conozco las manos, los dedos, los proyectos. Y la arena. La arena que se ha vertido en edificios y rascacielos. Barrios, parques, villas. En Castelvolturno nadie olvida las filas infinitas de camiones que depredaban la arena del río Volturno. Camiones en fila, que atravesaban las tierras limítrofes de campesinos que jamás habían visto semejantes mamuts de hierro y caucho. Habían logrado quedarse, resistir sin tener que emigrar, y ahora se lo arrebataban todo ante sus ojos. Ahora aquella arena está en las paredes de los bloques de pisos de los Abruzos, en los edificios de Varese, de Asiago, de Génova. Ahora ya no es el río el que desemboca en el mar, sino el mar el que se adentra en el río. Ahora en el Volturno se pescan lubinas, y los campesinos han desaparecido. Al carecer de tierras, han empezado a criar búfalas, y después de las búfalas han montado pequeñas empresas de construcción, contratando a jóvenes nigerianos y sudafricanos sustraídos a las faenas estacionales, y cuando no se han asociado a las empresas de los clanes han hallado una muerte precoz. Yo sé, y tengo las pruebas. Se autoriza a las empresas de extracción a extraer únicamente cantidades mínimas, pero en realidad muerden y devoran montañas enteras. Montañas y colinas terminan desmigajadas y amasadas en cemento. De Tenerife a Sassuolo. La deportación de las cosas ha seguido a la de los hombres. En un figón de San Felice a Cancello conocí a don Salvatore, un viejo capataz. Era una especie de cadáver ambulante: no tenía más de cincuenta años, pero aparentaba ochenta. Me explicó que durante diez años tuvo la tarea de repartir en las hormigoneras polvo de extracción de humos. Con la mediación de las empresas de los clanes, los residuos ocultos en el cemento constituyen la fuerza que permite a las empresas presentarse a las licitaciones con precios de mano de obra china. Ahora garajes, paredes y rellanos tienen los venenos incorporados. No pasará nada hasta que algún obrero, tal vez magrebí, inhale el polvo, reventando unos años después y echando la culpa de su cáncer a la mala suerte.

Yo sé, y tengo las pruebas. Los empresarios italianos que triunfan provienen del cemento. Ellos mismos forman parte del ciclo del cemento. Yo sé que antes de transformarse en maridos de modelos de portada, en ejecutivos con barco, en depredadores de grupos financieros, en compradores de periódicos, antes de todo eso y detrás de todo eso está el cemento, las subcontratas, la arena, la grava, las furgonetas abarrotadas de obreros que trabajan de noche y desaparecen por la mañana, los andamios podridos, los seguros de pega. El grosor de las paredes es la base en la que se apoyan quienes tiran de la economía italiana. Habría que cambiar la Constitución. Escribir que se fundamenta en el cemento y en los constructores. Ellos son los padres fundadores. Y no Ferruccio Parri, ni Luigi Einaudi, ni Pietro Nenni, ni el comandante Valerio. Fueron los especuladores quienes arrastraron por los pelos a la Italia hundida por el escándalo Sindona y por la condena sin paliativos del Fondo Monetario Internacional. Cementeras, contratas, edificios y periódicos.

En la construcción terminan los afiliados que quieren hacer borrón y cuenta nueva. Después de hacer carrera como asesino, extorsionador o rompesquinas, se acaba en la construcción o recogiendo basura. Antes que pasar películas y dar conferencias en las escuelas, podría ser interesante coger a los nuevos afiliados y llevarles a dar una vuelta por las obras, mostrándoles el destino que les aguarda. Si evitan la cárcel y la muerte, estarán en una obra, envejeciendo y escupiendo sangre y cal. Mientras, los empresarios y negociantes a los que los boss crean controlar tendrán pedidos millonarios. De trabajo se muere. Sin parar. El ritmo de construcción, la necesidad de ahorrar en cualquier clase de medida de seguridad y en cualquier respeto a los horarios. Turnos inhumanos de nueve a doce horas al día, incluidos sábados y domingos. Cien euros a la semana como paga, más un plus nocturno y dominical de cincuenta euros cada diez horas. Los más jóvenes llegan a hacer quince. Acaso tirando de coca. Cuando se muere en las obras, se pone en marcha un mecanismo harto ensayado. Se saca fuera el cuerpo sin vida, y se simula un accidente de tráfico. Lo meten en un coche que luego hacen caer por terraplenes o precipicios, sin olvidarse de prenderle fuego primero. La suma que paga la aseguradora se envía a la familia como liquidación. No es raro que para simular el incidente se hieran incluso gravemente los simuladores, sobre todo cuando hay que estrellar un automóvil contra un muro, antes de incendiarlo con el cadáver dentro. Cuando el capataz está presente, el mecanismo funciona bien. Cuando está ausente, a menudo el pánico atenaza a los obreros. Y entonces se coge al herido grave, al casi cadáver, y casi siempre se le deja cerca de una calle próxima al hospital. Se pasa con el coche, se deja el cuerpo, y se huye. Cuando se tienen demasiados escrúpulos de conciencia, se llama a una ambulancia. Todo el que toma parte en la desaparición o el abandono del cuerpo casi cadáver sabe que lo mismo harán sus colegas en el caso de que su cuerpo sea el que casualmente quede destrozado o ensartado. Sabe a ciencia cierta que, en caso de peligro, quien tienes al lado te socorrerá de inmediato solo para desembarazarse de ti, para darte el golpe de gracia. Y debido a ello en las obras se da una especie de recelo. Quien tienes al lado podría ser tu verdugo, o tú el suyo. No te hará sufrir, pero será él quien te dejará que revientes solo en una acera o te prenderá fuego en un coche. Todos los constructores saben que es así como funciona. Y las empresas del sur son las que dan mejores garantías. Trabajan y desaparecen, y resuelven cualquier problema discretamente. Yo sé, y tengo las pruebas. Y las pruebas tienen un nombre. En siete meses en las obras del norte de Nápoles han muerto quince obreros de la construcción. Que se han caído, que han acabado debajo de palas mecánicas, o aplastados por grúas manejadas por obreros extenuados por las horas de trabajo. Hay que actuar deprisa. Aunque las obras duren años, las empresas subcontratadas tienen que dejar paso rápidamente a otras. Ganar, hacer caja y marcharse a otra parte. Más del 40 por ciento de las firmas que operan en Italia son del sur del país. De la campiña aversana, napolitana o salernitana. En el sur todavía pueden nacer imperios, se pueden forzar las redes de la economía, y el equilibrio de la acumulación originaria aún no se ha completado. En el sur habría que colgar carteles, desde Apulia hasta Calabria, que dijeran «BIENVENIDO» a los empresarios que quieran lanzarse al ruedo del cemento y penetrar en pocos años en los salones romanos y milaneses. Un «BIENVENIDO» que sabe a buena suerte, dado que la multitud es muy numerosa y muy pocos son capaces de permanecer a flote en las arenas movedizas. Yo sé. Y tengo las pruebas. Y los nuevos constructores, propietarios de bancos y de yates, príncipes del cotilleo y majestades de nuevas fulanas, guardan con celo sus ganancias. A lo mejor todavía tienen alma. Tienen vergüenza de declarar de dónde vienen sus propias ganancias. En su país modelo, en Estados Unidos, cuando un empresario logra convertirse en un referente financiero, cuando alcanza fama y éxito, sucede que convoca a los analistas y a los jóvenes economistas para enseñar sus cualidades económicas y desvelar el camino recorrido para obtener la victoria en el mercado. Aquí, silencio. Y el dinero es solo dinero. Y los empresarios triunfadores que provienen de la zona de Aversa, de una tierra enferma de Camorra, responden sin vergüenza a quien les pregunta por su éxito: «Compré a 10 y he vendido a 300». Alguien ha dicho que en el sur se puede vivir como en un paraíso: basta con mirar al cielo, y no osar jamás mirar hacia abajo. Pero no es posible. La expropiación de toda perspectiva también ha sustraído espacios a la vista. Cualquier posible perspectiva tropieza con balcones, trasteros, buhardillas, bloques de pisos, edificios abrazados, barrios anudados. Aquí no crees que algo pueda caer del cielo. Aquí vas para abajo. Te precipitas. Porque siempre hay un abismo en el abismo. Así, cuando pongo los pies en escaleras y habitaciones, cuando subo en ascensores, no logro ser indiferente. Porque yo sé. Y es una perversión. Y así, cuando me encuentro entre los mejores y más destacados empresarios no me siento bien. Aunque estos señores sean elegantes, hablen con tono tranquilo y voten a la izquierda. Yo siento el olor de la cal y del cemento, que emana de sus calcetines, de sus gemelos de Bulgari, de sus bibliotecas. Yo sé. Yo sé quién ha construido mi país y también quién lo está construyendo ahora. Sé que esta noche sale un tren de Reggio di Calabria que parará en Nápoles a las doce y cuarto de la noche y luego seguirá directo a Milán. Estará repleto. Y en la estación, las furgonetas y los Fiat Punto polvorientos recogerán a los chicos para las nuevas obras. Una emigración sin residencia que nadie estudiará ni valorará, puesto que solo quedará en las huellas del polvo de la cal, y solo allí. Yo sé cuál es la verdadera Constitución de mi tiempo, cuál es la riqueza de las empresas. Yo sé en qué medida cada pilastra es la sangre de los demás. Yo sé, y tengo las pruebas. No hago prisioneros.

Don Peppino Diana

Cuando pienso en la lucha de los clanes de Casal di Principe, de San Cipriano, de Casapesenna, y en todos los territorios en donde estos son hegemónicos, desde Parete hasta Formia, pienso siempre en sábanas blancas. En las sábanas blancas que cuelgan de todos los balcones, atadas a todas las barandas, anudadas a todas las ventanas. Blanco, todo blanco, como una lluvia de tejido inmaculado. Fueron estas el rabioso luto izado cuando se desarrollaron los funerales de don Peppino Diana. Yo tenía dieciséis años, y corría el mes de marzo de 1994. Me despertó mi tía, como siempre, pero esta vez con una violencia extraña: me despertó tirando de la sábana en la que yo estaba acurrucado, como cuando se saca un salchichón de su envoltorio. Casi me caí de la cama. Mi tía no decía nada y caminaba haciendo un ruido fortísimo, como si desahogara todo su nerviosismo por los talones. Anudó las sábanas a las barandas de casa; con fuerza: ni siquiera un tornado habría podido soltarlas. Abrió las ventanas de par en par, dejando entrar las voces y salir los ruidos de la casa, incluso los cajones de los muebles estaban abiertos. Recuerdo la riada de boy scouts que habían abandonado su aire despreocupado de valientes hijos de familia y que parecían llevar anudada a sus extravagantes fulares de color amarillo y verde una fuerte rabia, ya que don Peppino era uno de ellos. Nunca más he vuelto a ver boy scouts tan nerviosos y tan poco atentos a todas las formas de orden y de compostura que, a diferencia de esa ocasión, les acompañan siempre en sus largas marchas. De aquel día solo tengo recuerdos fragmentados como manchas, una memoria como de piel de dálmata. Don Peppino Diana tuvo una historia extraña, una de aquellas que, una vez conocida, hace falta conservar en alguna parte del propio cuerpo: en el fondo de la garganta, apretada en el puño, junto al músculo del pecho, en las coronarias… Una historia rara, desconocida por la mayoría.

Don Peppino había estudiado en Roma, y allí había de permanecer para hacer carrera, lejos de su pueblo, lejos de la tierra de provincias, lejos de los negocios sucios. Una carrera clerical, de buen hijo burgués. Pero de repente había decidido volver a Casal di Principe, como quien no logra quitarse de encima un recuerdo, un hábito, un olor. Acaso como quien tiene perennemente la desazonadora sensación de que debe hacer algo, y no consigue hallar la paz hasta que no lo hace o, al menos, lo intenta. Don Peppino se convirtió en el jovencísimo sacerdote de la iglesia de San Nicola di Bari, un edificio de estructura moderna que parecía, incluso en su estética, perfecto para su idea de compromiso. Andaba por ahí con vaqueros en lugar de sotana, como había sido hasta entonces lo normal en los curas, que llevaban encima una autoridad tan oscura como el hábito talar. Don Peppino no escuchaba los líos de las familias, no condenaba los amoríos de los varones ni andaba consolando a mujeres cornudas: había cambiado con naturalidad el papel del cura de provincias. Y había decidido interesarse por las dinámicas del poder, y no solo por los corolarios de la miseria; no quería únicamente limpiar la herida, sino comprender los mecanismos de la metástasis, bloquear la gangrena, detener el origen de lo que hacía de su tierra un yacimiento de capitales y un reguero de cadáveres. De vez en cuando también fumaba puros en público, algo que en otro lugar habría podido parecer un gesto inocuo. Pero por esos pagos los curas tendían a adoptar una actitud de fingida privación de lo superfluo, y solo en sus habitaciones desahogaban sus torpes debilidades. Don Peppino había decidido dejar que su cara se asemejara cada vez más a sí mismo, como una garantía de transparencia en una tierra donde, por el contrario, los rostros deben orientarse hacia muecas prontas a imitar aquello que se representa, ayudados por sobrenombres que cargan el propio cuerpo del poder que se quiere suturar en la propia epidermis. Tenía obsesión por la acción, y había puesto en marcha un centro de acogida donde ofrecer comida y alojamiento a los primeros inmigrantes africanos. Era necesario acogerles, evitar —como luego sucedería— que los clanes pudieran empezar a hacer de ellos soldados a su medida. Para realizar el proyecto había renunciado incluso a algunos ahorros personales que había acumulado con la enseñanza. Esperar ayudas institucionales puede ser algo tan lento y complicado que acabe convirtiéndose en el más real de los motivos para la inmovilidad. Desde que era sacerdote había visto toda una sucesión de boss, la eliminación de Bardellino y el poder de Sandokan y de Cicciotto di Mezzanotte, las matanzas entre los bardellinianos y los Casalesi, y luego entre los dirigentes vencedores.

Un episodio famoso en las crónicas de aquel período fue el cortejo de varios automóviles desfilando por las calles del pueblo. Eran cerca de las seis de la tarde cuando una decena de coches formaron una especie de carrusel ante las casas de los enemigos. Los grupos vencedores de Schiavone fueron a desafiar a sus adversarios a la misma puerta de su casa. Yo era aún muy niño, pero mis primos juraron que lo habían visto con sus propios ojos. Los coches avanzaban lentamente por las calles de San Cipriano, Casapesenna y Casal di Principe, y los hombres iban sentados a horcajadas en las ventanillas con una pierna dentro del coche y la otra colgando. Todos con la metralleta en la mano y el rostro descubierto. Avanzando a paso lento, el cortejo iba recogiendo poco a poco a otros afiliados que salían de sus casas con fusiles y semiautomáticas, y luego proseguían a pie detrás de los coches. Una verdadera manifestación pública armada de unos afiliados contra otros. Se detenían ante las casas de los adversarios, de quienes habían osado oponerse a su predominio.

—¡Salid, hombres de mierda! ¡Salid de casa, si tenéis huevos!

Aquel cortejo duró al menos una hora. Discurrió sin contratiempos mientras las persianas de tiendas y bares se bajaban en el acto a su paso. Durante dos días hubo riguroso toque de queda. Nadie salió de casa, ni siquiera para comprar el pan. Don Peppino comprendió que hacía falta elaborar un plan de lucha. Había que trazar abiertamente un nuevo rumbo; ya no bastaba con dar testimonio individualmente, sino que había que organizar dicho testimonio y coordinar un nuevo compromiso con todas las iglesias del territorio. Así escribió, firmándolo junto con todos los sacerdotes de la vicaría de Casal di Principe, un documento inesperado, un texto religioso, cristiano, con muestras de una desesperada dignidad humana, que hizo aquellas palabras universales, capaces de superar los perímetros religiosos y de hacer temblar hasta en la voz las seguridades de los boss, que llegaron a temer aquellas palabras más que a una redada de la Antimafia, más que al embargo de las canteras y de las hormigoneras, más que a las escuchas telefónicas interceptando una orden de asesinato. Era un documento vivo, con un título románticamente fuerte: «Por amor a mi pueblo, no callaré». Repartió el escrito el día de Navidad. No colgó las páginas en la puerta de su iglesia: no tenía, como Lutero, Iglesia romana alguna que reformar. Don Peppino tenía otras cosas en que pensar: tratar de comprender cómo podía crear una vía transversal a los poderes, la única capaz de poner en crisis la autoridad económica y criminal de las familias de la Camorra.

Don Peppino excavó un camino en la corteza de la palabra, extrajo de las canteras de la sintaxis la potencia que la palabra pública, pronunciada claramente, todavía podía conceder. No tenía la indolencia intelectual de quien cree que la palabra ya ha agotado todos sus recursos y que solo es capaz de llenar el espacio existente entre un tímpano y el otro. La palabra como concreción, como materia agregada de átomos para intervenir en los mecanismos de las cosas, como argamasa para construir, como punta de pico. Don Peppino buscaba una palabra necesaria como el cubo de agua sobre las brasas ardientes. En estas tierras, el callar no es la banal *omertà* silenciosa que se representa con gorras y miradas bajas. Tiene que ver mucho más con lo de «no es asunto mío». La actitud habitual en estos lugares, como en otros, es una opción de clausura que representa el verdadero voto depositado en la urna del estado de cosas. La palabra se convierte en grito; controlado y lanzado agudo y alto contra un cristal blindado: con la voluntad de hacerlo estallar.

Asistimos impotentes al dolor de tantas familias que ven a sus hijos acabar miserablemente como víctimas o mandantes de las organizaciones de la Camorra. [...] Hoy la Camorra es una forma de terrorismo que infunde temor, impone sus leyes y trata de convertirse en un componente endémico de la sociedad de la Campania. Los camorristas imponen, mediante la violencia, las armas y los puños, reglas inaceptables: extorsiones que han hecho que nuestras tierras se conviertan cada vez más en áreas objeto de subvenciones y ayudas, sin ninguna capacidad autónoma de desarrollo; comisiones del 20 por ciento y más sobre los trabajos de construcción, que desalentarían al más temerario de los empresarios; tráficos ilícitos para la adquisición y venta de sustancias estupefacientes cuyo uso deja montones de jóvenes marginados y peonadas a disposición de las organizaciones criminales; enfrentamientos entre distintas facciones que se abaten como devastadores azotes sobre las familias de nuestras tierras; ejemplos negativos para toda la franja adolescente de la población, auténticos laboratorios de violencia y del crimen organizado […].

Don Peppino tenía como prioridad recordar que, frente a los embates del poder de los clanes, era necesario dejar de limitar la actividad al silencio del confesonario. Repasó, pues, la voz de los profetas para sostener la necesidad prioritaria de salir a la calle, de denunciar, de actuar, como condición absoluta para poder dar todavía un sentido al propio ser:

> Nuestro compromiso profético de denuncia no debe y no puede desfallecer; Dios nos llama a ser profetas.
> El Profeta hace de centinela: ve la injusticia, la denuncia y reclama el proyecto originario de Dios (Ezequiel, 3, 16-18);
> El Profeta recuerda el pasado y se sirve de él para entender lo nuevo en el presente (Isaías, 43);
> El Profeta invita a vivir y él mismo vive la solidaridad en el sufrimiento (Génesis, 8, 18-23);
> El Profeta señala como prioritaria la vía de la justicia (Jeremías, 22, 3; Isaías, 58).
> A los sacerdotes nuestros pastores y hermanos les pedimos que hablen claro en las homilías y en todas aquellas ocasiones en las que se requiere un testimonio valeroso. A la Iglesia, que no renuncie a su papel «profético» a fin de que los instrumentos de la denuncia y del mensaje se concreten en la capacidad de producir una nueva conciencia en el signo de la justicia, de la solidaridad de los valores éticos y civiles.

El documento no tenía la voluntad de resultar correcto frente al poder político, al que no solo consideraba sustentado por los clanes, sino incluso determinado por fines comunes con ellos, ni condescendiente ante la realidad social. Don Peppino no quería creer que el clan fuera la opción del mal elegida por alguien, sino más bien el resultado de unas determinadas condiciones, de unos determinados mecanismos, de unas causas identificables y arraigadas. Jamás la Iglesia, jamás nadie en estos territorios había adoptado un compromiso tan clarificador.

La desconfianza y el recelo del hombre meridional frente a las instituciones, debida a la secular insuficiencia de una política apropiada para resolver los profundos problemas que afligen al Sur, especialmente los relativos al trabajo, a la vivienda, a la sanidad y a la enseñanza;

la sospecha, no siempre infundada, de complicidad con la Camorra por parte de unos políticos que, a cambio del apoyo electoral, o incluso debido a objetivos comunes, les aseguran cobertura y favores;

el sentimiento generalizado de inseguridad personal y de riesgo permanente, derivados de la insuficiente tutela jurídica de las personas y de los bienes, de la lentitud de la maquinaria judicial, de las ambigüedades de los instrumentos legislativos. [...] lo que determina, a menudo, el recurso a la defensa organizada por clanes o a la aceptación de la protección camorrista;

la falta de claridad en el mercado laboral, por la que encontrar una ocupación es más una operación de tipo camorrista-clientelar que la consecución de un derecho basado en la ley de empleo;

la carencia o la insuficiencia, incluso en la acción pastoral, de una verdadera educación social, casi como si se pudiera formar a un cristiano maduro sin formar al hombre y al ciudadano maduro.

Don Peppino había organizado una marcha contra la Camorra a finales de la década de 1980, después de haberse producido un ataque masivo al cuartel de los carabineros de San Cipriano d'Aversa. Decenas de personas habían tratado de destruir las oficinas y de golpear a los oficiales porque algunos carabineros se habían atrevido a intervenir durante una riña entre dos chicos del pueblo en una velada celebrada durante las fiestas del santo patrón. El cuartel de San

Cipriano está situado en un callejón sin salida; no había, pues, escapatoria para los oficiales y suboficiales. Hubieron de intervenir los jefes de zona del clan para sofocar la revuelta, enviados directamente por los boss para salvar a aquel puñado de carabineros. En aquella época mandaba todavía Antonio Bardellino, y su hermano Ernesto era el alcalde del pueblo.

> Nosotros, pastores de las iglesias de la Campania, no tenemos la intención, sin embargo, de limitarnos a denunciar estas situaciones; sino que, en el ámbito de nuestras competencias y posibilidades, pretendemos contribuir a su superación, incluso mediante una revisión e integración de los contenidos y los métodos de acción pastoral.

Don Peppino empezó a dudar de la fe cristiana de los boss, a negar explícitamente que pudiera haber alianzas entre el credo cristiano y el poder empresarial, militar y político de los clanes. En tierras de la Camorra no se considera que el mensaje cristiano se halle en contradicción con la actividad camorrista: el clan que dirige sus actividades al provecho de todos sus afiliados considera que la organización respeta y persigue el bien cristiano. La necesidad de matar a los enemigos y traidores se juzga como una transgresión lícita; según las argumentaciones de los boss, el «no matarás» inscrito en las tablas de Moisés pude suspenderse si el homicidio se produce por un motivo superior, o bien obedece a la salvaguardia del clan, a los intereses de sus dirigentes, al bien del grupo y, por ende, al de todos. Matar es un pecado que será comprendido y perdonado por Cristo en nombre de la necesidad del acto.

En San Cipriano d'Aversa, Antonio Bardellino aceptaba a los nuevos miembros con el ritual del pinchazo, utilizado también por la Cosa Nostra, una modalidad que pertenecía a una serie de rituales que progresivamente han ido desapareciendo. Se pinchaba la yema del dedo del aspirante con un alfiler, y se dejaba caer la sangre sobre una estampa de la Virgen de Pompeya. Luego se quemaba la estampa en una vela y se pasaba de mano en mano a todos los dirigentes del clan, que se hallaban de pie en torno al perímetro de una mesa. Si todos ellos besaban la estampa de la Virgen, el nuevo presentado se convertía oficialmente en miembro del clan. La religión es una referencia constante para la organización camorrista, no solo como forma de conjuro o residuo cultural, sino también como la fuerza espiritual que determina sus decisiones más íntimas. Las familias camorristas, y de manera particular los boss más carismáticos, suelen considerar su proceder como un calvario, una forma de asumir en la propia conciencia el dolor y el peso del pecado por el bienestar del grupo y de los hombres sobre los que reinan.

En Pignataro Maggiore, el clan Lubrano hizo restaurar a su costa un fresco que representaba a una Virgen. Se la conoce como la «Virgen de la Camorra» porque a ella es a quien se dirigen para pedir protección los más importantes prófugos de la Cosa Nostra huidos de Sicilia a Pignataro Maggiore. No resulta difícil, de hecho, imaginarse a Totò Riina, Michele Greco, Luciano Liggio o Bernardo Provenzano, inclinados en los bancos ante el fresco de la Virgen, implorando que se les ilumine en sus acciones y se les proteja en sus fugas.

Cuando Vincenzo Lubrano fue absuelto, organizó una peregrinación con diversos autocares a San Giovanni Rotondo para dar las gracias al Padre Pío,* artífice, según él, de su absolución. Estatuas a tamaño natural del Padre Pío, o copias de terracota y de bronce del Cristo que se alza con los brazos abiertos sobre el Pan de Azúcar de Río de Janeiro, están presentes en muchísimas de las villas de los boss de la Camorra. En Scampia, en los laboratorios de almacenamiento de la droga, a menudo suelen cortarse los panes de hachís en grupos de treinta y tres, como los años de Cristo. Luego se cierra durante treinta y tres minutos, se hace la señal de la cruz y se reanuda el trabajo. Una especie de homenaje a Cristo para granjearse beneficios y tranquilidad. Lo mismo ocurre con las papelinas de coca que a menudo, antes de su distribución a los camellos, el jefe de zona baña y bendice con agua de Lourdes, esperando de ese modo que la partida no mate a nadie, entre otras cosas porque de la mala calidad de la mercancía habría de responder él personalmente.

---

* Francesco Forgione (1887-1968), místico y sacerdote italiano, canonizado en 2002 por Juan Pablo II como san Pío de Pietrelcina. *(N. de los T.)*

El Sistema de la Camorra es un poder que no implica solo a los cuerpos, ni dispone únicamente de la vida de todos, sino que pretende aferrar incluso las almas. Don Peppino quería empezar a dar claridad a las palabras, a los significados, al contorno de los valores.

La Camorra llama «familia» a un clan organizado con fines delictuosos, en el que es ley la fidelidad absoluta, se excluye cualquier expresión de autonomía, y se considera traición, y digna de muerte, no solo la defección, sino también la conversión a la honradez; la Camorra usa todos los medios para extender y consolidar ese tipo de «familia», instrumentalizando incluso los sacramentos. Para el cristiano, formado en la escuela de la Palabra de Dios, por «familia» se entiende únicamente un conjunto de personas unidas entre sí por una comunión de amor, donde el amor es servicio desinteresado y atento, donde el servicio exalta a quien lo ofrece y a quien lo recibe. La Camorra pretende tener su propia religiosidad, logrando engañar a veces, además de a sus fieles, incluso a pastores de almas desprevenidos o ingenuos.

El documento trataba incluso de entrar en la cualidad de los sacramentos, de ahuyentar cualquier superposición entre la comunión, el papel del padrino, el matrimonio y las estrategias camorristas; de alejar los pactos y alianzas de los clanes de los símbolos religiosos. Ante la sola idea de decir algo así, los sacerdotes del lugar habrían salido corriendo al baño sujetándose el vientre con las manos, presas del pánico. ¿Quién iba a echar del altar a un boss dispuesto a bautizar al hijo de un afiliado? ¿Quién se habría negado a celebrar un matrimonio solo porque era fruto de las alianzas entre familias? Pero Don Peppino había sido claro.

No permitir que la función de «padrino» en los sacramentos que lo requieren sea ejercida por personas cuya honradez no sea notoria tanto en su vida privada como pública, así como su madurez cristiana. No admitir a los sacramentos a cualquiera que trate de ejercer presiones indebidas al carecer de la necesaria iniciación sacramental.

Don Peppino desafió el poder de la Camorra en el mismo momento en que Francesco Schiavone, Sandokan, estaba huido, cuando se escondía en el búnker situado bajo su villa en el pueblo, mientras las familias Casalesi estaba en guerra unas con otras y los grandes negocios del cemento y los residuos se convertían en las nuevas fronteras de sus imperios. Don Peppino no quería ser el cura consolador que acompaña los féretros de los jóvenes soldados muertos a la fosa mientras murmura «¡Ánimo!» a las madres vestidas de luto. En una entrevista, había declarado: «Nosotros debemos zaherir a la gente para hacerla entrar en crisis». Incluso había tomado postura política, explicando que la prioridad sería combatir al poder político como expresión del empresarial–criminal, que se apoyarían los proyectos concretos, las opciones de renovación, que no habría imparcialidad alguna por su parte. «El partido se confunde con su representante; a menudo los candidatos favoritos de la Camorra no tienen ni política ni partido, sino únicamente un papel que jugar o un puesto que ocupar.» El objetivo no era vencer a la Camorra. Como él mismo recordaba, «vencedores y vencidos van en el mismo barco». El objetivo era, en cambio, comprender, transformar, testimoniar, denunciar, hacerle el electrocardiograma al corazón del poder económico como un modo de saber cómo alejar el miocardio de la hegemonía de los clanes.

Nunca en mi vida, ni por un momento, me he sentido devoto; y sin embargo, la palabra de Don Peppino hallaba en mí un eco que lograba trascender la línea religiosa. Forjaba un método nuevo que venía a refundar la palabra religiosa y política. Una fe en la posibilidad de criticar la realidad, sin dejarla si no es lacerándola. Una palabra capaz de rastrear el curso del dinero siguiendo el rastro de su hedor.

Se cree que el dinero no tiene olor, pero eso solo es verdad cuando ya está en la mano del emperador: antes de que llegue a su palma, lo cierto es que *pecunia olet*. Y huele a letrina. Don Peppino actuaba en una tierra donde el dinero lleva rastros de su olor, aunque solo durante un momento. El instante en el que es extraído, antes de que se convierta en otra cosa, antes de que pueda hallar legitimación. Similares olores se saben reconocer solo cuando se frotan las narices contra aquello que lo emana. Don Peppino Diana había comprendido que debía mantener el rostro sobre aquella tierra, pegarlo a las espaldas, a las miradas, no alejarse para poder seguir viendo y denunciando, y entender dónde y cómo se acumulan las riquezas de las empresas y cómo se desencadenan las matanzas y los arrestos, las disputas y los silencios; teniendo en la punta de la lengua el instrumento, el único posible para tratar de transformar su tiempo: la palabra. Y esta palabra, incapaz de silencio, fue su condena a muerte. Su killer no eligió una fecha al azar. El día de su cumpleaños, el 19 de marzo de 1994. Por la mañana, muy temprano. Don Peppino todavía no se había vestido los hábitos talares. Estaba en la sala de reuniones de la iglesia, junto al despacho. No se le reconocía de una forma inmediata.

—¿Quién es Don Peppino?

—Soy yo…

La última respuesta. Cinco tiros que resonaron en las naves: dos balas le alcanzaron en el rostro; las otras le agujerearon la cabeza, el cuello y una mano. Le habían apuntado a la cara, disparándole a quemarropa. El casquillo de una de las balas se había quedado en la ropa, entre la cazadora y el jersey. Otra bala le había roto el manojo de llaves que llevaba colgado del pantalón. Don Peppino se estaba preparando para celebrar la primera misa del día. Tenía treinta y seis años.

Uno de los primeros que acudieron a la iglesia y encontraron su cuerpo todavía por tierra fue Renato Natale, alcalde comunista de Casal di Principe. Hacía apenas cuatro meses que había sido elegido. No sería casualidad que también quisieran derribar aquel cuerpo tras una brevísima gestión política. Natale había sido el primer alcalde de Casal di Principe que había establecido como prioridad absoluta la lucha contra los clanes. Como protesta, incluso había abandonado el concejo debido a que, según él, había quedado reducido a un lugar de mera ratificación de decisiones tomadas en otras partes. Un día, en Casale, los carabineros habían irrumpido en casa de un concejal, Gaetano Corvino, donde estaban reunidos todos los máximos dirigentes del clan de los Casalesi. Una reunión celebrada mientras el concejal estaba en el ayuntamiento para una reunión del concejo. Por un lado, los negocios en el pueblo; por otro, los negocios que pasaban a través del pueblo. Hacer negocios es el único motivo que te hace levantarte de la cama de buena mañana, te tira del pijama y te pone de pie.

Siempre he mirado a Renato Natale de lejos, como se hace con las personas que, sin saberlo, se convierten en símbolos de cualesquiera ideas de compromiso, resistencia y coraje. Símbolos casi metafísicos, irreales, arquetípicos. Con el azoramiento propio de un adolescente, siempre he observado su consagración a la creación de dispensarios para inmigrantes, sus denuncias, en los oscuros años de las guerras intestinas, del poder de las familias de la Camorra casalesa y sus negocios de cemento y basura. Le habían abordado, amenazándole de muerte, le habían dicho que si no cambiaba de postura habría represalias contra su familia; pero él seguía denunciando, con todos los medios, incluso colgando por todo el pueblo manifiestos que revelaban cosas que los clanes estaban decidiendo e imponiendo. Cuanto mayores eran la constancia y el valor con los que actuaba, más aumentaba su protección metafísica. Habría que conocer la historia política de estas tierras para comprender el peso específico que aquí tienen los términos compromiso y voluntad.

Desde que se promulgó la ley que permite la disolución de los ayuntamientos por infiltración mafiosa, ha habido dieciséis administraciones municipales infiltradas por la Camorra en la provincia de Caserta, de las que cinco han sido intervenidas en dos ocasiones: Carinola, Casal di Principe, Casapesenna, Castelvolturno, Cesa, Frignano, Grazzanise, Lusciano, Mondragone, Pignataro Maggiore, Recale, San Cipriano, Santa Maria la Fossa, Teverola, Villa di Briano y San Tammaro. Los alcaldes que se oponen a los clanes en estos pueblos, cuando logran salir elegidos representando el voto del cambio y unas estrategias económicas que abarcan transversalmente a cualquier formación política, se encuentran con que tienen que afrontar los límites de los administradores locales, poco presupuesto y una marginalidad absoluta. Deben empezar a derribar, desmontando ladrillo por ladrillo. Con presupuestos municipales deben enfrentarse a multinacionales, con cuarteles de provincias deben detener enormes baterías de fuego. Como en 1988, cuando Antonio Cangiano, concejal de Casapesenna, se opuso a la penetración del clan en algunas contratas. Lo amenazaron, lo siguieron, le dispararon por la espalda, en la calle, delante de todo el mundo. Si él no había dejado andar al clan de los Casaseli, los Casalesi no le dejarían andar a él. Y confinaron a Cangiano a la silla de ruedas. Los presuntos responsables de la emboscada fueron absueltos en 2006.

Casal di Principe no es un pueblo siciliano castigado por la Mafia, donde oponerse al empresariado criminal es duro, pero donde también, junto a la propia acción, hay montones de videocámaras, periodistas de prestigio o en vías de llegar a serlo, y enjambres de dirigentes nacionales antimafia que de algún modo logran amplificar el propio compromiso. Aquí todo lo que haces permanece en el perímetro de los espacios restringidos, en el ámbito de unos pocos. Y creo que es precisamente en esta soledad donde se forja lo que se podría denominar coraje, una especie de panoplia en la que no piensas, sino que llevas encima sin darte cuenta. Tiras adelante, haces lo que tienes que hacer; el resto no vale nada. Porque la amenaza no es siempre una bala entre los ojos o los quintales de mierda de búfala que te vierten a la puerta de tu casa.

Te deshojan lentamente. Una hoja cada día, hasta que te encuentras desnudo y solo, creyendo que estás luchando contra algo que no existe, que es un delirio de tu cerebro. Empiezas a creer en las calumnias que te señalan como un insatisfecho que la toma con los que han triunfado, a quienes, por su frustración, llama camorristas. Juegan contigo como en el juego del Mikado: van quitando todos los palillos de madera sin que tú te muevas; así, al final te quedas solo, y la soledad te arrastra de los pelos. Y ese es un estado de ánimo que aquí no te puedes permitir. Es un riesgo, bajas la guardia, ya no llegas a comprender los mecanismos, los símbolos, las opciones. Te arriesgas a no percatarte ya de nada. Y entonces debes agotar todos tus recursos. Debes encontrar algo que haga funcionar el estómago del alma para seguir adelante. Cristo, Buda, el compromiso civil, la moral, el marxismo, el orgullo, el anarquismo, la lucha contra el crimen, la limpieza, la rabia constante o perenne, el meridionalismo… Cualquier cosa. No un gancho del que colgarse. Más bien una raíz bajo tierra, inalcanzable. En la inútil batalla en la que estás seguro de desempeñar el papel del derrotado, hay algo que debes preservar y saber. Debes estar seguro de que se reforzará gracias al derroche de tu compromiso, que tiene el sabor de la locura y de la obsesión. Aquella raíz fusiforme que se incrusta en el suelo, he aprendido a re conocerla en la mirada de quien ha decidido plantar cara a ciertos poderes.

Las sospechas sobre el homicidio de Don Peppino pronto recayeron sobre el grupo de Giuseppe Quadrano, un afiliado que se había pasado al bando de los enemigos de Sandokan. También había dos testigos: un fotógrafo que se encontraba allí para felicitar a Don Peppino por su cumpleaños, y el sacristán de la iglesia de San Nicolás. Apenas empezó a circular la noticia de que la policía dirigía sus sospechas hacia Quadrano, el capo Nunzio De Falco, llamado «el Lobo», que en ese momento estaba en Andalucía, concretamente en Granada —que le había tocado en la partición territorial de poderes entre los Casalesi—, telefoneó a la jefatura de policía de Caserta para solicitar una reunión con agentes de policía a fin de aclarar una serie de cuestiones relacionadas con un miembro de su grupo. Dos funcionarios de la jefatura de policía de Caserta fueron a verle a su territorio. En el aeropuerto fue a recogerles la mujer del boss en su coche, y luego se adentraron en la hermosísima campiña andaluza. Nunzio De Falco le esperaba, no en su villa de Santa Fe, sino en un restaurante donde lo más probable era que la mayor parte de los clientes que había en aquel momento fueran figurantes listos para intervenir en el caso de que los policías cometieran cualquier imprudencia. El boss aclaró de inmediato que les había llamado para dar su versión del episodio, una especie de interpretación de un hecho histórico, y no una delación o una denuncia. Era aquella una premisa clara y necesaria para no enfangar el nombre y la autoridad de la familia: no podía ponerse a colaborar con la policía. El boss declaró sin ambages que los que habían matado a Don Peppino Diana eran los Schiavone, la familia rival. Habían matado al sacerdote para hacer que la responsabilidad del homicidio recayera sobre los De Falco. El Lobo sostenía que él jamás habría podido dar la orden de matar a Don Peppino Diana, puesto que su hermano Mario estaba muy vinculado al cura. Don Peppino incluso había logrado disuadirle de convertirse en dirigente del clan, manteniendo con él un diálogo capaz de sustraerle al Sistema de la Camorra. Era uno de los mayores triunfos de Don Peppino, aunque el boss De Falco lo utilizó como coartada. También vinieron a corroborar las tesis de De Falco otros dos miembros del clan: Mario Santoro y Francesco Piacenti.

También Giuseppe Quadrano estaba en España. Primero estuvo alojado en la villa de De Falco, y luego se estableció en un pueblo cerca de Valencia. Quería montar un grupo, y había tratado de negociar con dos cargamentos de droga que debían haber actuado como un acelerador económico de cara a edificar el enésimo clan empresarial-criminal italiano en el sur de España. Pero no lo logró: en el fondo, Quadrano había sido siempre un personaje secundario. Se entregó a la policía española, declarándose disponible a colaborar con la justicia. Desmintió la versión que había contado Nunzio De Falco a los policías italianos. Quadrano situó el homicidio en el marco de la guerra que se estaba desarrollando entre su grupo y los Schiavone. Quadrano era jefe de la zona de Carinaro, y los Casalesi de Sandokan se habían cargado en poco tiempo a cuatro de sus afiliados, a dos tíos suyos y al marido de su hermana. Quadrano explicó que había decidido, junto a Mario Santoro, matar a Aldo Schiavone, un primo de Sandokan, para vengar la afrenta. Antes de la operación llamaron a De Falco a España, ya que no puede acometerse ninguna operación militar sin la aprobación de los dirigentes; pero el boss de Granada se opuso aduciendo que Schiavone, tras la muerte de su primo, ordenaría la matanza de todos los parientes de De Falco que todavía estuvieran en la Campania. El boss indicó, asimismo, que enviaría a Francesco Piacenti como mensajero y organizador bajo su mando. Piacenti viajó desde Granada hasta Casal di Principe en un Mercedes, el coche que en las décadas de 1980 y 1990 era el símbolo de estas tierras. A finales la década de 1990, el periodista Enzo Biagi se quedó atónito tras obtener, para un artículo que estaba escribiendo, las cifras de ventas de Mercedes en Italia: Casal di Principe figuraba entre los primeros puestos de Europa en número de vehículos adquiridos. Pero había también otro récord que llamó su atención: el área urbana con el mayor índice de homicidios de toda Europa era precisamente también Casal di Principe. Una relación, la existente entre el número de Mercedes y el de personas asesinadas, que podría ser una constante observable en todos los territorios de la Camorra. El caso es que Piacenti —según las primeras revelaciones de Quadrano— comunicó que había que matar a Don Peppino Diana. Nadie sabía el motivo de la decisión, pero todos estaban seguros de que «el Lobo sabía lo que hacía». Piacenti declaró —según el arrepentido— que él mismo cometería el homicidio a condición de que le acompañaran Santoro y algún otro del clan. Mario Santoro, en cambio, dudaba, y llamó a De Falco diciendo que él era contrario al homicidio, aunque al final aceptó. Si no quería perder el papel de intermediario en el narcotráfico con España que le había concedido el Lobo, no podía eludir una orden tan importante. Pero el asesinato de un sacerdote, y encima sin un motivo claro, no acababa de ser aceptado como una tarea análoga a las demás. En el Sistema de la Camorra, el homicidio resulta necesario; es como un ingreso bancario, como la adquisición de una concesión, como interrumpir una amistad. No es un gesto que se diferencie de lo cotidiano: forma parte del auge y el ocaso de toda familia, de todo capo, de todo afiliado. Pero matar a un cura, externo a las dinámicas del poder, era algo que hacía tambalear la conciencia. Según la declaración de Quadrano, Francesco Piacenti se retiró, diciendo que en Casale le conocían demasiado, y que, en consecuencia, no podía participar en la acción. En cambio, Mario Santoro aceptó, aunque con la compañía de Giuseppe Della Medaglia, miembro del clan Ranucci de Sant'Antimo y ya compañero suyo en otras operaciones. Según el arrepentido, se organizaron para el día siguiente a las seis de la mañana. Pero aquella fue una noche tormentosa para todos los miembros del comando. No podían dormir, discutían con sus esposas, se agitaban. Les daba más miedo aquel cura que las bocas de fuego de los clanes rivales.

Della Medaglia no se presentó a la cita, pero durante la noche logró contactar con otra persona a la que envió en su lugar, Vincenzo Verde. Los demás componentes del grupo no se sintieron especialmente contentos con la elección, ya que Verde solía padecer crisis epilépticas, y se corría el riesgo de que, después de disparar, cayera al suelo retorciéndose presa de convulsiones, mordiéndose la lengua con los dientes y con la boca llena de baba. Así que habían tratado de sustituirle por Nicola Gaglione, pero este se había negado categóricamente. Santoro empezó a experimentar una crisis de ansiedad: no lograba pensar en ninguna solución; de modo que al final Quadrano mandó a su hermano Armando a acompañar a Santoro. Una operación simple, un coche que espera delante de la iglesia, y los matones que regresan tranquilamente después de haber realizado su cometido. Como una plegaria de buena mañana. Tras la ejecución, el grupo de fuego no tuvo ninguna prisa en huir. Aquella misma tarde Quadrano fue invitado a viajar a España, pero declinó la oferta. Se sentía protegido por el hecho de que el asesinato de Don Peppino era una acción del todo vinculada a la praxis militar seguida hasta entonces. Y como ni siquiera ellos conocían el motivo de aquel asesinato, aún lo sabrían menos los carabineros. Sin embargo, apenas las investigaciones de la policía empezaron a orientarse en todas direcciones, Quadrano se trasladó a España. Él mismo declaró que Francesco Piacenti le había revelado que Nunzio De Falco, Sebastiano Caterino y Mario Santoro habían pensado en liquidarle, quizá porque tenían la sospecha de que quería arrepentirse; pero el día de la emboscada lo vieron en el coche con su hijo pequeño, y le perdonaron.

En Casal di Principe, Sandokan oía cada vez con más frecuencia su nombre asociado a la eliminación del sacerdote. Así que hizo saber a los familiares de Don Peppino que, si sus hombres hubieran cazado a Quadrano antes que la policía, le habrían cortado en tres trozos y lo habrían arrojado a la puerta de la iglesia. Más que una venganza, aquella era una clara alegación de falta de responsabilidad en la emboscada de Don Peppino. Poco después, y como reacción a las declaraciones de inocencia de Francesco Schiavone, tuvo lugar en España una reunión de los hombres del clan De Falco, en la que Giuseppe Quadrano propuso matar a un pariente de Schiavone, cortarlo a trozos y dejarlo en un saco delante de la iglesia de Don Peppino. Una manera de hacer recaer la responsabilidad sobre Sandokan. Así, ambas facciones, pese a no saber ninguna de ellas las intenciones de la otra, habían llegado a la misma solución: cortar cadáveres y esparcir los trozos es el mejor modo de dejar un mensaje indeleble. Mientras sus asesinos hablaban de cortar carne para asegurar su situación, yo pensaba una vez más en la batalla de Don Peppino, en la prioridad de la palabra. En lo increíblemente nueva y potente que resultaba la voluntad de situar la palabra en el centro de la lucha contra los mecanismos del poder. Palabras frente a las hormigoneras y los fusiles. Y no de una manera metafórica, sino real. Allí, para denunciar, para testimoniar, para ser. La palabra con su única armadura: pronunciarse. Una palabra que es centinela, testimonio: verdadera a condición de no dejar jamás de señalar. Una palabra orientada en ese sentido solo puede eliminarse matando.

En 2001, el tribunal de Santa Maria Capua Vetere condenó en primera instancia a cadena perpetua a Vincenzo Verde, Francesco Piacenti y Giuseppe Della Medaglia. Giuseppe Quadrano había iniciado desde hacía tiempo una campaña encaminada a desacreditar la figura de Don Peppino. Durante los interrogatorios fantaseó sobre una serie de móviles del homicidio orientados a asfixiar el compromiso de Don Peppino con un nudo de interpretaciones criminales. Explicó que Nunzio De Falco había dado armas al sacerdote, que luego este había pasado sin autorización a Walter Schiavone, y que había sido por aquella grave falta por lo que había sido castigado. Habló, asimismo, de un crimen pasional, esto es, de que le habían matado porque había acosado a la prima de un boss. Así como para interrumpir cualquier clase de reflexión sobre una mujer basta con definirla como una «ramera», del mismo modo acusar a un sacerdote de ser un putero constituye la manera más rápida de cerrar un juicio. Al final salió la historia de que Don Peppino había sido asesinado por no haber cumplido con sus deberes de cura: por no haber querido celebrar en la iglesia los funerales de un pariente de Quadrano. Móviles inverosímiles, risibles, debidos únicamente al intento de evitar hacer un mártir de Don Peppino, de impedir la difusión de sus escritos, de que no se le considerara una víctima de la Camorra, sino un soldado del clan. Quien no conoce las dinámicas del poder de la Camorra cree a menudo que matar a un inocente constituye un gesto de terrible ingenuidad por parte de los clanes, puesto que legitima y amplifica su ejemplo, sus palabras; puesto que no viene sino a confirmar sus verdades. Es un error. Nunca es así. Apenas mueres en tierras de la Camorra te ves rodeado de múltiples sospechas, y tu inocencia pasa a ser una hipótesis lejana, la última posible. Eres culpable hasta que se demuestre lo contrario: en la tierra de los clanes se invierte la teoría del derecho moderno.

La atención es tan poca que basta una sospecha para que las agencias de prensa no publiquen la noticia de la muerte de un inocente. Y luego, si ya no hay más muertos nadie volverá a hablar del caso. Así, destruir la imagen de Don Peppino Diana ha sido una estrategia fundamental para aliviar la presión sobre los clanes, la molestia de un interés nacional que habría pesado demasiado.

Un diario local hizo de caja de resonancia en la campaña de difamación de Don Peppino; con títulos tan cargados de tinta que las letras se te quedaban impresas en las yemas de los dedos cuando hojeabas el periódico: «Don Peppino Diana era un camorrista», y pocos días después: «Don Peppino Diana en la cama con dos mujeres». El mensaje estaba claro: nadie puede tomar partido contra la Camorra. Quien lo hace es siempre porque tiene un interés personal, un lío, una cuestión privada que se revuelca en la misma inmundicia.

Quienes han defendido su memoria han sido los amigos de siempre, los familiares y las personas que seguían su trayectoria, como el periodista Raffaele Sardo, que ha custodiado su memoria en artículos y libros, y la periodista Rosaria Capacchione, que ha investigado las estrategias de los clanes, las astucias de los arrepentidos, su poder complicado y bestial.

La sentencia del tribunal de apelación, pronunciada en 2003, cuestionaba algunos pasajes de la primera versión de Giuseppe Quadrano exculpando a Vincenzo Verde y Giuseppe Della Medaglia. Quadrano había confesado verdades a medias, planificando —desde el primer momento— la estrategia de no declarar su propia responsabilidad. Pero el killer estuvo allí, como reconocieron algunos testigos y confirmaron las pruebas periciales balísticas. Giuseppe Quadrano es el killer de Don Peppino Diana. La sentencia de segunda instancia absolvió a Verde y a Della Medaglia. El comando estaba integrado únicamente por Quadrano y Santoro, que había actuado de chófer. Francesco Piacenti había proporcionado varias informaciones sobre Don Peppino, y era el supervisor directamente enviado desde España por De Falco para dirigir la operación. La cadena perpetua de Piacenti y Santoro fue confirmada también por el tribunal de apelación. Quadrano incluso había grabado conversaciones telefónicas con diversos afiliados, donde volvía a repetir que no había participado en el homicidio; grabaciones que luego entregó a la policía. Quadrano entendía que la orden de asesinato había partido de De Falco, y no quería quedar al descubierto como mero brazo armado de la operación. Muy probablemente todos los personajes implicados en la primera versión de Quadrano se habían rajado y no habían querido participar de ningún modo en la emboscada. A veces no bastan metralletas y pistolas para enfrentarse a un rostro desarmado y unas palabras claras.

Nunzio De Falco fue arrestado en Albacete cuando viajaba en el Intercity Valencia-Madrid. Había montado un poderoso cártel criminal junto a varios hombres de la 'Ndrangheta y algunos disidentes de la Cosa Nostra, y trató asimismo —según las investigaciones de la policía española— de dotar de una estructura de grupo criminal a los gitanos presentes en el sur de España. Había construido un imperio. Complejos turísticos, casas de juego, negocios, hoteles… La Costa del Sol había conocido un salto cualitativo en sus infraestructuras turísticas desde que los clanes Casalesi y napolitanos habían decidido convertirla en una perla del turismo de masas.

En enero de 2003, De Falco fue condenado a cadena perpetua como responsable de haber ordenado el homicidio de Don Peppino Diana. Mientras se leía la sentencia en el tribunal, me entraron ganas de reír; una carcajada que logré contener hinchando los carrillos. No podía resistir el carácter absurdo de lo que se estaba materializando en aquella sala. Nunzio De Falco había sido defendido por el abogado Gaetano Pecorella, que resultaba ser a la vez presidente de la Comisión de Justicia de la Cámara de Diputados italiana y defensor de uno de los máximos boss del cártel camorrista casalés. Me reía porque los clanes eran tan fuertes que incluso habían invertido los axiomas tanto de la naturaleza como de las fábulas. Pero acaso lo mío no fuera más que un delirio provocado por el cansancio y una crisis nerviosa.

Nunzio De Falco lleva su sobrenombre grabado en el rostro: realmente tiene cara de lobo. La foto de su ficha policial aparece totalmente ocupada por su largo rostro, cubierto de una barba rala e hirsuta como alambre de espino, orejas puntiagudas, cabellos rizados, piel oscura y boca triangular. Parece, de hecho, uno de esos licántropos de la iconografía del terror. Y sin embargo, un periódico local, el mismo que había aireado las supuestas relaciones entre Don Peppino y el clan, dedicó varias portadas a sus cualidades de amante, ardientemente deseado por mujeres jóvenes y maduras. El titular de la portada del 17 de enero de 2005 era muy elocuente: «Nunzio De Falco, rey de los donjuanes».

Casal di Principe.

No son apuestos, pero gustan porque son boss; es así. Si hubiera que hacer una clasificación de los boss playboys de la provincia, los que ocuparían los primeros puestos serían dos hombres con antecedentes penales de Casal di Principe, no ciertamente tan apuestos como podía serlo quien, en cambio, ha sido siempre el más fascinante de todos, Antonio Bardellino. Se trata de Francesco Piacenti, alias «Narizotas», y Nunzio De Falco, alias «el Lobo». Según se dice, el primero ha tenido cinco mujeres, y el segundo siete. Naturalmente, nos referimos aquí no a las meras relaciones matrimoniales propiamente dichas, sino también a otras relaciones duraderas de las que han tenido hijos. De hecho, Nunzio De Falco parece que tendría más de doce hijos de varias mujeres. Pero lo más interesante es otra cosa: que las mujeres en cuestión no son todas italianas. Una es española, otra inglesa, y otra portuguesa. En todos los lugares en donde se refugiaban, incluso cuando huían de la justicia, formaban familias. ¿Como los marinos? Casi. [...] No es casualidad que en sus juicios se haya requerido el testimonio incluso de algunas de sus mujeres, todas bellas y muy elegantes. También es a menudo el sexo débil la causa de la decadencia de muchos boss. Con frecuencia han sido ellas quienes de manera indirecta han contribuido a la captura de los boss más peligrosos. Su seguimiento por parte de los investigadores ha permitido que se capturara a boss del calibre de Francesco Schiavone Cicciariello. [...] En resumen, pues, las mujeres son la delicia y la perdición de los boss.

La muerte de Don Peppino fue el precio que se pagó por la paz entre los clanes. Incluso la propia sentencia judicial hace referencia a esta hipótesis. Entre los dos grupos enfrentados había que llegar a un acuerdo, y acaso dicho acuerdo se firmó sobre la carne de Don Peppino. Como un chivo expiatorio sacrificado. Eliminarlo equivalía a resolver un problema para todas las familias y, al mismo tiempo, desviar la atención de las investigaciones de sus asuntos.

Yo había oído hablar de un amigo de juventud de Don Peppino, Cipriano, que había escrito una arenga para leer en su funeral, una invectiva inspirada en un discurso de Don Peppino, pero que aquella mañana ni siquiera había tenido ánimos para moverse. Hacía muchos años que se había marchado del pueblo, vivía en los alrededores de Roma, y había decidido no volver a poner el pie en la Campania. Me habían dicho que el dolor por la muerte de Don Peppino le había postrado en cama durante meses. Cuando le preguntaba por él a una tía suya, ella respondía sistemáticamente y siempre con el mismo tono fúnebre:

—¡Se ha recluido! ¡Cipriano se ha recluido!

De vez en cuando todo el mundo se recluye. Por ese lado, pues, no resulta tan raro oír decir algo así. Cada vez que escucho esta expresión me acuerdo de Giustino Fortunato, que a comienzos de la década de 1990 —para conocer la situación de los pueblos de la vertiente meridional de los Apeninos— había caminado durante meses, recorriéndolos todos, pernoctando en las casas de los braceros, escuchando los testimonios de los campesinos más airados, y aprendiendo las voces y los olores de la llamada cuestión meridional. Aconteció que luego, siendo ya senador, volvió por aquellos parajes y preguntó por las personas que había conocido años atrás, las más combativas, a las que le habría gustado incorporar a sus proyectos políticos de reforma. Con frecuencia, sin embargo, los parientes le respondían: «¡Se ha recluido!». Recluirse, hacerse silencioso, casi mudo, como una voluntad de escapar dentro de sí mismo y dejar de saber, de comprender, de hacer. Dejar de resistir, una opción de eremita tomada un momento antes de liberarse de los compromisos de lo existente. También Cipriano se había recluido. Me contaban en el pueblo que había empezado a recluirse desde que, en una ocasión, se había presentado a una entrevista de trabajo para optar al puesto de responsable de recursos humanos de una empresa de transportes de Frosinone. Al leer en voz alta su currículum, la persona que le examinaba se detuvo en la población de residencia:

—¡Ah, sí! ¡Ya sé de dónde viene! Es el pueblo de aquel famoso boss… Sandokan, ¿no?

—No. Es el pueblo de Peppino Diana.

—¿Quién?

Entonces Cipriano se había levantado de la silla y se había marchado. Para poder vivir se había hecho cargo de un quiosco en Roma. Yo había logrado averiguar el paradero de su madre; me había tropezado con ella por casualidad, ya que me había encontrado detrás suyo en la cola del supermercado. Seguramente ella debió de advertirle de mi llegada, ya que Cipriano no respondía al portero automático. Acaso sabía de qué quería hablar con él. Esperé delante de su casa durante horas, dispuesto a dormir en el rellano si hacía falta. Al final se decidió a salir. Me saludó a regañadientes. Entramos en un pequeño parque que había cerca de su casa. Me invitó a sentarme en un banco; luego abrió un cuaderno rayado, uno de aquellos cuadernos escolares de rayas finas, y en aquellas páginas, escritas a mano, estaba la arenga. Quién sabe si detrás de aquellas hojas estaba también la grafía de Don Peppino; no me atreví a preguntárselo. Era un discurso que habrían deseado firmar juntos. Pero luego habían llegado los killers, la muerte, las calumnias, la soledad abismal. Empezó a leer con tono de fraile herético, con los gestos de un dulciniano que fuera por las calles anunciando el Apocalipsis:

¡No permitamos, hombres, que nuestras tierras se conviertan en lugares de la Camorra, que se conviertan en una única y gran Gomorra que haya que destruir! No permitamos, hombres de la Camorra, y no bestias, hombres como todos, que lo que en otras partes llega a ser lícito halle aquí su energía ilícita, no permitamos que en otras partes se edifique lo que aquí se destruye. Cread el desierto en torno a vuestras villas, no os interpongáis entre lo que sois y lo que quiere solo vuestra voluntad absoluta. Recordad. Entonces el SEÑOR hizo llover del cielo sobre Sodoma y Gomorra azufre y fuego; destruyó aquellas ciudades, toda la llanura, a todos los habitantes de las ciudades y cuanto crecía en el suelo. Pero la mujer de Lot se volvió para mirar atrás y se convirtió en estatua de sal (Génesis, 19, 12-29). Hemos de correr el riesgo de convertirnos en sal, hemos de volvernos a mirar lo que está ocurriendo, lo que se cierne sobre Gomorra, la destrucción total donde la vida se suma y se resta a vuestras operaciones económicas. ¿No veis que esta tierra es Gomorra?, ¿no lo veis? Recordad. Cuando vean que toda su tierra es azufre, sal, aridez, y ya no haya simiente, ni fruto, ni crezca hierba de ninguna clase, como tras la ruina de Sodoma, de Gomorra, de Admá y de Seboyim, que el SEÑOR destruyó en su ira y en su furor (Deuteronomio, 29, 22). Se muere por un sí y por un no, se da la vida por una orden y una decisión de alguien; cumplís decenas de años de cárcel para alcanzar un poder de muerte, para ganar montañas de dinero que invertir en casas que no habitaréis, en bancos donde jamás entraréis, en restaurantes que no gestionaréis, en empresas que no dirigiréis; comandáis un poder de muerte tratando de dominar una vida que consumís escondidos bajo tierra, rodeados de guardaespaldas. Asesináis y sois asesinados en una partida de ajedrez cuyo rey no sois vosotros, sino quienes se enriquecen a vuestra costa haciendo que os comáis unos a otros hasta que nadie pueda ya hacer jaque mate y solo quede una pieza en el tablero. Y no seréis vosotros. Lo que devoráis aquí lo escupís en otra parte, lejos, haciendo como los pájaros que vomitan la comida en la boca de sus polluelos. Pero no son polluelos aquellos a los que ponéis la comida en el pico, sino buitres, y vosotros no sois pájaros, sino búfalos dispuestos a destruirse mutuamente en un lugar donde la sangre y el poder son los términos de la victoria. *Ha llegado el momento de que dejemos de ser una Gomorra…*

Cipriano paró de leer. Parecía que en su mente hubiese imaginado todos los rostros a los que habría querido arrojar a los morros aquellas palabras. Respiraba con un aliento entrecortado, como de asmático. Luego cerró el cuaderno y se fue sin despedirse.

Hollywood

En Casal di Principe, a Don Peppino Diana le han dedicado un «Centro de Acogida Inmediata y Temporal para Menores Tutelados»; un centro organizado en una villa embargada a un miembro del clan de los Casalesi, Egidio Coppola. Una villa fastuosa, de la que ha sido posible recuperar un montón de habitaciones. La Agencia Italiana para la Renovación, el Desarrollo y la Seguridad en el Territorio (AGRORINASCE), que reúne a los municipios de Casapesenna, Casal di Principe, San Cipriano d'Aversa y Villa Literno, ha logrado transformar algunos bienes de los camorristas en estructuras útiles a la gente de la tierra. Las villas de los boss embargadas, hasta que no son verdaderamente reutilizadas, continúan ostentando la marca de quien las ha edificado y habitado. Aunque abandonadas, conservan el símbolo del dominio. Al atravesar la campiña aversana uno parece tener ante sí una especie de catálogo resumen de todos los estilos arquitectónicos de los últimos treinta años. Las villas más imponentes, de constructores y propietarios de terrenos, son las que marcan la pauta para las otras, más reducidas, de empleados y comerciantes. Si las primeras se hallan presididas por cuatro columnas dóricas de cemento armado, las segundas tendrán solo dos, y serán la mitad de altas. El juego de imitación hace, pues, que todo el territorio esté salpicado de conjuntos de villas que rivalizan en imponencia, complejidad e inviolabilidad, en una especie de búsqueda de lo raro y lo singular; como, por ejemplo, haciendo reproducir las líneas de un cuadro de Mondrian en la valla exterior.

Las villas de los camorristas son perlas de cemento ocultas en las calles de los pueblos de la provincia de Caserta, protegidas por mu-

ros y cámaras de vigilancia. Hay montones de ellas. Mármol y parquet, columnatas y escaleras, chimeneas con las iniciales de los boss
grabadas en el granito… Pero hay una especialmente célebre, la más
fastuosa de todas, o simplemente aquella en torno a la cual se han
creado más leyendas. En el pueblo todos la conocen como «Hollywood». Basta pronunciar su nombre para saberlo. Hollywood es la
villa de Walter Schiavone, hermano de Sandokan, durante muchos
años responsable del ciclo del cemento en nombre del clan. Intuir el
origen de ese nombre no resulta difícil: basta con imaginarse los espacios y el fasto. Pero no es ese el verdadero motivo: la villa de Walter Schiavone tiene que ver de verdad con Hollywood. En Casal di
Principe se cuenta que el boss le había pedido a su arquitecto que le
construyera una villa idéntica a la de aquel gángster cubano de Miami, Tony Montana, que aparecía en *El precio del poder*. Había visto una
y otra vez la película, que le había conmocionado hasta el punto de
llegar a identificarse con el personaje interpretado por Al Pacino; y
efectivamente, con algo de fantasía podía superponerse su horadado
rostro al del actor. Toda la historia tiene tintes de leyenda. Según
cuentan en el pueblo, el boss le entregó directamente el vídeo de la
película a su arquitecto: el proyecto había de ser el de *El precio del poder*, y ningún otro. Me daba la impresión de ser una de aquellas historias que adornan la ascensión al poder de todo boss, un aura que se
empapa de leyenda, de auténticos mitos metropolitanos. Cada vez
que alguien nombraba Hollywood, había siempre otro que de pequeño había ido a ver los trabajos de construcción: todos en fila,
montados en bicicleta, a contemplar la villa de Tony Montana que
poco a poco se iba alzando en mitad de la calle, surgida directamente de la pantalla. Algo que, por lo demás, resultaba muy poco habitual, ya que en Casale las obras de las villas no suelen iniciarse hasta
que no se han alzado sus elevados muros exteriores. Yo no había creído nunca en la historia de Hollywood. Vista desde fuera, la villa de
Schiavone es un búnker, rodeada de gruesos muros coronados por
verjas amenazadoras. Todos los accesos están protegidos por vallas
blindadas. No se vislumbra lo que puede haber al otro lado de los
muros, aunque, en vista de su estructura defensiva, uno piensa en
algo precioso.

Existe una única señal externa, un silencioso mensaje, que se halla precisamente en la entrada principal. A ambos lados de la verja, que parece la de una casa de labranza, se hallan dos columnas dóricas rematadas por un tímpano. No guardan armonía alguna con la disciplinada sobriedad de las casitas del entorno, con los gruesos muros, con la valla roja. En realidad es la marca de la familia: el tímpano neopagano, como un mensaje destinado a quien ya conoce la villa. Solo verla me había dado la certeza de que aquella construcción sobre la que se fabulaba desde hacía años existía realmente, y había pensado en entrar decenas de veces para observar Hollywood con mis propios ojos. Pero parecía imposible. Incluso después del embargo estaba vigilada por los gorilas del clan. Una mañana, antes de que se decidiera su futuro uso, me armé de valor y me dispuse a entrar. Pasé por un acceso secundario, al abrigo de miradas indiscretas que habrían podido ponerse nerviosas por la intrusión. La villa aparecía imponente, luminosa, la fachada infundía la misma clase de respeto que uno siente ante un monumento. Las columnas sostenían dos pisos con tímpanos de distinto tamaño, organizados en una estructura vertical decreciente, que exhibían un semicírculo truncado en el centro. La entrada era un delirio arquitectónico: dos enormes escalinatas se remontaban como dos alas de mármol hasta el primer piso, que asomaba en forma de galería sobre el salón de abajo. El atrio era idéntico al de Tony Montana. Estaba también la terraza con una entrada central que daba al despacho, el mismo donde termina *El precio del poder* entre una lluvia de proyectiles. La villa es un derroche de columnas dóricas enlucidas de rosa por la parte interior y de verde aguamarina por el exterior. Los lados del edificio están formados por dobles columnatas con preciosos acabados de hierro forjado. La propiedad tiene en conjunto 3.400 metros cuadrados, con una construcción de 850 metros cuadrados dispuesta en tres niveles. A finales de la década de 1990, el valor del inmueble era de cerca de 5.000 millones de liras; hoy la misma construcción tendría un valor comercial de cuatro millones de euros. En el primer piso hay habitaciones enormes, en cada una de las cuales, inútilmente, hay al menos un baño. Algunas son enormes y lujosas; otras, en cambio, pequeñas y modestas. Está la habitación de los hijos, donde todavía hay pósters de cantantes y futbolistas colgados en las paredes, un cuadrito enne-grecido con dos pequeños angelotes, que probablemente estaba en la cabecera de la cama. Un recorte de periódico: «El Albanova afila sus armas». El Albanova era el equipo de Casal di Principe y San Cipria-no d'Aversa, disuelto por la Antimafia en 1997, creado con el dinero del clan, un equipo títere de los boss. Aquellos recortes chamuscados adheridos al enmohecido revoque eran lo único que quedaba del hijo de Walter, muerto en un accidente de tráfico cuando todavía era un adolescente. Desde el balcón se veía el jardín de delante, salpica-do de palmeras, y había también un pequeño lago artificial con un puentecito de madera que llevaba a un pequeño islote de plantas y árboles rodeado por un muro. En esta zona de la casa, cuando toda-vía la habitaba la familia Schiavone, jugueteaban los perros, los mo-losos, enésimo símbolo de la puesta en escena del poder. En la parte trasera se extendía un prado con una elegante piscina diseñada como una elipse torcida a fin de permitir que las palmeras dieran sombra durante las jornadas estivales. Esta parte de la villa se había copiado del Baño de Venus, verdadera perla del Jardín Inglés del Palacio Real de Caserta. La estatua de la diosa se acomodaba a la superficie del agua con la misma gracia que la de Vanvitelli. La villa está abandona-da desde la detención del boss, acaecida en 1996 precisamente en esas estancias. Walter no había hecho como su hermano Sandokan, que, al verse perseguido por la justicia, había mandado construir debajo de su enorme villa, en el centro de Casal di Principe, un refugio tan profundo como principesco. Cuando era un prófugo, Sandokan se refugiaba en un fortín sin puertas ni ventanas, con galerías y grutas naturales capaces de proporcionar vías de escape en caso de emer-gencia, pero también con un apartamento de cien metros cuadrados perfectamente organizado.

Un apartamento surrealista, iluminado con luces de neón y con suelos de cerámica blanca. El búnker estaba provisto de videófono y tenía dos accesos, imposibles de identificar desde el exterior. Al lle-gar prácticamente no se encontraban puertas, ya que estas solo se abrían tras descorrer unos muros de cemento armado que iban sobre raíles. Cuando había peligro de registro domiciliario, el boss, desde el comedor, y a través de una trampilla oculta, llegaba hasta una serie de galerías, nada menos que once, unidas entre sí, que formaban bajo tierra una especie de «reducto», el último refugio, donde Sandokan había mandado disponer tiendas de campaña: un búnker dentro del búnker. Para cogerle, en 1998, la DIA había tenido que vigilar la casa durante un año y siete meses, llegando a atravesar la pared con una sierra eléctrica para poder acceder al escondite. Solo después, cuando Francesco Schiavone ya se había rendido, había sido posible identificar el acceso principal en el trastero de una villa en la calle Salerno, entre cajas de plástico vacías y herramientas de jardinería. En el búnker no faltaba de nada. Había dos frigoríficos, que contenían comida suficiente para alimentar al menos a seis personas durante unos doce días. Había una pared entera ocupada por un sofisticado equipo estéreo, con videograbadoras y proyectores. La policía científica de la jefatura de Nápoles había necesitado diez horas para controlar las instalaciones de alarmas y sistemas de cierre de los dos accesos. En el baño tampoco faltaba la bañera con hidromasaje. Y todo ello bajo tierra, viviendo como en una madriguera, entre trampillas y galerías.

Walter, en cambio, no se había ocultado bajo tierra. Cuando era un prófugo de la justicia venía al pueblo para las reuniones más importantes. Volvía a casa a pleno sol, con su cortejo de guardaespaldas y seguro de la inaccesibilidad de la villa. La policía le detuvo casi por casualidad. Estaba realizando los controles habituales. Ocho, diez o doce veces al día, policías y carabineros suelen presentarse en casa de las familias de los prófugos; controlan, reconocen, investigan, pero sobre todo tratan de romper los nervios y de hacer cada vez menos solidaria a la familia con la opción de clandestinidad de su pariente. La señora Schiavone recibía siempre a los policías con amabilidad y aplomo. Siempre serena, ofreciendo té y pastas que sistemáticamente eran rechazados. Una tarde, sin embargo, la mujer de Walter se había mostrado tensa al responder al portero automático; y por la lentitud con la que había abierto la puerta, los policías habían intuido de inmediato que aquel día había algo anormal. Mientras recorrían la villa, la señora Schiavone les seguía pegada a sus talones en lugar de hablarles desde la parte baja de la escalera dejando que sus palabras retumbaran por toda la casa, como hacía normalmente. Encontraron camisas de hombre recién planchadas formando una pila sobre la cama, de una talla demasiado grande para que las llevara el hijo. Walter estaba allí. Había vuelto a casa. Conscientes de ello, los policías se separaron, buscándole por todas las habitaciones de la villa. Le cogieron cuando trataba de franquear el muro: el mismo muro que había mandado construir para hacer su casa impenetrable le impidió escapar con agilidad, atrapado como un ladronzuelo que patalea buscando apoyos en una pared lisa. La villa fue embargada de inmediato, pero durante cerca de seis años nadie ha tomado realmente posesión de ella. Walter ordenó que se sacara de allí todo lo posible. Si ya no podía estar a su disposición, había de dejar de existir: o suya, o de nadie. Así, mandó desquiciar las puertas, desmontar las ventanas, arrancar el parquet, quitar el mármol de las escaleras, desmontar las preciosas chimeneas, arrancar incluso la cerámica de los baños, quitar los pasamanos de madera maciza, las lámparas, la cocina, llevarse los muebles dieciochescos, las vitrinas, los cuadros… Dio órdenes de llenar la casa de lonas y luego prenderles fuego para destrozar las paredes y los revoques, y debilitar las columnas. También en este caso, no obstante, parece haber dejado un mensaje. Lo único inalterado, lo único que se dejó intacto, fue la bañera construida en el segundo piso, el objeto más preciado del boss. Una bañera principesca construida en el salón de la segunda planta; acomodada sobre tres gradas, y con la cara de un león por la que manaba el agua. Una bañera situada delante de una ventana en forma de arco que daba directamente al jardín de la villa. Una señal de su poder como constructor y como camorrista; como un pintor que hubiera borrado su lienzo, pero dejando su firma sobre la tela. Paseando lentamente por Hollywood, lo que yo creía que no eran más que las voces de una exagerada leyenda me parecían ahora, en cambio, corresponderse con la verdad. Los capiteles dóricos, lo imponente de las estructuras del edificio, el doble tímpano, la bañera en la habitación, y, sobre todo, la escalinata de la entrada, son un calco de la villa de *El precio del poder*.

Recorriendo aquellas estancias ennegrecidas, sentía hinchárseme el pecho como si todos los órganos internos se hubieran convertido en un único y gran corazón. Lo oía latir en todas partes, y cada vez más fuerte. Se me secaba la garganta a fuerza de respirar hondo para calmar el ansia. Si alguno de los gorilas del clan que todavía vigilaban la villa me hubiese sorprendido, me habría llenado de golpes, y ya hubiera podido chillar como un cerdo degollado: nadie me habría oído. Pero evidentemente nadie me había visto entrar, y tal vez nadie vigilaba ya la villa. Dentro sentí crecer una rabia oprimente, me pasaron por la mente como un único collage de visiones fragmentadas las imágenes de los amigos emigrados, unos alistados en los clanes y otros en el ejército, las soñolientas tardes en estas tierras de desierto, la ausencia de cualquier cosa ajena a los negocios, los políticos manchados por la corrupción y los imperios que se edificaban en el norte de Italia y en media Europa dejando aquí solo basura y dioxinas. Y me vinieron ganas de tomarla con alguien. Tenía que desahogarme. Así que no pude resistirlo: me encaramé hasta ponerme de pie en el borde de la bañera, y empecé a mear dentro. Un gesto idiota, pero cuanto más se vaciaba mi vejiga mejor me sentía. Aquella villa parecía la confirmación de un lugar común, la materialización concreta de una habladuría. Tenía la ridícula sensación de que de una de aquellas estancias estuviera a punto de salir Tony Montana, y saludándome con gesticulante y engallada arrogancia, estuviera a punto de decirme:

—Lo único que tengo en el mundo son mis pelotas y mi palabra. Y eso no me lo juego por nadie, ¿entiendes?

Quién sabe si Walter también habrá soñado e imaginado morir como Montana, cayendo desde lo alto al suelo de su vestíbulo acribillado por las balas antes que acabar sus días en una celda consumido por la enfermedad de Basedow, que le estaba corroyendo los ojos y disparando la presión arterial.

No es el cine el que escudriña el mundo criminal para captar los comportamientos más paradigmáticos. Sucede exactamente todo lo contrario. Las nuevas generaciones de boss no tienen una trayectoria típicamente criminal; no se pasan los días en la calle imitando al chulo del barrio, ni llevan un puñal en el bolsillo, ni tienen cicatrices en la cara. Miran la tele, estudian, van a la universidad, se gradúan, viajan al extranjero y, sobre todo, se dedican al estudio de los mecanismos de inversión. El caso de la película *El padrino* resulta muy elocuente. Nadie en el seno de las organizaciones criminales, ni en Sicilia ni en la Campania, había utilizado jamás el término italiano *padrino*, que es fruto, en cambio, de una traducción poco filológica del inglés *godfather*. La palabra empleada para designar a un *capofamiglia* o a un afiliado ha sido siempre la de *compare* (es decir, «compadre»). Después de la película, sin embargo, las familias mafiosas de origen italiano afincadas en Estados Unidos empezaron a utilizar el término *padrino* en sustitución de los —ahora pasados de moda— de *compare* y *compariello* (este último un diminutivo de «compadre»). Muchos jóvenes italoamericanos vinculados a las organizaciones mafiosas imitaron las gafas oscuras, los trajes de rayas, la expresión hierática... El mismo boss John Gotti quiso transformarse en una versión de carne y hueso de don Vito Corleone. Incluso Luciano Liggio, boss de la Cosa Nostra, se hizo fotografiar resaltando la mandíbula como el *capofamiglia* de *El padrino*.

Mario Puzo no se había inspirado en un boss siciliano, sino en la historia y el aspecto de un boss de la Pignasecca, el mercado del centro histórico de Nápoles, Alfonso Tieri, que, tras la muerte de Charles Gambino, pasó a estar al mando de las familias mafiosas italianas hegemónicas en Estados Unidos. Antonio Spavone «el Malhombre», el boss napolitano ligado a Tieri, había declarado en una entrevista a un periódico estadounidense que «si los sicilianos habían enseñado a estar mudos y en silencio, los napolitanos habían hecho entender al mundo cómo hay que comportarse cuando se manda; habían hecho entender con un gesto que mandar es mejor que joder». La mayor parte de los arquetipos criminales, lo más representativo del carisma mafioso, provenía de una zona de apenas un puñado de kilómetros de la Campania. Incluso el propio Al Capone era originario de allí. Su familia provenía de Castellammare di Stabia. Fue el primer boss que hubo de medirse con el cine. Su sobrenombre, «Scarface» —«cara cortada», debido a una cicatriz que tenía en la mejilla—, recuperado luego en 1983 por Brian de Palma para su película ya mencionada sobre el boss cubano (*El precio del poder*), había sido ya el título de un filme de Howard Hawks en 1932 (*Scarface, el terror del hampa*). Al Capone incluso se dejaba ver en los estudios de rodaje, llegaba con su escolta cada vez que había alguna escena de acción y a las tomas de exteriores a las que podía asistir. El boss quería controlar que Tony Camonte, el personaje de *Scarface* inspirado en él, no se banalizara. Y quería parecerse lo máximo posible a Tony Camonte, seguro de que, tras el estreno de la película, el personaje se convertiría en el emblema de Capone, dejando de ser este el modelo de aquel.

El cine es también un modelo del que extraer modos de expresión. En Nápoles, Cosimo Di Lauro es un caso ejemplar. Observando su vestimenta, a todos debería venirles a la mente *El cuervo*, de Brandon Lee. Los camorristas deben crearse una imagen criminal que a menudo no tienen, y que encuentran en el cine. Articulando la propia figura sobre una máscara hollywoodense reconocible, toman una especie de atajo para hacerse reconocer como personajes a los que hay que temer. La inspiración cinematográfica llega a condicionar incluso opciones técnicas, como la empuñadura de la pistola y el modo de disparar. En cierta ocasión, un veterano de la policía científica de Nápoles me explicaba cómo los killers de la Camorra imitan a los de las películas:

¡Hoy, después de Tarantino, ya no saben disparar como Dios manda! Ya no disparan con el cañón recto. Lo tienen siempre inclinado, hacia abajo. Disparan con la pistola torcida, como en las películas, y esta costumbre provoca desastres. Disparan al bajo vientre, a las ingles, a las piernas; hieren gravemente sin llegar a matar. Así, siempre se ven obligados a rematar a la víctima disparando en la nuca. Un charco de sangre gratuito, una barbarie del todo superflua a efectos de la ejecución.

Las guardaespaldas de las mujeres boss visten como Uma Thurman en *Kill Bill*: melena rubia, y toda la ropa de color amarillo fosforescente. Una mujer de los Barrios Españoles napolitano, Vincenza Di Domenico, durante un breve período colaboradora con la justicia, tenía un elocuente sobrenombre, «Nikita», como la killer protagonista del filme del mismo título de Luc Besson. El cine, sobre todo el estadounidense, no se ve como el remoto territorio reino de la aberración, ni como el lugar donde se realiza lo imposible, sino como la más cercana de las proximidades.

Salí de la villa poco a poco, liberando los pies del berenjenal de zarzas y hierbajos en que se había convertido el Jardín Inglés tan preciado del boss. Dejé la puerta abierta. Solo unos años antes acercarse a este lugar habría supuesto ser identificado por decenas de centinelas. Ahora, en cambio, había salido caminando con las manos en los bolsillos y la cabeza pegada al mentón, como cuando se sale del cine todavía trastornado por lo que uno acaba de ver.

En Nápoles es fácil darse cuenta de que el filme *El profesor*, de Giuseppe Tornatore (cuyo título original italiano es *Il camorrista*), es sin lugar a dudas la película que ha marcado, más que ninguna otra, el imaginario colectivo. Para ello basta con escuchar fragmentos de las conversaciones de la gente, que desde hace años se hacen eco constantemente de los diálogos del filme.

Por su parte, la música de la película se ha convertido en una especie de banda sonora de la Camorra, tarareada cuando pasa un jefe de zona, o a menudo solo para inquietar a algún comerciante. Pero el filme ha llegado incluso a las discotecas, donde se bailan nada menos que tres versiones mezcladas de las frases más célebres del boss Raffaele Cutolo, pronunciadas en la película por Ben Gazzara.

De memoria repetían también, imitándolos, los diálogos de *El profesor* dos muchachos de Casal di Principe, Giuseppe M. y Romeo P., representando auténticas escenas sacadas del filme.

No tenían todavía al carnet de conducir cuando empezaron a asediar a los muchachos de su misma edad de Casale y San Cipriano d'Aversa. Y no lo tenían porque ninguno de los dos llegaba a los dieciocho años. Pero ya eran dos matones. Fanfarrones y graciosos, comían dejando como propina el doble de lo que subía la cuenta. Con la camisa abierta sobre un pecho lampiño, paseaban declamando en voz alta, como si hubiera que reivindicar cada paso. El mentón alto, como ostentación de una seguridad y un poder reales solo en la mente de ambos. Iban siempre en pareja. Giuseppe hacía de boss, siempre un paso por delante con respecto a su compadre. Romeo hacía de guardaespaldas, el papel del brazo derecho, del hombre fiel. A menudo Giuseppe lo llamaba Donnie, como Donnie Brasco. Aunque este fuera un policía infiltrado, el hecho de que se convirtiera en un verdadero mafioso convencido lo salva, a los ojos de sus admiradores, de ese pecado original. En Aversa eran el terror de los conductores novatos. Preferían, sobre todo, las parejas de novios: chocaban expresamente con su ciclomotor contra el coche en cuestión, y cuando los ocupantes bajaban para tomar los datos del seguro, uno de los dos se acercaba a la chica, le escupía en la cara, y esperaban a que el novio reaccionara para poder machacarlo a golpes. Pero los dos desafiaban incluso a los adultos, incluso a los que contaban de verdad. Iban a su zona de influencia y hacían lo que querían. Ellos eran de Casal di Principe, y en su imaginación bastaba con eso. Querían hacer saber que eran de verdad personas temibles a las que había que respetar, y que cualquiera que se acercara a ellos tenía que andar con pies de plomo y no osar siquiera mirarles a la cara. Un día, sin embargo, llevaron demasiado lejos su bravuconería. Salieron a la calle con una metralleta, sacada quién sabe de qué armería de los clanes, y se presentaron ante un grupo de muchachos. Debían de haberse entrenado muy bien, ya que dispararon contra el grupo cuidando de no alcanzar a nadie, sino únicamente haciendo sentir el olor de la pólvora de los balazos y el silbido de los proyectiles. Antes de disparar, no obstante, uno de los dos había recitado algo. Nadie había entendido bien lo que mascullaba, pero un testigo dijo que se parecía a la Biblia, y había apuntado la hipótesis de que tal vez los chicos estuvieran preparándose para la confirmación. Sin embargo, a partir de unas cuantas frases entresacadas se hacía evidente que no se trataba de los pasajes de la confirmación. Era la Biblia, en efecto; pero aprendida no del catecismo, sino de Quentin Tarantino. Era el pasaje recitado por Jules Winnfield en *Pulp Fiction* antes de matar al muchacho que había hecho desaparecer el valiosísimo maletín de Marcellus Wallace:

Ezequiel, 25, 17: El camino del hombre timorato está amenazado por todas partes por la iniquidad de los seres egoístas y por la tiranía de los hombres malvados. Bendito sea el que en nombre de la caridad y de la buena voluntad conduce a los débiles a través del valle de las tinieblas porque él es en verdad el pastor de su hermano y el buscador de los hijos extraviados y mi justicia caerá sobre ellos con grandísima venganza y furiosísima indignación sobre los que pretendan corromper y destruir a mis hermanos y tú sabrás que mi nombre es el del Señor cuando haga caer mi venganza sobre ti.

Giuseppe y Romeo la repitieron como en la película, y luego dispararon. Giuseppe tenía un padre camorrista, primero arrepentido, y luego incorporado nuevamente a la organización de Quadrano De Falco derrotada por los Schiavone. Es decir, un perdedor. Pero había pensado que, recitando la parte precisa, la película de su vida tal vez podría cambiar. Los dos se sabían de memoria los diálogos, las partes más notables de todas las películas de crímenes. La mayor parte de las veces se pegaban por una simple mirada. En tierras de la Camorra la mirada forma parte del territorio, es como una invasión de las propias habitaciones, como derribar la puerta de la casa de alguien e irrumpir violentamente en su interior. Una mirada es incluso más que un insulto. Pararse a mirar a alguien a la cara representa ya, de algún modo, un abierto desafío:

—¿Tengo monos en la cara? ¡Digo que si tengo monos en la cara!

Y tras parafrasear el famoso monólogo de *Taxi Driver*, se liaban a bofetadas y a puñetazos en el esternón, de esos que resuenan en la caja torácica y se oyen incluso a cierta distancia.

Los boss Casalesi se tomaron muy en serio el problema de aquellos dos muchachos. Riñas, pendencias y amenazas no eran fácilmente toleradas: demasiadas madres nerviosas, demasiadas denuncias. Así, se dispone que un jefe de zona les «aconseje», haciéndoles una especie de llamada al orden. Este se reúne con ellos en un bar y les dice que están haciendo perder la paciencia a los capos. Pero Giuseppe y Romeo continúan con su película imaginaria, pegándose con quien les apetece y meándose en los depósitos de las motos de los chicos del pueblo. Les «convocan» por segunda vez. Los boss quieren hablar directamente con ellos: el clan no puede soportar ya su actitud en el pueblo; la tolerancia paternalista, habitual en estas tierras, se transforma en el deber de castigar, y, en consecuencia, hay que darles un buen escarmiento, una violenta azotaina pública para hacerles comportarse como es debido. Ellos desdeñan la invitación; siguen arrellanados en el bar, pegados a la máquina de videopóquer, y por las tardes colgados de la televisión para ver los DVD de sus películas, horas y horas aprendiendo de memoria frases y gestos, modos de hablar y zapatos que llevar. Los dos creen que pueden hacer frente a cualquiera. Incluso a quien cuenta. O mejor dicho, sienten que precisamente haciendo frente a quien cuenta de verdad podrán llegar a ser verdaderamente temidos. Sin ponerse límite alguno, como Tony y Manny en *El precio del poder*. No pactan con nadie, continúan con sus correrías, con sus intimidaciones, y poco a poco parecen ir convirtiéndose en los virreyes de Caserta. Los dos muchachos no habían decidido entrar en el clan. Ni siquiera lo habían intentado. Era un camino demasiado lento y disciplinado, una discreta carrera empezando desde abajo que no querían hacer. Desde hacía años, además, los Casalesi metían a los que de verdad valían en los sectores económicos de la organización, y ciertamente no en su estructura militar. Giuseppe y Romeo representaban la verdadera antítesis de la figura del nuevo soldado de la Camorra. Se sentían capaces de cabalgar sobre la ola de la peor fama de su pueblo. No eran afiliados, pero querían gozar de los privilegios de los camorristas. Pretendían que los bares les sirvieran gratis, la gasolina para sus ciclomotores era un tributo que se les debía, sus madres habían de tener la compra pagada, y cuando alguno osaba rebelarse se presentaban de improviso rompiendo cristales y repartiendo bofetadas a diestro y siniestro. Así, en la primavera de 2004 algunos emisarios del clan les citan en la periferia de Castelvolturno, en la zona del llamado Parque del Mar. Una zona de arena, mar y desperdicios, todo mezclado. Acaso se tratara de una propuesta atrayente, de algún negocio o incluso de la participación en una encerrona. La primera emboscada de verdad en su vida. Ya que no habían logrado convencerlos a las malas, los boss trataban de ganárselos con alguna buena propuesta. Me los imagino en los ciclomotores a toda velocidad, repasando los pasajes más destacados de sus películas, los momentos en los que aquellos que cuentan deben plegarse ante la obstinación de los nuevos héroes. Así como los jóvenes espartanos iban a la guerra teniendo en mente las gestas de Aquiles y de Héctor, en estas tierras se va a matar y a hacerse matar pensando en *El precio del poder, Uno de los nuestros, Donnie Brasco* o *El padrino*. Cada vez que paso casualmente por el Parque del Mar imagino la escena que han relatado los periódicos y que ha reconstruido la policía. Giuseppe y Romeo llegaron con sus ciclomotores mucho antes de la hora acordada, espoleados por la situación. Allí esperaron hasta que llegó un automóvil, del que salió un grupo de personas. Los dos muchachos se acercaron a ellos para saludarles, pero de inmediato sujetaron a Romeo y empezaron a pegar a Giuseppe. Luego, apoyándole el cañón de una automática en el pecho, abrieron fuego. Estoy seguro de que Romeo vería ante sí la escena de *Uno de los nuestros* en la que Tommy De Vito es invitado a incorporarse a la dirección de la Cosa Nostra en Estados Unidos, y en lugar de recibirle en una sala con todos los boss, le llevan a un cuarto vacío y le disparan en la cabeza. No es verdad que el cine es mentira, no es verdad que no se puede vivir como en las películas, y no es verdad que al apartar la cabeza de la pantalla te des cuenta de que las cosas son distintas. Solo hay un momento distinto: el momento en el que Al Pacino se levanta de la fuente en la que los disparos de metralleta han hecho caer a su doble, y se seca la cara, limpiándose la sangre; el momento en el que Joe Pesci se lava los cabellos y detiene la falsa hemorragia. Pero esto no te interesa saberlo, y, en consecuencia, no lo comprendes. Cuando Romeo vio a Giuseppe en el suelo, estoy absolutamente seguro —con una certeza que no podrá tener jamás ninguna clase de confirmación— de que comprendió cuál era la diferencia exacta entre el cine y la realidad, entre la construcción escenográfica y la fetidez del aire, entre la propia vida y un guión. Era su turno. Le dispararon en la garganta y lo remataron con un tiro en la cabeza. Sumando la edad de ambos apenas llegaban a los treinta años. Así había resuelto el clan de los Casalesi aquella excrecencia microcriminal alimentada por el cine. Ni siquiera hicieron una llamada anónima para avisar a la policía o a una ambulancia. Dejaron que las manos de los cadáveres de los muchachos fueran picoteadas por las gaviotas, y los labios y las narices mordisqueados por los perros vagabundos que deambulaban por aquellas playas de desperdicios. Pero eso las películas no lo cuentan: se detienen siempre un poco antes.

En tierras de la Camorra, no hay una verdadera diferencia entre los espectadores de las películas y cualesquiera otros espectadores. Por todas partes se siguen los referentes cinematográficos como mitologías de imitación. Si en otros lugares te puede gustar *Scarface* y en tu interior puedes sentirte como él, aquí *puedes ser* Scarface, pero te toca serlo hasta el fondo.

Las tierras de la Camorra, sin embargo, son prolíficas también en apasionados del arte y la literatura. Sandokan tenía en su villa-búnker una enorme biblioteca con decenas de textos centrados exclusivamente en dos temas: la historia del reino de las Dos Sicilias y Napoleón Bonaparte. Schiavone se sentía atraído por el valor del Estado borbónico, donde se jactaba de tener antepasados entre los funcionarios de Terra di Lavoro, y fascinado por el genio de Bonaparte, capaz de conquistar media Europa partiendo de una mísera graduación militar, casi como él mismo, generalísimo de un clan que se contaba entre los más poderosos de Europa y en el que había entrado como soldado raso. Sandokan, con un pasado de estudiante de medicina, gustaba de pasar el tiempo en que se ocultaba de la justicia pintando iconos religiosos y retratos de Bonaparte y de Mussolini. Todavía hoy están a la venta, en las más insospechadas tiendas de Caserta, rarísimos retratos piadosos pintados por Schiavone, donde, en lugar del rostro de Cristo, Sandokan había puesto el suyo propio. A Schiavone le gustaba también la literatura épica. Homero, el ciclo del rey Arturo y Walter Scott eran sus lecturas preferidas. Precisamente la afición por Scott le llevó a bautizar a uno de sus hijos con el fiero y altisonante nombre de Ivanhoe.

No es raro, sin embargo, que los nombres de los descendientes se conviertan en claros indicios de la pasión de los padres. Giuseppe Misso, boss napolitano del clan del barrio de la Sanità, tiene tres nietos: Ben Hur, Jesús y Emiliano Zapata. Misso, que durante los juicios ha adoptado siempre maneras de líder político, de pensador conservador y rebelde, ha escrito recientemente una novela, *El león de mármol*. Con cientos y cientos de ejemplares vendidos en Nápoles en muy pocas semanas, el libro, de balbuceante sintaxis, aunque de estilo rabioso, trata de la Nápoles de las décadas de 1980 y 1990, donde se formó el boss y donde emerge su figura, descrita como la de un solitario combatiente contra la Camorra del crimen organizado y de la droga, en nombre de una especie de código caballeresco, no demasiado bien explicado, del atraco y el robo. Durante los diversos arrestos que ha sufrido en su larguísima carrera criminal, siempre se ha encontrado a Misso en compañía de los libros de Julius Evola y de Ezra Pound.

Augusto La Torre, capo de Mondragone, es un estudioso de la psicología y un lector voraz de Carl Gustav Jung, además de buen conocedor de la obra de Sigmund Freud. Echando una ojeada a los títulos que el boss ha solicitado en la cárcel destacan las largas biografías de estudiosos del psicoanálisis, mientras que durante los juicios las citas de Lacan se entremezclan con reflexiones sobre la escuela de la Gestalt. Un conocimiento que el boss ha utilizado durante su trayectoria de poder, como una inesperada arma directiva y militar.

También hay un fiel seguidor de Paolo Di Lauro entre los camorristas amantes del arte y la cultura: Tommaso Prestieri es productor de un gran número de cantantes neomelódicos, además de un refinado conocedor del arte contemporáneo. Pero los boss coleccionistas son muchos. Pasquale Galasso tenía en su villa un museo privado con casi trescientas antigüedades, cuya joya era el trono de Francisco I de Borbón, mientras que Luigi Vollaro, llamado «el Califa», era propietario de una tela de su pintor predilecto: Botticelli.

La policía arrestó a Prestieri mientras disfrutaba de su amor por la música. De hecho, le cogieron en el napolitano Teatro Bellini cuando asistía a un concierto mientras pesaba una orden de búsqueda contra él. Tras una condena, Prestieri ha declarado: «Soy libre en el arte; no tengo necesidad de ser excarcelado». Un equilibrio hecho de cuadros y canciones que concede una imposible serenidad a un capo en desgracia como él, que ha perdido en campaña nada menos que a dos hermanos, asesinados a sangre fría.

Aberdeen, Mondragone

El boss psicoanalista Augusto La Torre había sido uno de los predilectos de Antonio Bardellino; de muchacho había ocupado el puesto de su padre, convirtiéndose en el líder absoluto del clan de los Chiuovi, como se les conocía en Mondragone. Un clan hegemónico en la alta Caserta, en el bajo Lacio y a lo largo de toda la costa domicia. Se habían alineado con los enemigos de Sandokan Schiavone, pero con el tiempo el clan había demostrado gran habilidad empresarial y capacidad de gestión del territorio, únicos elementos que pueden hacer cambiar las relaciones conflictivas entre las familias de la Camorra. La capacidad de hacer negocios acercó a La Torre a los Casalesi, que le dieron la posibilidad de actuar conjuntamente, pero gozando a la vez de autonomía. El de Augusto no era un nombre elegido al azar. A los primogénitos de la familia La Torre se les solía dar nombres de emperadores romanos. Eso sí, habían invertido el orden histórico: la historia romana vio reinar primero a Augusto y luego a Tiberio; en cambio, Tiberio era el nombre del padre de Augusto La Torre.

En el imaginario de las familias de estas tierras, la villa de Escipión el Africano construida en las inmediaciones del actual lago Patria, las batallas capuanas de Aníbal, la fuerza imparable de los sannitas, los primeros guerrilleros europeos, que atacaban a las legiones romanas y luego huían a las montañas, todo ello está presente como historias populares, relatos de un pasado remoto del que, sin embargo, todos se sienten parte. Al delirio histórico de los clanes se contraponía el difuso imaginario que reconocía en Mondragone la capital de la mozzarella. Mi padre me obligaba a darme atracones de mozzarellas mondragonesas, pero resultaba imposible determinar cuál era el territorio que ostentaba la supremacía de la mejor mozzarella. Los sabores eran muy distintos: el dulzón y ligero de la mozzarella de Battipaglia; el salado y consistente de la mozzarella aversana, y luego aquel sabor tan puro de la mozzarella de Mondragone. Los maestros queseros mondragoneses, sin embargo, sí tenían una prueba para determinar la bondad de la mozzarella. Para ser buena, esta debe dejar en la boca cierto regusto, lo que los campesinos denominan «aliento de búfala». Si después de haber tragado ya el trozo no permanece ese sabor a búfala en la boca, es que la mozzarella no es buena. Cuando iba a Mondragone me gustaba pasear por el embarcadero. Recorrerlo de un lado a otro, antes de que fuera derribado, era una de mis ocupaciones estivales favoritas. Una lengua de cemento armado construida sobre el mar para que pudieran atracar las barcas; una estructura inútil y jamás utilizada.

Mondragone se convirtió de repente en el destino de todos los muchachos de la provincia de Caserta y de la campiña pontina que querían emigrar a Inglaterra. Emigrar como oportunidad vital, la de poder marcharse finalmente, pero no como camarero, como pinche en un McDonald's o como camarero pagado con pintas de oscura cerveza. Se iba a Mondragone para tratar de establecer contactos con las personas apropiadas, para obtener un trato de favor, la posibilidad de ser recibido con amabilidad e interés por los propietarios de los locales. En Mondragone se podía encontrar a las personas adecuadas para hacerte contratar por una aseguradora o por una inmobiliaria, e incluso en el caso de que se presentaran braceros desesperados, parados crónicos, los contactos apropiados les permitirían encontrar empleo con contratos decentes y un trabajo digno. Mondragone era la puerta a Gran Bretaña. De repente, a partir de finales de la década de 1990, tener un amigo en Mondragone significaba poder ser evaluado por lo que valías, sin necesidad de presentación o de recomendación; cosa rara, rarísima, imposible en Italia, y aún más en el sur. Para ser considerado y valorado solo por lo que eres, por estos pagos siempre necesitas a alguien que te proteja, y cuya protección pueda, cuando no favorecerte, al menos hacer que te tomen en consideración. Presentarte sin protector es como ir sin brazos y sin piernas; en resumen: te falta algo. En Mondragone, en cambio, cogían tu currículum y miraban a quién podían enviarlo en Inglaterra. De algún modo valía el talento, y aún más la manera en que habías decidido expresarlo. Pero solo en Londres o en Aberdeen; no en la Campania, no en la provincia de la provincia de Europa.

En cierta ocasión Matteo, un amigo mío, había decidido intentarlo: marcharse de una vez por todas. Había ahorrado algo de dinero, había logrado graduarse *cum laude*, y se había hartado de trabajar entre andamios y edificios en construcción para poder sobrevivir. Le habían dado el nombre de un muchacho de Mondragone que le ayudaría a partir hacia Inglaterra, y una vez allí ya encontraría el modo de presentarse a unas cuantas entrevistas de trabajo. Yo le acompañé. Esperamos durante horas en una playa donde le había citado su contacto. Era verano. Las playas de Mondragone están abarrotadas de veraneantes de toda la Campania, los que no pueden permitirse ir a la costa amalfitana, los que no pueden alquilar una casa en el mar para todo el verano y, en consecuencia, van y vienen constantemente de la costa al interior, y viceversa. Hasta mediados de la década de 1980 se vendía la mozzarella en estuches de madera llenos de leche de búfala hervida. Los veraneantes se la comían con las manos, pringándose de leche, y los niños, antes de morder la pasta blanca, se pasaban la lengua por la mano, que tenía un gusto salado. Luego ya nadie siguió vendiendo mozzarella, y llegaron las rosquillas y los trozos de coco. Aquel día, nuestro contacto se retrasó dos horas. Cuando por fin acudió a nuestro encuentro, se presentó bronceado y cubierto únicamente por un ajustado bañador, nos explicó que había desayunado tarde, y que, en consecuencia, se había bañado tarde y se había secado tarde. Esta fue su excusa; en suma, culpa del sol. Nuestro contacto nos llevó a una agencia de viajes. Eso fue todo. Nosotros creíamos que nos recibiría quién sabe qué intermediario, y en lugar de ello resultaba que solo hacía falta presentarse en una agencia, no especialmente elegante; ni siquiera era una de aquellas con cientos de folletos, sino un cuchitril cualquiera. Sin embargo, si te presentaba un contacto mondragonés podías acceder a sus servicios, mientras que si entraba una persona cualquiera se desarrollaban las prácticas habituales de cualquier agencia de viajes. Una muchacha jovencísima le pidió el currículum a Matteo y nos indicó cuál era el primer vuelo disponible. La ciudad donde iban a enviarle era Aberdeen. Le dieron un folleto con la lista de una serie de empresas a las que podría dirigirse para mantener una entrevista de trabajo. Mejor dicho, la propia agencia, a cambio de algo de dinero, pidió cita a las secretarias de los encargados de la selección de personal en cada empresa. Jamás una agencia intermediaria había sido tan eficiente. Dos días después embarcamos rumbo a Escocia, un viaje rápido y económico para quienes provenían de Mondragone.

En Aberdeen se respiraba una atmósfera familiar. Y sin embargo, no había nada más alejado de Mondragone que aquella ciudad escocesa: el tercer centro urbano de Escocia; una ciudad oscura, grisácea, aunque no llovía tanto como en Londres. Antes de la llegada de los clanes italianos, la ciudad no sabía valorar sus propios recursos en cuanto a ocio y turismo, y todo lo relativo a restaurantes, hoteles y vida social se organizaba al triste modo inglés. Hábitos idénticos, locales abarrotados de personas en torno a la barra un solo día a la semana... Según las investigaciones de la Fiscalía Antimafia de Nápoles, fue Antonio La Torre, hermano del boss Augusto, quien desarrolló en Escocia una serie de actividades comerciales capaces, en pocos años, de imponerse como la flor y nata del mundo empresarial escocés. La mayor parte de las actividades en Inglaterra del clan La Torre son perfectamente legales: la adquisición y gestión de bienes inmobiliarios y de establecimientos comerciales, y el comercio de productos alimenticios con Italia. Un volumen de negocio enorme, difícil de valorar en cifras. En Aberdeen, Matteo buscaba todo lo que no se le había reconocido en Italia; caminábamos por las calles con satisfacción, como si por primera vez en nuestra vida el hecho de ser de la Campania fuera condición suficiente para valernos un área de afirmación. En el 27 y el 29 de Union Terrace me encontré frente a un restaurante del clan, el Pavarotti's, registrado precisamente a nombre de Antonio La Torre y mencionado incluso en las guías turísticas online de la ciudad escocesa. Para Aberdeen era el salón elegante, el local de moda, el sitio donde se podía cenar de la mejor de las maneras y el lugar idóneo para hablar de negocios importantes. Las empresas del clan han sido anunciadas incluso en París, como máxima expresión del «made in Italy», en la feria gastronómica Italissima, celebrada en la capital francesa. Antonio La Torre, de hecho, ha presentado allí sus actividades de restauración y ha expuesto su propia marca. Un éxito que hace de La Torre uno de los primeros empresarios escoceses en Europa.

Antonio La Torre fue arrestado en Aberdeen en marzo de 2005; sobre él pesaba una orden de búsqueda de la policía italiana por asociación para cometer delitos de índole camorrista y por extorsión. Durante años había evitado tanto el arresto como la extradición, escudándose en su ciudadanía escocesa y en la falta de reconocimiento por parte de las autoridades británicas de los delitos de asociación que se le imputan. Escocia no quería perder a uno de sus empresarios más brillantes.

En 2002, el Tribunal de Nápoles emitió una orden de prisión preventiva que afectaba a treinta personas ligadas al clan La Torre. De la orden se deducía que la organización criminal ganaba ingentes sumas de dinero a través de las extorsiones y del control de las actividades económicas y de las contratas en su zona de competencia, que luego reinvertía en el extranjero, especialmente en Gran Bretaña, donde se había creado una verdadera colonia del clan. Una colonia que no había invadido, que no había provocado una competencia a la baja en la mano de obra, sino que había infundido savia económica, revitalizando el sector turístico, desarrollando una actividad de importación y exportación hasta entonces desconocida en la ciudad, y dando un nuevo impulso al sector inmobiliario.

Pero el poder internacional que partía de Mondragone estaba personificado también por Rockefeller, llamado así en su tierra por su evidente talento para los negocios y por la enorme liquidez que poseía. Rockefeller es Raffaele Barbato, de sesenta y dos años, nacido en Mondragone. Es posible que incluso él mismo haya olvidado su verdadero nombre. Con esposa holandesa, hasta finales de la década de 1980 gestionó negocios en Holanda, donde era propietario de dos casinos frecuentados por clientes de calibre internacional, desde el hermano de Bob Cellino, fundador de las salas de juego de Las Vegas, hasta importantes mafiosos eslavos con sede en Miami. Sus socios eran un tal Liborio, siciliano con contactos en la Cosa Nostra, y un tal Emi, un holandés que luego se trasladó a España, donde ha abierto hoteles, residencias y discotecas. Fue también Rockefeller una de las mentes —según las declaraciones de los arrepentidos Mario Sperlongaro, Stefano Piccirillo y Girolamo Rozzera— que concibieron la idea, junto a Augusto La Torre, de viajar a Caracas para tratar de encontrar a grupos de traficantes venezolanos que vendieran coca a precios competitivos con respecto a los colombianos, proveedores de los napolitanos y los Casalesi. Muy probablemente, en materia de droga, La Torre había logrado tener cierta autonomía, raramente concedida por los Casalesi. Asimismo, Rockefeller había encontrado un lugar donde Augusto pudiera dormir y estar cómodo durante sus estancia en Holanda huyendo de la justicia: lo había acomodado en el club de tiro al plato. Así, aunque estuviera lejos de la campiña mondragonesa, el boss podía disparar a los platillos volantes para mantenerse en forma. Rockefeller contaba con una enorme red de relaciones, era uno de los hombres de negocios más conocidos no solo en Europa, sino también en Estados Unidos, ya que el hecho de gestionar salas de juego le había puesto en contacto con mafiosos italoamericanos que cada vez en mayor grado veían Europa como un mercado en el que invertir, arrinconados de manera lenta y progresiva por los clanes albaneses crecientemente hegemónicos en Nueva York, y cada vez más vinculados a las familias camorristas de la Campania; personas capaces de traficar con droga y de invertir su dinero en restaurantes y hoteles a través de la puerta abierta por los mondragoneses. Rockefeller es el titular de la playa llamada de Adán y Eva, rebautizada como La Playa,* un hermoso complejo turístico de la costa mondragonesa donde —según las acusaciones de la magistratura— les gustaba ocultarse a muchos afiliados perseguidos por la justicia. Cuanto más cómodo sea el refugio, menos aflorarán las tentaciones de arrepentimiento para escapar a una vida de continua huida. Y precisamente con los arrepentidos, los La Torre habían sido despiadados. Francesco Tiberio, primo de Agusto, había telefoneado

* En castellano en el original. (*N. de los T.*)

a Domenico Pensa, que había declarado contra el clan Stolder, invi- tándole claramente a abandonar la población.

—He sabido por los Stolder que tú has colaborado contra ellos, y, en consecuencia, dado que aquí nosotros no queremos a los que colaboran con la justicia, tienes que marcharte de Mondragone; de lo contrario, alguien vendrá y te cortará la cabeza.

El primo de Augusto tenía talento para aterrorizar por teléfono a quien osaba colaborar o dejar que se filtrara información. Con otro, Vittorio Di Tella, fue más explícito, invitándole a que se com- prara la mortaja.

—¡Ya puedes ir comprándote camisas negras!, ¿eh, cornudo?, ¡que te voy a matar!

Antes de que llegaran los arrepentidos al clan, nadie podía imaginar el ilimitado perímetro de los negocios de los mondragoneses. Entre los amigos de Rockefeller se contaba también un tal Raffaele Ac- concia, mondragonés de nacimiento y también trasladado a Holanda, propietario de una cadena de restaurantes, que según el arrepentido Stefano Piccirillo sería un importante narcotraficante a escala inter- nacional. Precisamente en Holanda sigue oculta, tal vez en algún banco, la caja del clan La Torre, millones de euros facturados a través de intermediaciones y comercios que los investigadores no han en- contrado jamás. En Mondragone, esta supuesta caja fuerte de la ban- ca holandesa se ha convertido en una especie de símbolo de riqueza absoluta, sustituyendo a cualquier otro referente de la riqueza inter- nacional. Allí ya no se dice «¿Es que acaso me has tomado por el Banco de Italia?», sino «¿Me has tomado por el Banco de Holanda?».

El clan La Torre, con apoyos en Sudamérica y bases en Holanda, tenía la intención de dominar el tráfico de coca en las calles roma- nas. Roma, para todas las familias empresariales–camorristas caseta- nas, constituye la primera referencia tanto en el narcotráfico como en las inversiones en bienes inmuebles. Roma se convierte, así, en una extensión de la provincia de Caserta. Los La Torre podían con- tar con rutas de aprovisionamiento que tenían su base en la costa do- micia. Las villas de la costa eran fundamentales para el tráfico primero de tabaco de contrabando, y luego de cualesquiera mercancías. Por allí cerca estaba la villa de Nino Manfredi, a quien fueron a ver varios representantes del clan para pedirle que se la vendiera. Manfredi trató de oponerse por todos los medios posibles, pero su casa se hallaba en un punto estratégico para que pudieran atracar las lanchas, y las presiones del clan fueron en aumento. Ya no le pedían que vendiera: ahora le imponían que se la cediera a un precio establecido por ellos. Manfredi incluso acudió a un boss de la Cosa Nostra, divulgando la noticia, en enero de 1994, por la radio; pero los mondragoneses eran poderosos, y ningún siciliano trató de mediar con ellos. Solo saliendo en la televisión y atrayendo la atención de los medios nacionales, el actor logró hacer pública la presión a la que había estado sometido a causa de los intereses estratégicos de la Camorra.

El tráfico de droga venía a añadirse a todos los demás canales comerciales. Enzo Boccolato, un primo de los La Torre propietario de un restaurante en Alemania, había decidido invertir en la exportación de ropa. Junto con Antonio La Torre y un empresario libanés, compraban ropa en Apulia —dado que la producción textil de la Campania ya estaba monopolizada por los clanes de Secondigliano—, que luego revendían en Venezuela a través de un intermediario, un tal Alfredo, señalado en las investigaciones como uno de los más destacados traficantes de diamantes de Alemania. Gracias a los clanes camorristas de la Campania, los diamantes se convirtieron en poco tiempo, tanto por su alta variabilidad de precio como por el valor nominal que mantienen perennemente, en el bien preferido para el blanqueo de dinero negro. Enzo Boccolato era conocido en los aeropuertos de Venezuela y de Frankfurt, tenía contactos entre los encargados del control de mercancías, que muy probablemente no solo se preocupaban del envío y la llegada de la ropa, sino que se disponían también a tejer una gran red de tráfico de cocaína. Puede parecer que los clanes, una vez completada la acumulación de grandes capitales, interrumpen su actividad comercial, deshaciendo de algún modo su propio código genético y reconvirtiéndolo al ámbito legal. Como en el caso de la familia Kennedy en Estados Unidos, que durante el período de la prohibición había ganado enormes capitales con la venta de alcohol, y luego había puesto fin a cualquier relación con la delincuencia. Pero, en realidad, la fuerza del empresariado criminal italiano ha residido precisamente en seguir circulando por una doble vía, en no renunciar nunca al origen criminal. En Aberdeen denominan *scratch* («rayar») a este sistema. Como los raperos o los disc-jockeys, que bloquean con los dedos el giro normal del disco sobre el plato, así también los empresarios de la Camorra bloquean por un momento la marcha del disco del mercado, «rayándolo», para luego hacerlo avanzar de nuevo a mayor velocidad que antes.

A partir de las diversas investigaciones de la Fiscalía Antimafia de Nápoles sobre La Torre, se ponía de manifiesto que, cuando el curso legal sufría una crisis, de inmediato se activaba la vía criminal. Si faltaba liquidez, se hacían acuñar monedas falsas; si se necesitaban capitales en breve tiempo, se estafaba vendiendo bonos públicos falsificados. La competencia era aniquilada por las extorsiones, y se liberaban las mercancías importadas. «Rayar» el disco de la economía legal permite que los clientes puedan tener un nivel de precios constante y nada esquizofrénico, que los créditos bancarios sean siempre satisfactorios, que el dinero siga circulando, y que los productos sigan consumiéndose. «Rayar» adelgaza la barrera que se alza entre la ley y el imperativo económico, entre lo que prohíbe la norma y lo que impone el beneficio.

Los negocios de los La Torre en el extranjero hacían indispensable la participación, en varios niveles en la estructura del clan, de representantes ingleses, que incluso llegaban a adquirir la categoría de afiliados. Uno de ellos es Brandon Queen, detenido en Inglaterra, que recibe puntualmente su mensualidad, incluidas las pagas extras, de Mondragone. En la orden de custodia cautelar de junio de 2002 se lee también que «Brandon Queen aparece sistemáticamente inscrito en la nómina del clan por deseo expreso de Augusto La Torre». A los afiliados normalmente se les garantiza, además de la protección física, la retribución, la asistencia legal y la cobertura de la organización en caso de necesidad. Sin embargo, para recibir estas garantías directamente del boss, Queen debía de desempeñar un papel vital en la maquinaria de los negocios del clan, convirtiéndose en el primer camorrista de nacionalidad inglesa en la historia criminal italiana y británica.

Hacía muchos años que oía hablar de Brandon Queen. Pero nunca le había visto, ni siquiera en fotografía. Y una vez que hube llegado a Aberdeen no pude por menos de preguntar por él; por el hombre de confianza de Augusto La Torre, el camorrista escocés, el hombre que, sin hallarse en dificultad alguna y conociendo bien únicamente la sintaxis de las empresas y la gramática del poder, había disuelto sus pocos vínculos residuales con los antiquísimos clanes de las Highlands para entrar en los de Mondragone. En las inmediaciones de los locales de La Torre había siempre grupitos de muchachos del lugar. No eran raterillos ociosos, amontonados en torno a las pintas de cerveza a la espera de poder montar alguna bronca o dar un buen tirón; eran muchachotes avispados, incorporados en distintos niveles a las actividades de las empresas legales. Transportes, publicidad, marketing… Al preguntar por Brandon no recibí miradas hostiles o respuestas vagas, como si hubiera preguntado por un afiliado en un pueblo de Nápoles. Parecía que conocían a Brandon Queen desde siempre, o muy probablemente solo se había convertido en una especie de mito del que hablan todas las lenguas. Queen era el hombre que había llegado. No solo un dependiente como los de los restaurantes, las compañías, los negocios, las agencias inmobiliarias, un empleado con un sueldo seguro. Brandon Queen era algo más; había realizado el sueño de muchos chicos escoceses: no limitarse a tomar parte en las actividades económicas legales, sino convertirse en parte del Sistema, en parte operativa del clan. Convertirse en camorrista a todos los efectos, pese a la desventaja de haber nacido en Escocia y, por tanto, creer que la economía tenía una sola vía, la trivial, la de todos, la que trata de reglas y fracasos, de mera competencia y de precios. Me impresionaba que en mi inglés adobado con acento italiano ellos vieran no al emigrante, no a una inconsistente deformación de Jake La Motta, no al coterráneo de los invasores criminales que habían ido a verter dinero a su tierra, sino el rastro de una gramática que conoce el poder absoluto de la economía, capaz de decidir de cualquier cosa y sobre cualquier cosa, capaz de no ponerse límites aun a costa de la cadena perpetua o de la muerte. Parecía imposible, y, sin embargo, mientras hablábamos daban signos de conocer muy bien Mondragone, Secondigliano, Marano, Casal di Principe, territorios de los que les habían hablado, como la epopeya de un país lejano, todos los boss empresarios que habían pasado por aquella zona y por los restaurantes en donde trabajaban. Nacer en tierras de la Camorra, para mis coetáneos escoceses, significaba tener una ventaja, llevar consigo una marca grabada a fuego que te orientaba a considerar la existencia como una arena donde el empresariado, las armas, e incluso la propia vida son única y exclusivamente un medio para lograr dinero y poder: aquello por lo que vale la pena existir y respirar, aquello que permite vivir en el centro del propio tiempo, sin tener que preocuparse de otra cosa. Brandon Queen había llegado a pesar de no haber nacido en Italia, a pesar de no haber visto nunca la Campania, a pesar de no haber recorrido kilómetros y kilómetros en automóvil bordeando edificios en construcción, vertederos y granjas de búfalas. Había llegado a convertirse en un verdadero hombre de poder, en un camorrista.

Y sin embargo, esta gran organización comercial y financiera internacional no había dado flexibilidad al clan en el control del territorio principal. En Mondragone, Augusto La Torre había administrado el poder con gran severidad. Para llegar a hacer al cártel tan poderoso como era, había sido despiadado. Las armas, a centenares, se las hacía traer de Suiza. De manera política, había alternado distintas fases: primero una gran presencia en la gestión de las contratas, y luego solo alianzas, contactos esporádicos, dejando que se consolidaran sus negocios y que fuera, pues, la política la que se adaptara a sus empresas. Mondragone fue el primer municipio italiano disuelto por infiltración camorrista en la década de 1990. Pero con el paso de los años, política y clan realmente no han llegado a desligarse nunca. En 2005, un prófugo napolitano había hallado hospitalidad en casa de un candidato que figuraba en las listas electorales del alcalde saliente. En el concejo municipal estuvo presente durante largo tiempo, en el grupo mayoritario, la hija de un guardia municipal acusado de cobrar comisiones por cuenta de los La Torre.

Augusto había sido severo incluso con los políticos. Quienes se oponían a los negocios de la familia debían, en cualquier caso, ser objeto todos ellos de castigos ejemplares y despiadados. La modalidad para la eliminación física de los enemigos de La Torre era siempre la misma, hasta tal punto que en la jerga criminal el método militar de Augusto se conoce como hacerlo «a la mondragonesa». La técnica consiste en arrojar a los pozos de la campiña los cuerpos destrozados por decenas y decenas de tiros, y acto seguido, lanzar una bomba de mano; de ese modo el cuerpo queda destrozado, y la tierra se derrumba sobre los restos, que se hunden en el agua. Eso era lo que Augusto La Torre había hecho con Antonio Nugnes, teniente de alcalde democristiano desaparecido sin dejar rastro en 1990. Nugnes representaba un obstáculo para la voluntad del clan de gestionar directamente las contratas públicas municipales y de intervenir en todos los acontecimientos políticos y administrativos. Augusto La Torre no quería aliados; quería ser él mismo, en persona, el que gestionara todos los negocios posibles. Era una fase en la que las opciones militares no se sopesaban demasiado. Primero se disparaba y luego se razonaba. Augusto era muy joven cuando se convirtió en capo de Mondragone. El objetivo de La Torre era ser accionista de una clínica privada en construcción, la Incaldana, de la que Nugnes poseía un nutrido paquete de acciones. Sería una de las clínicas más prestigiosas entre el Lacio y la Campania, a un paso de Roma, que atraería a un buen puñado de empresarios del bajo Lacio, resolviendo el problema de la falta de instalaciones hospitalarias eficientes en la costa domicia y la campiña pontina. Augusto había impuesto un nombre al consejo de administración de la clínica, el nombre de un delfín suyo, también empresario del clan, que se había enriquecido con la gestión de un vertedero. La Torre quería que fuera él quien representara a la familia. Nugnes se oponía; había comprendido que la estrategia de Augusto no se limitaría solo a meter el pie en un gran negocio, sino que habría algo más. Entonces La Torre envió a un emisario al teniente de alcalde para que tratara de ablandarle, para que le convenciera de que aceptara sus condiciones en la gestión económica de los negocios. Para un político democristiano no resultaba nada escandaloso entrar en contacto con un boss, tratar con su poder empresarial y militar. Los clanes eran la primera fuerza económica del territorio; rechazar la relación con ellos habría sido como si un teniente de alcalde de Turín se hubiera negado a entrevistarse con el gerente de la FIAT. Augusto La Torre no pensaba en adquirir acciones de la clínica a un precio ventajoso, como habría hecho un boss diplomático, sino que las quería gratis. A cambio, garantizaría que todas sus empresas adjudicatarias de las contratas de servicio, limpieza, comidas, transportes, vigilancia, etcétera, trabajarían con profesionalidad y a un precio muy ventajoso. Aseguraba que incluso sus búfalas producirían la leche más buena si la clínica pasaba a ser suya. A Nugnes le sacaron de su empresa agrícola con la excusa de una entrevista con el boss, y le llevaron a una casa de labranza situada en el pueblo de Falciano del Massico. Según las declaraciones del boss, allí le esperaban el propio Augusto, Jimmy —es decir, Girolamo Rozzera—, Massimo Gitto, Angelo Gagliardi, Giuseppe Valente, Mario Sperlongano y Francesco La Torre. Todos esperaban a que se realizase la emboscada. El teniente de alcalde, apenas bajó del coche, fue al encuentro del boss. Mientras Augusto alargaba los brazos para saludarle, masculló una frase dirigiéndose a Jimmy, tal como el propio boss confesaría más tarde ante los jueces:

—¡Ven! Ha llegado el tío Antonio.

Un mensaje claro y definitivo. Jimmy se acercó a Nugnes por la espalda y le disparó dos tiros que se le clavaron en la sien; luego, el propio boss le dio el tiro de gracia. Echaron el cuerpo a un pozo de cuarenta metros de profundidad en pleno campo, y después arrojaron dentro dos bombas de mano. Durante años no se supo nada de Antonio Nugnes. Llegaban llamadas telefónicas de personas que le habían visto por media Italia, cuando en realidad estaba en un pozo cubierto por quintales de tierra. Trece años después, Augusto y sus más estrechos colaboradores indicaron a los carabineros dónde podían encontrar los restos del teniente de alcalde que había osado oponerse al crecimiento de la empresa de los La Torre. Sin embargo, cuando los carabineros empezaron a recoger los restos se dieron cuenta de que no pertenecían a un solo hombre. Cuatro tibias, dos cráneos, tres manos… Durante más de diez años el cuerpo de Nugnes había estado junto al de Vincenzo Boccolato, un camorrista vinculado a Cutolo, que luego, tras la derrota de este, se había aproximado a los La Torre.

Boccolato había sido condenado a muerte porque, en una carta enviada desde la cárcel a un amigo suyo, había ofendido profundamente a Augusto. El boss la había encontrado por casualidad, mientras curioseaba por la sala de estar de un afiliado: hojeando papeles, había reconocido su nombre, y, espoleado por la curiosidad, se había puesto a leer la caterva de insultos y críticas que Boccolato le dedicaba. Antes de terminar de leer la carta ya le había condenado a muerte. Envió a matarle a Angelo Gagliardi, ex cutoliano como él, una de las personas en cuyo automóvil subiría sin sospechar nada. Los amigos son los mejores killers, los que consiguen hacer un trabajo más limpio, sin tener que perseguir al propio objetivo cuando este sale corriendo dando gritos. En silencio, cuando menos se lo espera, se le apoya la punta del cañón de la pistola en la nuca y se abre fuego. El boss quería que las ejecuciones se realizaran en una amigable intimidad. Augusto La Torre no soportaba que se ridiculizara su persona, no quería que alguien, al pronunciar su nombre, pudiera asociarlo inmediatamente después a una carcajada. Nadie había de atreverse.

Luigi Pellegrino, conocido por todos como «Gigiotto», era, en cambio, una de esas personas a las que les gusta chismorrear sobre todo lo concerniente a los poderosos de su ciudad. Son muchos los chicos que en tierras de la Camorra murmuran sobre las inclinaciones sexuales de los boss, sobre las orgías de los jefes de zona, sobre las hijas zorronas de los empresarios de los clanes. Pero, en general, los boss lo toleran, ya que tienen otras cosas en que pensar y, además, es inevitable que se forme un auténtico cotilleo en torno a la vida de los que mandan. Gigiotto chismorreaba sobre la mujer del boss; iba por ahí explicando que la había visto encontrarse con uno de los hombres de mayor confianza de Augusto. La había visto, en los encuentros con su amante, acompañada del propio chófer del boss. Al número uno de los La Torre, que lo gestionaba y controlaba todo, su mujer le ponía los cuernos ante sus mismas narices, y él no se enteraba. Gigiotto explicaba sus habladurías con variantes cada vez más detalladas y siempre distintas. Fuera invención o no, en la zona todos contaban la historia de la mujer del boss que se entendía con el brazo derecho de su marido, y todos tenían buen cuidado de citar la fuente: Gigiotto. Un día, este iba andando por el centro de Mondragone cuando oyó el ruido de una motocicleta que se acercaba a la acera un poco más de la cuenta. Apenas intuyó la deceleración del motor, empezó a correr. De la moto salieron dos tiros, pero Gigiotto, zigzagueando entre las farolas y los transeúntes, consiguió hacer vaciar todo el cargador al killer, que iba en la moto de pasajero. El conductor, pues, se vio obligado a perseguir a pie a Gigiotto, que se había refugiado en un bar tratando de ocultarse detrás de la barra. Sacó la pistola y le disparó a la cabeza delante de un montón de personas, que un momento después del homicidio se desvanecieron silenciosas y veloces. Según las investigaciones, el que quiso eliminarle fue el regente del clan, Giuseppe Fragnoli, que sin pedir siquiera autorización decidió quitar de en medio la mala lengua que tanto estaba infamando la imagen del boss.

En la mente de Augusto, Mondragone, sus campos, la costa, el mar, habían de ser solo un taller comercial, un laboratorio a disposición suya y de sus empresarios asociados, un territorio del que extraer material que exprimir en beneficio de sus empresas. Había impuesto la prohibición absoluta de vender droga tanto en Mondragone como en la costa domicia: la máxima orden que los boss casertanos dieran tanto a sus subordinados como a los que no lo eran. La prohibición nacía de un motivo moral, el de preservar a los propios conciudadanos de la heroína y la cocaína; pero sobre todo, se trataba de evitar que en su territorio los peones del clan, a base de traficar con droga, pudieran enriquecerse en el seno del propio poder y hallar inmediata savia económica para oponerse a los líderes de la familia. La droga que el cártel mondragonés llevaba de Holanda a las calles del Lacio y de Roma estaba taxativamente prohibida. Así, los mondragoneses tenían que coger el coche y viajar hasta Roma para comprar hierba, coca y heroína que llegaba a la capital procedente de los napolitanos, de los Casalesi y de los propios mondragoneses; como gatos que persiguieran su propia cola adherida a un culo que se hubiera alejado. El clan creó un grupo que guardaba ciertas reminiscencias con las centralitas de la policía; eran unas siglas: el GAD, Grupo Antidroga. Si te cogían con un porro en la boca, te rompían el tabique nasal; si cualquier esposa descubría una papelina de coca, bastaba con que hiciera llegar la voz a alguien del GAD para que al marido le quitaran las ganas de meterse a base de patadas y puñetazos en la cara, además de prohibir a los empleados de las gasolineras que le pusieran combustible si iba a Roma.

Un muchacho egipcio, Hassa Fajry, pagó duramente el hecho de ser heroinómano. Trabajaba guardando cerdos; eran cerdos negros casertanos, una raza rara, de ejemplares oscurísimos, más que las búfalas, pequeños y peludos, como acordeones de grasa de los que se sacaban salchichas magras, un gustoso salami y unas sabrosas chuletas. Un oficio infame, el de porquero. Siempre espalando estiércol, degollando lechones cabeza abajo y recogiendo la sangre en barreños. En Egipto era chófer, pero provenía de una familia campesina y, por tanto, sabía cómo tratar a los animales. Aunque no a los cerdos: era musulmán, y los gorrinos le provocaban doble repugnancia. Pese a ello, era mejor cuidar cerdos que tener que pasarse el día entero espalando la mierda de las búfalas, como hacen los indios. Los cerdos cagan la mitad de la mitad, y además las pocilgas tienen una superficie muchísimo más pequeña que los establos bovinos. Todos los árabes lo saben, y por eso aceptan cuidar puercos con tal de no acabar desmayado de cansancio por trabajar con los búfalos. Hassa empezó a meterse heroína; cada vez que iba en tren a Roma, tomaba su dosis y volvía a la pocilga. Al convertirse en un auténtico toxicómano el dinero nunca le llegaba, de modo que su camello le aconsejó que probara a vender en Mondragone, una ciudad sin mercado de droga. Aceptó, y empezó a vender delante del bar Domizia, hallando una clientela capaz de hacerle ganar en diez horas de trabajo lo que ganaba en seis meses como porquero. Bastó con una llamada telefónica del propietario del bar, hecha como se hace siempre por estos pagos, para que cesara la actividad. Se llama a un amigo, que llama a su primo, que se lo explica a su compadre, que le da la noticia a quien tiene que dársela. Un pasaje del que solo se conocen el punto inicial y final. A los pocos días, los hombres de los La Torre, los autoproclamados GAD, fueron directamente a su casa. Para evitar que se escapara entre los cerdos y las búfalas, y obligarles, de ese modo, a perseguirle a través del fango y de la mierda, llamaron al timbre de su cuchitril haciéndose pasar por policías. Lo metieron en un coche y se pusieron en marcha. Pero el coche no tomó la dirección de la comisaría. En cuanto Hassa Fajry comprendió que le iban a matar tuvo una extraña reacción alérgica. Como si el miedo hubiera desencadenado un shock anafiláctico, su cuerpo empezó a hincharse; parecía que alguien le estuviera insuflando aire violentamente. El mismo Augusto La Torre, al relatar lo sucedido a los jueces, se mostraría aterrado ante aquella metamorfosis: los ojos del egipcio se hicieron minúsculos, como si el cráneo los estuviera aspirando, por sus poros emanaba un sudor denso, como de miel, y por la boca le salía una baba que parecía requesón. Lo mataron entre ocho, pero solo fueron siete los que dispararon. Un arrepentido, Mario Sperlongano, declararía posteriormente: «Me parecía algo por completo inútil y estúpido disparar a un cuerpo sin vida». Sin embargo, siempre era así. Augusto estaba como ebrio de su nombre, del símbolo de su nombre. Detrás de él, detrás de cada una de sus acciones, tenían que estar todos sus legionarios, los legionarios de la Camorra. Homicidios que podían haberse resuelto con muy pocos ejecutores —uno, o, como máximo, dos— eran realizados, en cambio, por todos sus hombres de confianza. A menudo se requería que todos los presentes dispararan al menos un tiro aunque el cuerpo fuera ya cadáver. Uno para todos y todos para uno. Para Augusto, todos sus hombres debían participar, incluso cuando ello fuera superfluo. El continuo temor de que alguien se pudiera echar atrás le llevaba a obrar siempre en grupo. Podía suceder que los negocios de Amsterdam, Aberdeen, Londres o Caracas hicieran perder la razón a algún afiliado, convenciéndole de que podía actuar por sí mismo. Es aquí donde la crueldad es el verdadero valor del comercio: renunciar a ella significa perderlo todo. Después de haberle matado, el cuerpo de Hassa Fajry fue atravesado por centenares de jeringas de insulina, las mismas utilizadas por los heroinómanos. Un mensaje grabado en la piel que todos los mondragoneses de Formia habían de entender de inmediato. Y el boss no miraba a nadie a la cara. Cuando un afiliado, Paolo Montano, llamado «Zumpariello» —uno de los hombres más fiables de sus baterías de fuego—, empezó a drogarse, mostrándose incapaz de desengancharse de la coca, hizo que un amigo suyo de confianza le llamara para reunirse con él en una casa de labranza. Al llegar, Ernesto Cornacchia tenía que haberle vaciado todo el cargador, pero no quiso disparar por miedo a darle al boss, que se encontraba demasiado cerca de la víctima. Al verle dudar, Augusto sacó su pistola y mató a Montano; pero los disparos alcanzaron de rebote en un costado a Cornacchia, que de ese modo prefirió recibir una bala en el cuerpo antes que correr el riesgo de herir al boss. También el cuerpo de Zumpariello fue arrojado a un pozo que luego se hizo explotar, a la mondragonesa. Los legionarios habrían hecho cualquier cosa por Augusto: incluso cuando el boss se arrepintió, ellos le siguieron. En enero de 2003, tras el arresto de su mujer, el boss decidió dar el gran paso y arrepentirse. Se acusó a sí mismo y a sus hombres de confianza de una cuarentena de homicidios, ayudó a encontrar en la campiña mondragonesa los restos de las personas que había destrozado en el fondo de los pozos, y se denunció a sí mismo por decenas y decenas de extorsiones. Una confesión, no obstante, que incidía más en los aspectos militares que en los económicos. Al poco tiempo, le siguieron sus hombres más fieles: Mario Sperlongano, Giuseppe Valente, Girolamo Rozzera, Pietro Scuttini, Salvatore Orabona, Ernesto Cornacchia y Angelo Gagliardi. Los boss, una vez que han terminado en la cárcel, tienen en el silencio el arma más segura para conservar su autoridad, para seguir ostentando formalmente el poder aunque el duro régimen de la cárcel les aleje de su gestión directa. Pero el caso de Augusto La Torre es especial: al hablar, y al seguirle todos los suyos, no había de temer ya, con su defección, que alguien matara a su familia; ni, de hecho, su colaboración con la justicia parece haber sido determinante para mermar el imperio económico del cártel mondragonés. Solo ha sido fundamental para comprender la lógica de las matanzas y la historia del poder en la costa de Caserta y del Lacio. Augusto La Torre ha hablado del pasado, como muchos boss de la Camorra. Sin arrepentidos, la historia del poder no podría haberse escrito. Sin arrepentidos, la verdad de los hechos, los detalles, los mecanismos, se descubren diez, veinte años después; un poco como si un hombre comprendiese solo después de su muerte cómo funcionaban sus órganos vitales.

El riesgo del arrepentimiento de Augusto La Torre y de su estado mayor es que puede suponer importantes rebajas de penas por el relato de lo ya ocurrido, a cambio de la posibilidad de salir todos de la cárcel al cabo de unos cuantos años y conservar un poder económico legal, habiendo transferido el poder militar a otros, sobre todo a las familias albanesas. Como si a fin de evitar cadenas perpetuas y luchas intestinas por la alternancia de poderes hubieran decidido emplear su conocimiento de los hechos, relatados con precisión y veracidad, como mediación para seguir viviendo únicamente del poder legal de sus actividades. Augusto no soportaba la celda, no se veía capaz de resistir decenas de años de cárcel como los grandes boss junto a los que había crecido. Había pretendido que los comedores de la cárcel respetaran su dieta vegetariana, y dado que le gustaba el cine, pero no se podía tener un vídeo en la celda, pidió muchas veces al director de una emisora local de Umbría, donde estaba encarcelado, que emitiera las tres partes de *El padrino* cuando a él le apetecía, normalmente por la noche antes de dormir.

Según los jueces, el arrepentimiento de La Torre siempre ha rezumado ambigüedad, sin que este haya llegado jamás a renunciar a su papel de boss. Y el hecho de que las revelaciones del arrepentido son una extensión de su poder lo demuestra una carta que Augusto hizo entregar a su tío, donde le aseguraba que le había «salvado» de cualquier implicación en las actividades del clan, si bien, como hábil redactor, no escatima una clara amenaza a él y a otros dos parientes suyos, conjurando la hipótesis de que en Mondragone pueda surgir una alianza contra el boss:

—Tu yerno y su padre se sienten protegidos por personas que pasean su cadáver.

El boss, aunque arrepentido, desde la cárcel dell'Aquila incluso pedía dinero; eludiendo los controles, escribía cartas de órdenes y demandas que entregaba siempre a su chófer Pietro Scuttini, así como a su madre. Esas demandas, según la magistratura, eran extorsiones. Una nota de tono cortés, dirigida al dueño de una de las principales queserías de la costa domicia, es la prueba de que Augusto seguía teniéndolo a su disposición:

«Querido Peppe: Te pido un gran favor porque estoy arruinado, si quieres ayudarme, pero te lo pido solo en nombre de nuestra vieja amistad y no por otros motivos, y aunque me digas que no quédate tranquilo, ¡te protegeré siempre! Me bastan urgentemente diez mil euros, y luego tienes que decirme si puedes darme mil euros al mes, me bastan para vivir con mis hijos…».

El nivel de vida al que estaba habituada la familia La Torre se hallaba muy por encima de la ayuda económica que el Estado garantizaba a los colaboradores de la justicia. Solo llegué a comprender el volumen de negocio de la familia después de haber leído las cartas del «megaembargo» realizado por orden de la magistratura de Santa Maria Capua Vetere en 1992. Se embargaron bienes inmuebles por el valor actual de casi 230 millones de euros, diecinueve empresas por un valor de 323 millones de euros, a los que se añadían otros 133 millones correspondientes a instalaciones de producción y maquinaria. Se trataba de numerosas fábricas ubicadas entre Nápoles y Gaeta a lo largo de la costa domicia, entre ellas una quesería y una azucarera, cuatro supermercados, nueve villas a orillas del mar y edificios con terrenos anexos, además de automóviles de gran cilindrada y motocicletas. Cada fábrica tenía unos sesenta empleados. Los jueces dispusieron, además, el embargo de la sociedad adjudicataria de la recogida de los residuos en el municipio de Mondragone. Fue una operación gigantesca que venía a anular un poder económico exorbitante, aunque microscópico con respecto al verdadero volumen de negocio del clan. También se embargó una villa inmensa, una villa cuya fama llegaba incluso hasta Aberdeen. Cuatro plantas alzadas a pico sobre el mar, con una piscina decorada con un laberinto subacuático; construida en la zona de Ariana di Gaeta, y proyectada como la villa de Tiberio, no el patriarca del clan de Mondragone, sino el emperador romano que se retiró a gobernar a Capri. No he llegado a entrar jamás en esa villa, y la leyenda y los documentos judiciales han sido las lentes a través de las que he sabido de la existencia de este mausoleo imperial, emblema de las propiedades italianas del clan. Esta zona costera habría podido ser una especie de espacio infinito sobre el mar, capaz de conceder toda clase de fantasías a la arquitectura. Pero en lugar de ello, con el tiempo la costa casertana se ha convertido en un amasijo de casas y chalets construidos a toda velocidad para estimular un enorme flujo de turismo del bajo Lacio a Nápoles. En la costa domicia no hay planes urbanísticos, ni licencias. Así que los chalets que se extienden desde Castelvolturno hasta Mondragone se han convertido en los nuevos alojamientos donde meter a decenas de africanos, y los parques proyectados, las tierras que debían alojar nuevos conjuntos de casas y chalets para los veraneantes y el turismo, se han transformado en vertederos incontrolados. Ninguno de los pueblos de la costa cuenta con depuradora. Un mar de color pardusco baña hoy unas playas llenas de basura. En cuestión de pocos años se ha eliminado hasta la más remota traza de belleza. En verano, algunos locales de la costa domicia se convertían en auténticos burdeles; algunos de mis amigos se preparaban para la caza nocturna enseñando sus carteras vacías: no de dinero, sino de esos pequeños personajes de látex con alma circular que son los preservativos. Mostraban así que ir a follar a Mondragone sin preservativo no entrañaba ningún riesgo: «¡Esta noche se hace sin!».

El preservativo mondragonés era Augusto La Torre. El boss había decidido velar también por su propia salud y por la de sus súbditos, y Mondragone se convirtió en una especie de templo para la total seguridad frente a la más temida de las enfermedades infecciosas. Mientras el mundo entero se infectaba de VIH, el norte de la provincia de Caserta se hallaba estrictamente bajo control. El clan era muy minucioso, y mantenía en observación los análisis de todo el mundo. En la medida de lo posible, llevaba una lista completa de los enfermos: el territorio no debía infectarse. De ese modo supieron de inmediato que un hombre próximo a Augusto, Fernando Brodella, se había contagiado de VIH. Podía resultar arriesgado, ya que frecuentaba a las chicas del lugar. No se les ocurrió confiárselo a un buen médico ni pagarle la cura adecuada: no hicieron como el clan Bidognetti, que pagaba las operaciones en las mejores clínicas europeas a sus miembros, poniéndolos en manos de los médicos más hábiles. A Brodella le abordaron y lo asesinaron a sangre fría. Eliminar a los enfermos para frenar la epidemia: esa era la orden del clan. Una enfermedad infecciosa, y encima transmitida mediante el acto menos controlable, el sexo, solo podía detenerse atajando para siempre a los infectados. La única forma de asegurarse de que los enfermos no contagiaran a nadie era privándoles de la posibilidad de vivir.

También las propias inversiones de capital en la Campania tenían que ser seguras. De hecho, habían comprado una villa situada en el territorio de Anacapri, una estructura que alojaba el cuartel local de carabineros. Cobrar el alquiler de los carabineros les daba la certeza de no incurrir en lamentables carencias. Pero los La Torre, cuando comprendieron que la villa rendiría más con el turismo, desalojaron a los carabineros, y, tras dividir la estructura en seis apartamentos con jardín y garaje, la transformaron en un centro turístico, antes de que llegara la Antimafia y lo embargara todo. Eran inversiones limpias, seguras, sin ningún riesgo especulativo sospechoso.

Tras el arrepentimiento de Augusto, el nuevo boss, Luigi Fragnoli, siempre fiel a La Torre, empezó a tener problemas con algunos afiliados como Giuseppe Mancone, llamado «Rambo». Con un vago parecido a Stallone y un cuerpo hinchado a base de gimnasio, estaba montando un mercado que en breve le llevaría a ser un importante referente, y luego podría dar una patada a los viejos boss, cuyo carisma se había hecho añicos tras el arrepentimiento. Según la Fiscalía Antimafia, los clanes mondragoneses habían pedido a la familia Birra de Ercolano que les prestara a algunos killers. Así, para eliminar a Rambo llegaron a Mondragone, en agosto de 2003, dos ercolaneses. Llegaron con dos enormes motocicletas, de esas que son poco manejables, pero con un aspecto tan amenazador que resulta difícil resistirse a emplearlas en una emboscada. Ninguno de ellos había puesto jamás el pie en Mondragone, pero descubrieron fácilmente que la persona a la que habían de matar estaba en el Roxy Bar, como siempre. La moto se detuvo. Bajó un muchacho que con paso seguro se acercó a Rambo, le vació un cargador entero, y luego volvió al sillín de la moto.

—¿Todo en orden? ¿Lo has hecho?

—Sí, lo he hecho. ¡Venga, vámonos!

Cerca del bar había un grupo de chicas que estaban planificando la festividad del 15 de agosto. Apenas vieron llegar al muchacho con paso apresurado, comprendieron lo que sucedía, y además sabían diferenciar el ruido de una automática del de los petardos. Todas se arrojaron al suelo ocultando la cara, temiendo que el asesino las viera y, por tanto, pudieran convertirse en testigos. Pero hubo una que no agachó la cabeza. Una de ellas siguió mirando al killer sin bajar la vista, sin aplastar su pecho contra el asfalto o cubrirse el rostro con las manos. Era una maestra de preescolar de treinta y cinco años. Más adelante aquella mujer declaró, participó en los reconocimientos y denunció la encerrona. Entre los múltiples motivos por los que podía haber callado, hacer como si nada, volver a casa y vivir como siempre, estaba el miedo, el terror de la intimidación y, aún más, la sensación de la inutilidad de hacer arrestar a un killer, uno de tantos. Pero en lugar de ello, la maestra mondragonesa supo hallar, frente al revoltijo de razones para callarse, un único motivo: el de la verdad. Una verdad que tiene el sabor de la naturaleza, como un gesto habitual, normal, evidente, necesario como la propia respiración. Denunció sin pedir nada a cambio. No exigió dinero, ni escolta; no puso precio a su palabra. Reveló lo que había visto, describió el rostro del killer, sus pómulos angulosos, su tupido entrecejo. Después de los disparos, la moto huyó por el pueblo equivocándose varias veces de calle, metiéndose en callejones sin salida y teniendo que volver atrás. Más que killers, parecían turistas esquizofrénicos. En el juicio derivado del testimonio de la maestra resultó condenado a cadena perpetua Salvatore Cefariello, de veinticuatro años, considerado un killer a sueldo de los clanes de Ercolano. El juez que ha recogido los testimonios de la maestra la ha definido como «una rosa en el desierto», surgida en una tierra donde la verdad es siempre la versión de los poderosos, donde se anuncia como una mercancía rara que se puede trocar por cualquier beneficio.

Y sin embargo, esta confesión le ha hecho la vida difícil; es como si se le hubiese enredado un hilo en un gancho y toda su existencia se fuera deshilachando paralelamente al avance de su valeroso testimonio. Estaba a punto de casarse y su novio la ha dejado; ha perdido su trabajo; ha sido trasladada a otra localidad, protegida, y con un sueldo mínimo que le paga el Estado para sobrevivir; una parte de su familia se ha alejado de ella, y se le ha venido encima una soledad abismal. Una soledad que estalla violentamente en la vida cotidiana cuando se tienen deseos de bailar sin tener con quién hacerlo, teléfonos móviles que suenan a vacío, y amigos que poco a poco se van distanciando hasta dejarse de oír del todo. No es la confesión en sí lo que da miedo; no es el haber señalado a un killer lo que provoca escándalo. La lógica de la *omertà* no resulta tan banal. Lo que hace escandaloso el gesto de la joven maestra ha sido la decisión de considerar natural, instintivo y vital el hecho de poder declarar. Tener esta actitud vital es como creer realmente que la verdad puede existir, y esto, en una tierra en la que la verdad es aquello que te hace ganar y la mentira aquello que te hace perder, se convierte en una decisión inexplicable. Así, sucede que las personas que te rodean se sienten en dificultades, se sienten descubiertas por la mirada de quien ha renunciado a las reglas de la propia vida, que ellos, en cambio, han aceptado del todo. Las han aceptado sin vergüenza, porque en suma así es como debe ser, porque así es como ha sido siempre, porque no se puede cambiarlo todo con las propias fuerzas, y, por tanto, es mejor reservarlas, seguir el camino marcado y vivir como a uno le dejan vivir.

En Aberdeen, mi vista se había estrellado contra la materia del éxito del empresariado italiano. Es extraño observar estas lejanas ramificaciones cuando se conoce su centro. No sé cómo describirlo, pero tener delante los restaurantes, las oficinas, las aseguradoras, los edificios, es como sentir que te cogen por los tobillos, te ponen cabeza abajo y luego te sacuden hasta hacer caer de los bolsillos las monedas sueltas, las llaves de casa y todo lo que pueda salir de los pantalones y de la boca, incluso el alma en el caso de que sea posible comercializarla. Los flujos de capital partían hacia todas partes, como radios que se alimentaran chupando le energía de su propio centro. Saberlo no es lo mismo que verlo. Yo había acompañado a Matteo a una entrevista de trabajo, y, evidentemente, le habían cogido. Él quería que también yo me quedara en Aberdeen.

—Aquí basta con ser lo que eres, Roberto...

Matteo únicamente había necesitado ser originario de la Campania; le había bastado con eso solo para que se le valorara por su currículum, por su licenciatura, por sus ganas de hacer. El mismo origen que en Escocia le llevaba a ser un ciudadano con todos los derechos normales, en Italia le había limitado a que se le considerara poco más que un desecho de hombre, sin protección, sin interés, un derrotado ya de entrada porque no había hecho marchar su vida por la vía correcta. De improviso le embargaba una felicidad que no había sentido nunca. Pero cuanto más eufórico se ponía él, más me invadía a mí una amarga melancolía. Nunca he sido capaz de sentirme distante, lo bastante distante de donde he nacido; lejos de los comportamientos de las personas que odiaba, realmente distinto de las dinámicas feroces que aplastaban vidas y deseos. Nacer en ciertos lugares significa ser como el cachorro de perro de caza que nace ya con el olor de la liebre en el hocico. Contra toda voluntad, de una forma u otra corres igual detrás de la liebre; aunque después de haberla alcanzado puedas dejarla escapar abriendo los dientes. Y yo era capaz de entender los trazados, las calles, los senderos, con una obsesión inconsciente, con una capacidad maldita para comprender hasta el fondo los territorios de conquista.

Solo quería irme de Escocia, marcharme para no volver a poner el pie allí. Partí lo antes posible. En el avión era difícil conciliar el sueño; las turbulencias, la oscuridad al otro lado de la ventanilla, me apretaban directamente la garganta como si una corbata estrechara con fuerza su nudo precisamente sobre la nuez de Adán. Quizá la claustrofobia no se debiera a los asientos apretados y a las pequeñas dimensiones del avión, ni a las tinieblas de fuera, sino a la sensación de sentirme arrollado por una realidad que se asemejaba a un gallinero de bestias afamadas y apiñadas, dispuestas a comer para ser comidas. Como si todo fuese un solo territorio con una sola dimensión y una sola sintaxis comprensible en todas partes. Una sensación de que no hay salida; la constricción a formar o a no formar parte de la gran batalla. Volvía a Italia teniendo en mente las dos calles más rápidas de cualquier alta velocidad posible: las que vehiculan en un sentido los capitales que van a desembocar en la gran economía europea, y, en el otro, llevan hacia el sur todo lo que en otros lugares habría contaminado, haciéndolo entrar y salir por las redes forzadas de la economía abierta y flexible, logrando crear en otras partes, en un ciclo continuo de transformación, riquezas que jamás habría podido generar ninguna forma de desarrollo en los lugares en donde esa metamorfosis se originaba.

Los residuos habían hinchado la panza del sur de Italia, la habían extendido como un vientre grávido, cuyo feto no se desarrollaría jamás y que abortaría dinero para luego volver a embarazarse de inmediato, hasta abortar de nuevo, y luego nuevamente volver a llenarse hasta destrozar el cuerpo, sofocar las arterias, obturar los bronquios y destruir las sinapsis. Continuamente, continuamente, continuamente…

Tierra de los fuegos

Imaginar no es complicado. Formarse en la mente una persona, un gesto, o algo que no existe, no es difícil. No resulta complejo imaginar incluso la propia muerte. Pero lo más complicado es imaginar la economía en todas sus partes. Los flujos financieros, los márgenes de beneficio, las contrataciones, los débitos, las inversiones... No hay fisonomías que visualizar, cosas precisas que meterse en la mente. Se pueden imaginar las diversas determinaciones de la economía, pero no los flujos, las cuentas bancarias, las operaciones individuales. Si se prueba a imaginar la economía, se corre el riesgo de tener los ojos cerrados para concentrarse y estrujarse hasta ver aquellas psicodélicas deformaciones de colores que se forman en la pantalla del párpado.

Trataba cada vez más de reconstruir en la mente la imagen de la economía, algo que pudiera dar el sentido de la producción, de la venta, de las operaciones de descuento y de las compras. Era imposible encontrar un organigrama, una concordancia icónica precisa. Acaso el único modo de representar la economía en su trayectoria era intuir lo que dejaba atrás, seguir su reguero, las partes que, como escamas de piel muerta, iba dejando caer mientras consumía su trayecto.

Los vertederos eran el emblema más concreto de todo ciclo económico. Amontonan todo lo que ha sido, son la verdadera estela del consumo, algo más que la huella que todo producto deja en la corteza terrestre. El sur de Italia es la terminal de todos los residuos tóxicos, los restos inútiles, la escoria de la producción. Si los desechos que escapan al control oficial —según estimaciones de la asociación ecologista Legambiente— se unieran en un solo montón, su conjunto formaría una cordillera de catorce millones de toneladas: prácticamente como una montaña de 14.600 metros de altura con una base de tres hectáreas. Piénsese que el Mont Blanc tiene 4.810 metros y el Everest, 8.844, de modo que esa montaña de residuos que han escapado a los registros oficiales sería la mayor existente en toda la tierra. Es así como he imaginado el ADN de la economía, sus operaciones comerciales, las restas y sumas de los asesores fiscales, los dividendos de los beneficios: en la forma de esta enorme montaña. Una enorme cordillera que —como si se la hubiera hecho explotar— se ha dispersado por la mayor parte del sur de Italia, en las cuatro regiones con mayor número de delitos ecológicos: la Campania, Sicilia, Calabria y Apulia. La misma lista que surge cuando se habla de los territorios con las mayores organizaciones criminales, con la mayor tasa de paro y con la participación más alta en las convocatorias de voluntarios para el ejército y las fuerzas de policía. Una lista siempre igual, permanente, inmutable. La provincia de Caserta, la tierra del clan Mazzoni, entre el río Garellano y el lago Patria, durante treinta años ha absorbido toneladas de residuos, tanto tóxicos como ordinarios.

La zona más golpeada por el cáncer del tráfico de venenos se encuentra entre los municipios de Grazzanise, Cancello Arnone, Santa Maria La Fossa, Castelvolturno, Casal di Principe —casi trescientos kilómetros cuadrados de extensión— y en el perímetro napolitano de Giugliano, Qualiano, Villaricca, Nola, Acerra y Marigliano. Ningún otro territorio del mundo occidental ha tenido una carga mayor de residuos, tóxicos y no tóxicos, vertidos ilegalmente. Gracias a este negocio, la facturación que ha caído en los bolsillos del clan y de sus intermediarios ha alcanzado en cuatro años la cifra de 44.000 millones de euros. Un mercado que ha experimentado en los últimos tiempos un incremento global del 29,8 por ciento, equiparable únicamente a la expansión del mercado de la cocaína. Desde finales de la década de 1990, los clanes camorristas se han convertido en los líderes continentales del vertido de residuos. Ya en el informe realizado en 2002 por el ministro del Interior para el Parlamento italiano se hablaba claramente del paso de la recogida de residuos a un pacto empresarial con algunos de los responsables de las obras, para acabar ejerciendo un control total sobre el ciclo entero. El clan de los Casalesi, en sus dos vertientes, una dirigida por Schiavone Sandokan y la otra por Francesco Bidognetti, alias «Cicciotto di Mezzanotte», se reparte este gran negocio, un mercado tan enorme que —pese a haber constantes tensiones— no les ha llevado nunca a un choque frontal. Pero los Casalesi no están solos en esto. Está también el clan Mallardo de Giugliano, un cártel habilísimo a la hora de recolocar de manera rápida las ganancias del propio tráfico, y capaz de vehicular en su territorio una cantidad inmensa de residuos. En la zona de Giugliano se ha descubierto una antigua cantera abandonada rebosante de residuos. Se estima que la cantidad allí vertida equivale a unos 28.000 camiones TIR, un volumen que uno se puede representar imaginando una fila de camiones, cada uno de ellos pegado al parachoques del otro, que llegaría desde Caserta hasta Milán.

Los boss no han tenido el menor escrúpulo en recubrir de veneno sus propios pueblos, dejando pudrirse las tierras que rodeaban sus propias villas y sus propios dominios. La vida de un boss es breve; el poder de un clan, entre guerras internas, arrestos, matanzas y cadenas perpetuas, no puede durar mucho. Ahogar en residuos tóxicos un territorio, rodear los propios pueblos de montañas de veneno puede resultar un problema solo para quien posee una dimensión de poder a largo plazo y dotada de una responsabilidad social. En la inmediatez del negocio, en cambio, no hay más que un elevado margen de beneficios y la ausencia de cualquier contraindicación. La parte más consistente del tráfico de residuos tóxicos tiene un vector único: el vector norte-sur. Desde finales de la década de 1990 se han vertido entre Nápoles y Caserta 18.000 toneladas de residuos tóxicos procedentes de Brescia, mientras que en el plazo de cuatro años un millón de toneladas han acabado en Santa Maria Capua Vetere. Desde el norte, los residuos tratados en las instalaciones de Milán, Pavía y Pisa se enviaban después a la Campania. La Fiscalía de Nápoles y la de Santa Maria Capua Vetere descubrieron, en enero de 2003, y gracias a las investigaciones coordinadas por el fiscal Donato Ceglie, que en cuarenta días habían llegado más de 6.500 toneladas de residuos de Lombardía a Trentola Ducenta, cerca de Caserta.

Los campos de las provincias de Nápoles y de Caserta son auténticos mapamundis de basura, papeles de tornasol de la producción industrial italiana. Visitando vertederos y canteras es posible ver el destino de decenios enteros de productos industriales italianos. Siempre me ha gustado dar vueltas con la Vespa por los caminos que bordean los vertederos. Es como andar sobre residuos de civilizaciones, sobre estratos de operaciones comerciales; como flanquear pirámides de producción, trazas de kilómetros consumidos. Pistas forestales a menudo muy mal asfaltadas para facilitar el acceso de los camiones. Territorios donde la geografía de los objetos se halla integrada por un mosaico variado y múltiple. Todo resto de producción y de actividad tiene su ciudadanía en estas tierras. En cierta ocasión, un campesino estaba arando un campo que acababa de comprar, exactamente en el límite entre las provincias de Nápoles y de Caserta. El motor del tractor se calaba; era como si aquella tierra fuese especialmente compacta. De pronto empezaron a asomar trozos de papel por ambos lados de la reja. Era dinero. Miles y miles de billetes de banco; cientos de miles. El campesino bajó de un salto del tractor y empezó a recoger frenéticamente todos los fragmentos de dinero, como un botín oculto por quién sabe qué bandido, fruto de quién sabe qué inmenso robo. Era solo dinero desmenuzado y descolorido; billetes de banco triturados procedentes del Banco de Italia, toneladas de fardos de dinero ya desechado y fuera de curso legal. El templo de la lira había acabado bajo tierra; los restos del viejo papel moneda liberaban su plomo en un campo de coliflores.

Cerca de Villaricca, los carabineros descubrieron un terreno donde se habían acumulado los papeles utilizados para limpiar las ubres de las vacas procedentes de centeneras de granjas de las regiones del Véneto, Emilia y Lombardía. Las ubres de las vacas se limpian constantemente, dos, tres, cuatro veces al día; cada vez que hay que ponerles las ventosas de los ordeñadores automáticos, los mozos de cuadra tienen que limpiarlas. A menudo las vacas enferman de mastitis y otras patologías similares, y empiezan a segregar pus y sangre; pero en ningún momento se les prescribe reposo: simplemente hay que limpiarlas cada media hora, ya que, de lo contrario, el pus y la sangre terminan en la leche, estropeando barriles enteros. Cuando pasé junto a las montañas de papel de ubre sentí un fuerte hedor a leche agria. Acaso era pura sugestión, y tal vez aquel color amarillento de los papeles amontonados deformaba incluso los sentidos. Pero lo cierto es que estos residuos, acumulados a lo largo de decenios, han reestructurado los horizontes, creado nuevos olores, hecho surgir siluetas de colinas inexistentes; las montañas devoradas por las canteras de repente han recuperado la masa perdida. Pasear por el interior de la Campania es como absorber los olores de todo lo que producen las industrias. Al ver mezclada en la tierra la sangre arterial y venosa de las fábricas de todo el territorio, viene a la mente algo parecido a las bolas de plastilina modeladas por los niños con todos los colores disponibles. Cerca de Grazzanise se había acumulado toda la tierra de desecho de la ciudad de Milán. Durante decenios, toda la basura recogida en los cubos de los barrenderos milaneses, el producto de sus escobazos matutinos, se había agrupado y expedido hacia esa zona. Cada día, 800 toneladas de residuos de la provincia de Milán acaban en Alemania; sin embargo, la producción total de la ciudad es de 1.300 toneladas diarias: faltan, pues, otras 500, que no se sabe dónde van a parar. Es muy probable que estos residuos fantasma se dispersen por todo el sur de Italia. Incluso hay tóner de impresoras contaminando la tierra, tal como ha puesto al descubierto la operación de 2006 «Madre Tierra», coordinada por la Fiscalía de Santa Maria Capua Vetere. Entre Villa Literno, Castelvolturno y San Tammaro, el tóner de todas las impresoras de oficina de la Toscana y Lombardía se vertía de noche desde camiones que oficialmente transportaban compost, un tipo de fertilizante. Su olor era ácido y fuerte, y afloraba cada vez que llovía. Las tierras estaban llenas de cromo hexavalente. Si se inhala, este se fija en los glóbulos rojos y en los cabellos y provoca úlceras, dificultades respiratorias, problemas renales y cáncer de pulmón. Cada metro de tierra lleva su carga peculiar de residuos. En cierta ocasión, un amigo mío dentista me explicaba que algunos muchachos le habían llevado calaveras. Auténticas calaveras, de seres humanos, para que les limpiara los dientes. Como pequeños Hamlets, en una mano llevaban el cráneo y en la otra un fajo de billetes para pagar la limpieza de boca. El dentista les echó de la consulta y luego me telefoneó nervioso:

—Pero ¿de dónde coño sacan esos cráneos? ¿Dónde van a buscarlos?

Él se imaginaba escenas apocalípticas, ritos satánicos, chiquillos iniciados en el verbo de Belcebú. Yo sonreía. No era difícil saber de dónde venían. En cierta ocasión, pasando cerca de Santa Maria Capua Vetere con mi Vespa, se me había pinchado una rueda. El neumático se había rajado al pasar por encima de una especie de bastón afilado que yo creí un fémur de búfalo. Pero era demasiado pequeño para ser de búfalo: era un fémur humano. En los cementerios se realizan exhumaciones periódicas: sacan a los que los sepultureros más jóvenes llaman «los archimuertos», los que llevan más de cuarenta años bajo tierra. En teoría, estos restos habrían de tratarse, junto a los ataúdes y demás material del cementerio, mediante la gestión de empresas especializadas. El coste de este tratamiento resulta muy elevado, de modo que los directores de los cementerios dan dinero a los sepultureros para que excaven y luego lo echen todo en un camión: tierra, ataúdes podridos y huesos. Así, tatarabuelos, bisabuelos, abuelos de quién sabe qué ciudad se amontonaban en los campos de Caserta. Se llegaron a verter tantos —como descubriría el NAS de Caserta en febrero de 2006— que la gente, cuando pasaba cerca, se persignaba, como si se tratara de un cementerio. Los chiquillos les mangaban los guantes de cocina a sus madres, y, excavando con manos y cucharas, buscaban los cráneos y las cajas torácicas que estuvieran intactos. Los vendedores de los rastros llegaban a comprar un cráneo con los dientes blanqueados hasta por cien euros; y por una caja torácica intacta, con todas las costillas, podían pagarse hasta trescientos. Las tibias, fémures y brazos no tienen salida. Las manos sí, pero sus trozos se pierden fácilmente entre la tierra. Una calavera con los dientes negros vale cincuenta euros, pero estas no tienen un gran mercado: parece que a la clientela no le repugna tanto la idea de la muerte como el hecho de que el esmalte de los dientes empiece poco a poco a pudrirse.

De norte a sur, los clanes consiguen drenar de todo. El obispo de Nola definió el sur de Italia como el vertedero ilegal de la Italia rica e industrializada. Las escorias derivadas de la metalurgia térmica del aluminio, los peligrosos polvos de extracción de humos, en particular los producidos en la industria siderúrgica, las centrales termoeléctricas y las incineradoras; los residuos de los barnices, los líquidos refluentes contaminados de metales pesados, el amianto, las tierras contaminadas procedentes de actividades de saneamiento, que van a contaminar terrenos que aún no lo están; y también residuos producidos por empresas o instalaciones peligrosas de petroquímicas históricas como la antigua Enichem de Priolo, los fangos de curtido de la zona de Santa Croce sull'Arno, o los fangos de las depuradoras de Venecia y de Forlì, propiedad de sociedades mayoritariamente de capital público.

El mecanismo del vertido ilícito parte de empresarios de grandes compañías, o incluso de pequeñas, que quieren eliminar a precios irrisorios sus residuos, el material de desecho del que ya no es posible extraer nada sin coste alguno. En la segunda fase se hallan los titulares de centros de almacenaje que emplean una técnica consistente en recoger los residuos tóxicos y en muchos casos mezclarlos con residuos ordinarios, de modo que diluyen su concentración tóxica y de ese modo eluden su clasificación, de acuerdo con el CER (el Catálogo Europeo de Residuos), como residuos tóxicos.

Los químicos son fundamentales para reclasificar un cargamento de residuos tóxicos como basura inocua. Muchos de ellos entregan un formulario de identificación falso con códigos de análisis engañosos. Después están los transportistas que recorren el país para llegar hasta el sitio prescrito para los vertidos, y finalmente, los responsables de dichos vertidos. Estos pueden ser gestores de vertederos autorizados o de instalaciones de compostaje en donde se cultivan los residuos para hacer abono, pero pueden ser también propietarios de canteras abandonadas o de terrenos agrícolas que se utilizan para vertidos ilegales. Allí donde haya un espacio con un propietario puede haber un vertedero. También son elementos necesarios para el funcionamiento de todo el mecanismo los funcionarios y empleados públicos que no controlan ni verifican las diversas operaciones, o conceden la gestión de canteras y vertederos a personas claramente integradas en organizaciones criminales. Los clanes no tienen que hacer pactos de sangre con los políticos, ni aliarse con partidos enteros. Basta con un funcionario, un técnico, un empleado, con cualquiera que desee aumentar su sueldo, y para ello, con extremada flexibilidad y silenciosa discreción, se las arregle para que el negocio salga adelante en provecho de todas las partes implicadas. Los verdaderos artífices de la mediación son, sin embargo, los que se conocen como «stakeholders»; son ellos los auténticos genios criminales del empresariado del vertido ilegal de residuos peligrosos. En este territorio, entre Nápoles, Salerno y Caserta, se forjan los mejores stakeholders de toda Italia. Por stakeholder (que en inglés significa «interesado» o «depositario») se entiende, en la jerga empresarial, aquella figura de la empresa que participa en el proyecto económico y que, asimismo, se halla en disposición de influir con su actividad, directa o indirectamente, en sus resultados. En Italia, los stakeholders de los residuos tóxicos se habían convertido en una auténtica clase dirigente. Y durante los desesperantes períodos de paro de mi vida no era raro que alguien me dijera:

—Eres licenciado y tienes cualidades, ¿por qué no te metes a stakeholder?

Para los licenciados del sur que no tenían un padre abogado o notario, esa era una vía segura hacia el enriquecimiento y la satisfacción profesional. Los licenciados con buena presencia se convertían en intermediarios después de pasar algunos años en Estados Unidos o en Inglaterra especializándose en políticas medioambientales. Yo he conocido a uno de ellos. Uno de los primeros, y uno de los mejores. Antes de escucharle, antes de observar su trabajo, no tenía ni idea del filón que representaban los residuos. Se llamaba Franco, y le conocí en el tren, volviendo de Milán. Obviamente, se había licenciado en la milanesa Universidad Bocconi, y en Alemania se había especializado en políticas de recuperación medioambiental. Una de las mayores habilidades de los stakeholders es la de saberse de memoria el CER y comprender cómo manejarse con él. Eso les permitía saber cómo tratar los residuos tóxicos, cómo eludir las normas, cómo ofrecer a la comunidad empresarial atajos clandestinos. Franco, originario de Villa Literno, quería atraerme a su profesión. Había empezado a hablarme de su trabajo partiendo del aspecto exterior. Normas y obstáculos para el éxito de un stakeholder. Si tenías entradas o te clareaba la coronilla, habías de evitar taxativamente emparrados y peluquines. Para mantener la imagen de triunfador, estaba prohibido llevar el cabello largo a ambos lados de la cabeza para tapar los espacios vacíos causados por la calvicie. El cráneo debía estar rapado, o como máximo con una rala pelusa de cabellos cortos. Según Franco, si el stakeholder era invitado a una fiesta, debía acudir siempre acompañado de una mujer y evitar hacer el triste papel de ir detrás de todas las faldas presentes. Si no tenía novia o no tenía una que estuviera a la altura de las circunstancias, tenía que pagarse a una señorita de compañía de lujo, de las más elegantes. Los stakeholders de los residuos se presentan ante los propietarios de empresas químicas, de curtidurías, de fábricas de plásticos, y les ofrecen sus listas de precios.

El tratamiento de residuos representa un coste que ningún empresario italiano considera necesario. Los stakeholders repiten siempre la misma metáfora:

—Para ellos es más útil la mierda que cagan que los residuos, para cuyo tratamiento tienen que desembolsar montones de dinero.

Sin embargo, jamás han de dar la impresión de estar ofreciendo una actividad delictiva. Los stakeholders ponen en contacto a las industrias con los responsables de los vertederos de los clanes, y, aunque a cierta distancia, controlan todos los pasos de la eliminación de los residuos.

Existen dos clases de productores de residuos. Por una parte, los que no tienen otro objetivo que ahorrar en el precio del servicio, sin que les importe la fiabilidad de las empresas con las que subcontratan la eliminación de sus residuos. Son los que consideran que su responsabilidad termina en el momento en que los barriles de veneno salen del perímetro de sus empresas. Y luego están los directamente implicados en las operaciones ilegales, que se encargan ellos mismos de eliminar sus residuos de manera ilícita. En ambos casos, la mediación del stakeholder es necesaria para garantizar los servicios de transporte y la indicación del lugar del vertido, así como su ayuda a la hora de dirigirse a quien corresponda para la desclasificación de un cargamento. La oficina del stakeholder es su coche. Con un teléfono y un ordenador portátil mueven cientos de miles de toneladas de residuos. Sus ganancias van a comisión sobre los contratos con las empresas y en relación a los kilos de residuos contratados para su eliminación. Los stakeholders tienen una lista de precios variable. Los diluyentes, que, por ejemplo, un stakeholder ligado a los clanes puede eliminar sin dificultad, van de los 10 a los 30 céntimos el kilo; el pentasulfuro de fósforo, a un euro el kilo; las tierras removidas de las carreteras, a 55 céntimos el kilo; los embalajes con restos de residuos peligrosos, a 1,40 euros; las tierras contaminadas, hasta 2,30 euros; los materiales de desecho de los cementerios, a 15 céntimos; las partes no metálicas de los automóviles, a 1,85 euros el kilo, transporte incluido. Los precios propuestos, obviamente, tienen en cuenta las exigencias de los clientes y las dificultades del transporte. Las cantidades gestionadas por los stakeholders son enormes, y sus márgenes de beneficio exorbitantes.

La denominada «Operación Houdini» de 2004 ha demostrado que una sola instalación industrial del Véneto gestionaba ilegalmente cerca de doscientas mil toneladas de residuos al año. El coste de mercado para gestionar correctamente los residuos tóxicos impone precios que van de los 21 a los 62 céntimos el kilo; los clanes proporcionan el mismo servicio a 9 o 10 céntimos el kilo. En 2004, los stakeholders de la Campania llegaron a garantizar que ochocientas toneladas de tierras contaminadas de hidrocarburos, propiedad de una empresa química, se trataran al precio de 25 céntimos el kilo, transporte incluido; un ahorro del 80 por ciento sobre los precios normales.

La verdadera fuerza de los intermediarios, de los stakeholders que trabajan con la Camorra, es su capacidad de garantizar un servicio en todas y cada una de sus fases, mientras que los intermediarios de las empresas legales ofrecen precios más altos y que no incluyen el transporte. Sin embargo, los propios stakeholders casi nunca son afiliados de los clanes. No hace falta. La no afiliación constituye una ventaja para ambas partes. Los stakeholders pueden trabajar para distintas familias, como agentes libres, sin tener que asumir obligaciones militares o imposiciones concretas, y sin tener que convertirse en peones de guerra. En todas las operaciones de la magistratura italiana cogen siempre a unos cuantos, pero las condenas nunca son muy duras, puesto que resulta difícil demostrar su responsabilidad directa, dado que oficialmente no toman parte en ninguno de los pasos de la cadena de la eliminación delictiva de recursos.

Con el tiempo he aprendido a ver con los ojos del stakeholder; una mirada distinta de la del constructor. Un constructor ve el espacio vacío como algo que hay que llenar, trata de convertir en lleno el vacío; el stakeholder piensa, en cambio, en cómo hallar el vacío en lo lleno.

Franco, cuando caminaba, no observaba el paisaje, sino que pensaba en cómo poder meter algo dentro. Era como ver todo lo existente a manera de una gran alfombra y buscar en las montañas, en los lados de los campos, el borde que hay que levantar para barrer debajo todo lo posible. En cierta ocasión, mientras caminábamos, Franco observó el emplazamiento abandonado de un surtidor de gasolina, y pensó de inmediato en que los depósitos subterráneos podrían albergar decenas de pequeños barriles de residuos químicos. Una tumba perfecta. Así era su vida, una continua búsqueda del vacío. Más tarde, Franco dejó de hacer de stakeholder, de recorrer kilómetros y kilómetros con su coche, de ofrecerse a los empresarios del nordeste del país y de ser contratado por media Italia. Montó un curso de formación profesional. Sus principales alumnos eran chinos, llegados de Hong Kong. Los stakeholders orientales habían aprendido de los italianos a tratar con las empresas de toda Europa, a ofrecer precios y soluciones rápidas. Cuando en Inglaterra aumentaron los costes de la eliminación de residuos, se presentaron los stakeholders chinos discípulos de los de la Campania. En Rotterdam, la policía portuaria holandesa descubrió en marzo de 2005, justo cuando partían hacia China, mil toneladas de residuos urbanos ingleses expedidos oficialmente como papel para maceración destinado al reciclaje. Un millón de toneladas de residuos de las empresas de alta tecnología parten cada año de Europa para ser vertidos en China. Los stakeholders los llevan a Guiyu, al nordeste de Hong Kong; sepultados, aplastados bajo tierra, sumergidos en lagos artificiales. Como en Caserta. Debido a ello, han contaminado Guiyu con tal velocidad que los estratos acuíferos se hallan ahora totalmente comprometidos, hasta el punto de verse obligados a importar el agua potable de las provincias vecinas. El sueño de los stakeholders de Hong Kong es hacer de Nápoles el puerto de enlace de los residuos europeos, un centro de recogida flotante donde poder estibar en contenedores el oro de la basura que acabará sepultada en las tierras de China.

Los stakeholders de la Campania eran los mejores; habían batido a la competencia de los calabreses, los apulianos y los romanos debido a que, gracias a los clanes, habían convertido los vertederos de la Campania en un enorme almacén de rebajas, sin solución de continuidad. En treinta años de tráfico han llegado a apoderarse de todo, a gestionar la eliminación de cualquier cosa con un único objetivo: abaratar los costes y aumentar las cantidades que eliminar. La investigación denominada «Rey Midas», de 2003, que toma su nombre de una llamada telefónica interceptada de un traficante —«Y nosotros, en cuanto tocamos la basura, hacemos que se convierta en oro»—, mostraba que todas y cada una de las fases del ciclo de los residuos recibía su parte de beneficios.

Cuando iba en el coche con Franco tenía ocasión de escuchar sus llamadas telefónicas. Daba asesoramiento inmediato acerca de cómo y dónde había que verter los residuos tóxicos. Hablaba de cobre, arsénico, mercurio, cadmio, plomo, cromo, níquel, cobalto o molibdeno; pasaba de los residuos de curtiduría a los hospitalarios, de los desechos urbanos a los neumáticos; explicaba cómo tratarlos, sabía de memoria listas enteras de personas y lugares de vertido a los que dirigirse. Yo pensaba en los venenos mezclados con compost, pensaba en las tumbas para barriles de alta toxicidad excavadas en las entrañas de los campos. Y me ponía pálido. Franco se daba cuenta de ello.

—¿Te da asco este oficio? Pero, Roberto, ¿sabes que los stakeholders han hecho entrar en Europa a este país de mierda? ¿Lo sabes o no? ¿Y sabes cuántos obreros han podido salvar el culo gracias a que yo he hecho que sus empresas no se gasten un carajo?

Franco había nacido en un lugar que le había entrenado bien, ya desde niño. Sabía que en los negocios o se ganaba o se perdía —no había espacio para nada más—, y él no quería perder, ni hacer perder a aquellos para los que trabajaba. Lo que él se decía a sí mismo y me decía a mí, las excusas que se explicaba, eran, no obstante, datos feroces, una lectura inversa respecto a cómo yo había visto hasta entonces la eliminación de residuos tóxicos. Uniendo todos los datos derivados de las investigaciones realizadas por la Fiscalía de Nápoles y la Fiscalía de Santa Maria Capua Vetere desde finales de la década de 1990 hasta hoy, es posible calcular que la ventaja económica para las empresas que se dirigen a gestores de residuos de la Camorra puede cuantificarse en quinientos millones de euros. Yo era consciente de que las investigaciones judiciales habían descubierto solo una parte de las infracciones, y, debido a ello, me entró una especie de vértigo. Muchas empresas del norte habían podido crecer, contratar, hacer competitivo todo el tejido industrial del país hasta el punto de poderlo impulsar hacia Europa, gracias a haberse liberado del lastre representado por el coste de los residuos, que los clanes napolitanos y casertanos les habían aligerado. Schiavone, Mallardo, Moccia, Bidognetti, La Torre y todas las demás familias habían ofrecido un servicio criminal capaz de relanzar la economía y hacerla competitiva. La operación «Casiopea», en 2003, demostró que cada semana partían del norte hacia el sur de Italia cuarenta camiones TIR cargados de residuos, y, según la reconstrucción de los investigadores, se vertía, sepultaba, arrojaba y enterraba cadmio, cinc, restos de barniz, fangos de depuradoras, plásticos varios, arsénico, desechos de las acererías y plomo. La línea directriz norte-sur era la vía privilegiada por los traficantes. Muchas empresas vénetas y lombardas, a través de los stakeholders, habían adoptado su propio territorio en Nápoles o en Caserta, transformándolo en un enorme vertedero. Se calcula que en los últimos cinco años, en la Campania, se han vertido ilegalmente cerca de tres millones de toneladas de residuos de todo tipo, de las que un millón han ido a parar a la provincia de Caserta; una provincia que en el «plan urbanístico» de los clanes ha sido asignada al enterramiento de residuos.

Un papel relevante en la geografía del tráfico ilícito lo desempeña la región de la Toscana, la más ecologista de Italia. Aquí se concentran diversas clases de tráficos ilegales, de la producción a la mediación, todas ellas sacadas a la luz en al menos tres investigaciones: la operación «Rey Midas», la operación «Mosca» y la operación denominada «Agricultura Biológica», de 2004.

De la Toscana no llegan solo ingentes cantidades de residuos gestionados ilegalmente. La región se ha convertido en una verdadera base operativa fundamental para toda una serie de sujetos dedicados a estas actividades delictivas: desde los stakeholders hasta los químicos conniventes, pasando por los propietarios de las instalaciones de compostaje que permiten realizar las mezclas. Pero el territorio de reciclaje de los residuos tóxicos está aumentando su perímetro. Otras investigaciones han revelado la implicación de regiones que parecían inmunes, como Umbría y Molise. Aquí, gracias a la operación «Mosca», coordinada por la Fiscalía de Larino en 2004, se ha descubierto el vertido ilícito de 120 toneladas de residuos especiales procedentes de industrias metalúrgicas y siderúrgicas. Los clanes habían logrado triturar 320 toneladas de asfalto desechado con una altísima densidad de alquitrán, y habían identificado una instalación de compostaje disponible para mezclarlo con tierra, y, por tanto, ocultarlo en la campiña de Umbría.

El reciclado llega a metamorfosis capaces de ganancias exorbitantes en cada una de sus fases. No bastaba con ocultar los residuos tóxicos: además, se podían transformar en fertilizantes, recibiendo así dinero por vender los venenos. Cuatro hectáreas de terreno al abrigo del litoral de Molise se cultivaron con abono extraído de los residuos de las curtidurías. Se encontraron nueve toneladas de cereal que contenían una elevadísima concentración de cromo. Los traficantes habían elegido el litoral de Molise —concretamente, el tramo entre Termoli y Campomarino— para verter abusivamente residuos especiales y peligrosos procedentes de diversas empresas del norte de Italia. Sin embargo, según las investigaciones coordinadas en los últimos años por la Fiscalía de Santa Maria Capua Vetere, el Véneto es el verdadero centro de almacenaje, que desde hace años alimenta los tráficos ilegales en todo el territorio italiano. Las fundiciones septentrionales hacen eliminar sus escorias sin tomar precauciones, mezclándolas en el compost utilizado para abonar centenares de campos de cultivo.

Los stakeholders de la Campania utilizan a menudo las rutas del narcotráfico que los clanes ponen a su disposición para encontrar nuevos terrenos que excavar, nuevas tumbas que llenar. Ya en la investigación «Rey Midas», diversos traficantes estaban entablando relaciones para organizar el tráfico de residuos en Albania y en Costa Rica. Pero hoy cualquier canal es posible: tráfico hacia el Este, hacia Rumanía, donde los Casalesi tienen cientos y cientos de hectáreas de terreno; o en los países africanos: Mozambique, Somalia y Nigeria. Todos ellos países donde los clanes tienen apoyos y contactos desde siempre. Una de las cosas que más me alteró fue ver los rostros de los colegas de Franco, las caras tensas y preocupadas de los stakeholders de la Campania, el día del tsunami. En cuanto observaban las imágenes del desastre en la televisión, se ponían pálidos. Era como si todos ellos tuviesen mujeres, amantes e hijos en peligro. Pero, en realidad, el peligro afectaba a algo más preciado: sus negocios. En efecto, a causa de la ola provocada por el maremoto se encontraron en las playas de Somalia, entre Obbia y Warsheik, cientos de barriles llenos hasta arriba de residuos peligrosos y radiactivos enterrados en las décadas de 1980 y 1990. Ahora la atención de los medios podría bloquear sus nuevos tráficos, las nuevas válvulas de escape. Pero ese riesgo pronto quedó conjurado. Las campañas de beneficencia para los refugiados desviaron la atención de aquellos bidones de veneno surgidos de la tierra que flotaban junto a los cadáveres. El propio mar se estaba convirtiendo en territorio de constantes vertidos. Cada vez más traficantes llenaban de residuos las bodegas de barcos que luego, simulando un accidente, echaban a pique. La ganancia era doble: la aseguradora pagaba por el accidente, y los residuos se hundían en el mar hasta el fondo.

Mientras los clanes encontraban en todas partes espacio para los residuos, la administración de la región de Campania, después de diez años de intervención por infiltración camorrista, ya no lograba encontrar el modo de eliminar su propia basura. En la Campania terminaban ilegalmente los residuos de todas partes de Italia, mientras que la propia basura de la región, en las situaciones de emergencia, se enviaba a Alemania, a un precio de eliminación cincuenta veces superior al que la Camorra ofrecía a sus clientes. Las investigaciones señalaron que solo en la región de Nápoles, de dieciocho empresas de recogida de residuos, quince están directamente ligadas a los clanes camorristas.

El territorio está ahogado en basura, y parece imposible encontrar una solución. Durante años, los residuos de la Campania se han ido amontonando en forma de las denominadas «ecobalas», enormes balas cúbicas de basura triturada y embalada con bandas blancas. Solo para eliminar las acumuladas hasta ahora harían falta cincuenta y seis años. La única solución que parece proponerse es la de las incineradoras. Como en Acerra, donde se han generado revueltas y protestas feroces que han criticado incluso la mera idea de construir una posible incineradora en la zona. Con respecto a las incineradoras, los clanes tienen una actitud ambivalente. Por un lado están en contra, puesto que les gustaría seguir viviendo de vertederos y hogueras, y además la actual situación de emergencia permite especular con los terrenos de vertido de las ecobalas, unos terrenos que ellos mismos arriendan. Sin embargo, en el caso de que se construyera la incineradora están listos para optar a las subcontratas de su construcción, y, posteriormente, de su gestión. Pero allí donde las investigaciones judiciales no han llegado todavía, sí ha llegado ya la población. Aterrorizada, nerviosa, inquieta. La gente teme que la incineradora pueda convertirse en el horno permanente de los residuos de media Italia a disposición de los clanes; y que, en ese caso, todas las garantías sobre la seguridad ecológica de la incineradora acabaran por desvanecerse frente a los venenos cuya quema vendría impuesta por los clanes. Asimismo, miles de personas se ponen en estado de alerta cada vez que se dispone la reapertura de un vertedero agotado. Temen que puedan llegar de todas partes residuos tóxicos camuflados como desechos ordinarios, y, en consecuencia, resisten hasta el final antes que arriesgarse a convertir su propia tierra en un depósito incontrolado de nuevos desechos. En Basso dell'Olmo, cerca de Salerno, cuando el comisario regional, en febrero de 2005, trató de reabrir el vertedero, empezaron a formarse espontáneamente piquetes de ciudadanos que impedían la llegada de los camiones y su acceso a dicho vertedero.

Una vigilancia continua, constante, a cualquier precio. Carmine Iuorio, de treinta y cuatro años, murió congelado mientras hacía su turno de vigilancia durante una noche terriblemente fría. Por la mañana, cuando fueron a despertarle, tenía los pelos de la barba helados y los labios lívidos. Llevaba muerto al menos tres horas.

La imagen de un vertedero, de un barranco, de una cantera, se hacen cada vez más sinónimos concretos y visibles de un peligro mortal para quien vive en sus alrededores. Cuando los vertederos están a punto de agotarse, se prende fuego a los residuos. Hay una zona en la región de Nápoles que hoy ha pasado a conocerse como la «tierra de los fuegos»: el triángulo Giugliano-Villaricca-Qualiano. Cuenta con 39 vertederos, de los que 27 contienen residuos peligrosos. Un territorio en el que los desechos aumentan en un 30 por ciento anual. La técnica funciona, y se pone en práctica a un ritmo constante. Los más hábiles a la hora de provocar los fuegos son los muchachos gitanos. Los clanes les dan cincuenta euros por cada montón quemado. Se trata de una técnica sencilla. Circunscriben cada uno de los enormes montones de residuos con cinta de vídeo, luego echan alcohol y gasolina sobre todos los residuos, y, convirtiendo la cinta en una enorme mecha, se alejan. Con un mechero prenden fuego a la cinta, y en pocos segundos todos se convierte en un bosque de llamas, como si hubiesen lanzado bombas de napalm. Luego echan al fuego restos de fundiciones, pegamentos y heces de nafta. El negrísimo humo y el fuego contaminan de dioxinas cada centímetro de tierra. La agricultura de estos lugares, que exportaba verdura y fruta hasta Escandinavia, ha caído en picado. La fruta crece enferma, la tierra se vuelve infértil. Pero la rabia de los campesinos y la ruina económica se convierten en el enésimo elemento ventajoso, puesto que los propietarios de tierras desesperados venden sus propios campos de cultivo, y de ese modo los clanes adquieren nuevas tierras, nuevos vertederos, a un precio, más que bajo, bajísimo. Mientras tanto, continuamente se producen muertes debidas a tumores. Una matanza silenciosa, lenta, difícil de controlar, puesto que se da un auténtico éxodo hacia los hospitales del norte por parte de quienes desean vivir lo máximo posible. El Instituto Superior de Sanidad italiano ha informado de que la mortalidad por cáncer en la Campania, en las ciudades próximas a los grandes vertidos de residuos tóxicos, ha aumentado en un 21 por ciento en los últimos años. Bronquios que se consumen, tráqueas que empiezan a enrojecer, y luego los TAC en los hospitales y las manchas negras que delatan la presencia del tumor. Al preguntar el lugar de procedencia de los enfermos de la Campania, a menudo sale a la luz toda la trayectoria de los residuos tóxicos.

En cierta ocasión decidí atravesar a pie la tierra de los fuegos. Me tapé la nariz y la boca con un pañuelo atado a la cara, tal como hacían también los muchachos gitanos cuando iban a quemar los residuos. Parecíamos bandas de cowboys caminando entre desiertos de basura quemada. Caminaba entre las tierras devoradas por las dioxinas, llenadas por los camiones y vaciadas por el fuego a fin de que el agujero nunca se tapara del todo.

El humo que atravesaba no era denso; era más bien como una pátina pegajosa que se posaba sobre la piel dejando una sensación de mojado. No lejos de los fuegos había una serie de chalets que descansaban todos ellos sobre una enorme «X» de cemento armado. Eran casas construidas sobre vertederos clausurados. Vertederos ilegales que, después de haber sido utilizados hasta los topes, después de haber quemado todo lo que podía quemarse, se habían agotado, llenos hasta estar a punto de explotar. Pero los clanes habían logrado reconvertirlos en terrenos edificables, aunque, por lo demás, oficialmente seguían siendo zonas de pasto y cultivo. Y así habían construido encima atractivos conjuntos de chalets. El terreno, sin embargo, no era fiable: habrían podido producirse desprendimientos o abrirse barrancos de improviso, de modo que una serie de armaduras de cemento armado estructuradas en forma de resistentes «X» de refuerzo hacían seguras las viviendas. Los chalets se habían vendido, a bajo precio, aunque todos sabían que se alzaban sobre toneladas de residuos. Empleados, pensionistas y obreros, ante la posibilidad de tener un chalet, no iban a poner pegas por el terreno sobre el que se asentaban los pilares de sus casas.

El paisaje de la tierra de los fuegos tenía el aspecto de un apocalipsis continuo y repetido, rutinario, como si en su disgusto hecho de percolado y neumático ya no hubiera nada de lo que asombrarse. En las investigaciones se identificaba un método para proteger el vertido de material tóxico de la interferencia de policías y agentes forestales, un método antiguo, utilizado por los guerrilleros, por los partisanos, en todas partes del mundo. Empleaban a pastores como vigilantes. Pastoreaban ovejas, cabras y algunas vacas. Se contrataba a los mejores pastores en activo para vigilar a los intrusos en lugar de a los montones de corderos. Apenas veían algún automóvil sospechoso, avisaban. La vista y el teléfono móvil eran armas invencibles. A menudo los veía dando vueltas con sus rebaños resecos y obedientes a los perros pastores. En cierta ocasión me acerqué a ellos: quería ver las carreteras por donde los pequeños gestores de vertederos aprendían a conducir camiones, ya que ahora los camioneros no querían llevar sus cargamentos hasta el lugar del vertido. La investigación «Eldorado», de 2003, había revelado que cada vez más se utilizaba a menores para estas operaciones. Los camioneros recelaban de entrar en contacto con los residuos tóxicos. Por lo demás, había sido precisamente un camionero el que había desencadenado la primera investigación importante sobre el tráfico de residuos en 1991. Mario Tamburrino había acudido al hospital con los ojos hinchados; las órbitas parecían yemas de huevo que los párpados eran ya incapaces de contener. Estaba completamente cegado, sus manos habían perdido la primera capa de epidermis, y le ardían como si hubiese quemado gasolina en las palmas. Se le había abierto un barril tóxico cerca de la cara, y con eso solo había bastado para cegarle y casi quemarle vivo; para quemarle en seco, sin llamas. Después de aquel episodio los camioneros pidieron que los barriles se transportaran en tráilers, manteniéndolos a distancia en los remolques y sin llegar siquiera a rozarlos. Los más peligrosos eran los camiones que transportaban el compost adulterado, fertilizantes mezclados con venenos. Solo con inhalarlos habría podido dañarles para siempre el aparato respiratorio. El último paso, cuando los TIR habían de descargar los barriles en alguna furgoneta que los transportaría directamente al foso del vertido, era el más arriesgado. Nadie quería llevarlos. En las furgonetas, los barriles se cargaban unos encima de otros, y a menudo se golpeaban, provocando emanaciones de su contenido. De modo que, cuando llegaban los tráilers, los camioneros ni siquiera se bajaban. Esperaban a que los descargaran. Luego, unos muchachos llevaban la carga hasta su destino. Un pastor me indicó una carretera que hacía bajada, donde se ejercitaban en la conducción hasta que llegaba el cargamento. En la pendiente les enseñaban a frenar, con dos cojines bajo las posaderas para que llegaran a los pedales. Tenían catorce, quince o dieciséis años. A doscientos cincuenta euros el viaje. Los reclutaban en un bar; el propietario lo sabía y no se atrevía siquiera a rebelarse, aunque sí daba su opinión sobre los hechos a cualquiera que tuviera delante de los capuchinos y los cafés que servía.

—Esa ropa que les hacen llevar, cuanto más se la echen al cuerpo y la respiren, antes les hará reventar. A esos los mandan a morir, no a conducir.

Los pequeños conductores, cuanto más oían decir que la suya era una actividad peligrosa, mortal, más se sentían a la altura de una importante misión. Sacaban pecho y adoptaban una mirada desdeñosa detrás de sus gafas de sol. Se sentían bien; mejor dicho, cada vez mejor; ninguno de ellos podía imaginarse, ni siquiera por un instante, que al cabo de diez años estaría haciendo quimioterapia, vomitando bilis, con el estómago, el hígado y las tripas deshechos.

Seguía lloviendo. En muy poco tiempo el agua empapó la tierra que ahora ya no lograba absorber nada más. Los pastores, impasibles, fueron a sentarse como tres santones demacrados bajo una especie de marquesina construida con planchas metálicas. Seguían vigilando la carretera mientras las ovejas se ponían a cubierto, amontonándose sobre una colina de basura. Uno de los pastores llevaba un bastón que empujaba contra la marquesina, inclinándola para evitar que se llenase de agua y se derrumbase sobre sus cabezas. Yo estaba completamente empapado, pero toda el agua que me caía encima no bastaba para sofocar una especie de picor que me salía del estómago y se extendía hasta la nuca. Trataba de comprender si los sentimientos humanos podían llegar a enfrentarse a una maquinaria de poder tan enorme, si era posible llegar a actuar de una manera, de alguna posible manera, que permitiera protegerse de los negocios, que permitiera vivir al margen de las dinámicas del poder. Me atormentaba tratando de entender si era posible intentar comprender, descubrir, saber, sin ser devorado, triturado. O si la elección era entre conocer y comprometerse, o ignorar, y, de ese modo, poder vivir tranquilamente. Acaso solo quedaba olvidar, no ver. Escuchar la versión oficial de las cosas, intuir solo de manera distraída y reaccionar con un lamento. Me preguntaba si podía existir algo que fuese capaz de posibilitar una vida feliz, o acaso había de limitarme a renunciar a los sueños de emancipación y de libertades anárquicas, y lanzarme a la arena, meterme una semiautomática en los calzoncillos y empezar a hacer negocios, negocios de los de verdad. Convencerme de que formo parte del tejido conectivo de mi tiempo, y jugármelo todo, mandar y ser mandado, convertirse en una bestia del beneficio, un rapaz de las finanzas, un samurái de los clanes; y hacer de mi vida un campo de batalla donde no se pueda sobrevivir, sino solo reventar después de haber mandado y luchado.

He nacido en tierras de la Camorra, en el lugar con más muertos por asesinato de Europa, en el territorio donde la crueldad se halla ligada a los negocios, donde nada tiene valor si no genera poder; donde todo tiene el sabor de una batalla final. Parecía imposible tener un momento de paz, no vivir siempre en el seno de una guerra donde todo gesto puede convertirse en una concesión, donde toda necesidad se transforma en debilidad, donde todo debes conquistarlo arrancando la carne al hueso. En tierras de la Camorra, combatir a los clanes no es lucha de clases, afirmación del derecho, reapropiación de la ciudadanía. No es la toma de conciencia del propio honor, la defensa del propio orgullo. Es algo más esencial, ferozmente carnal. En tierras de la Camorra, conocer los mecanismos de afirmación de los clanes, sus cinéticas de extracción, sus inversiones, significa comprender cómo funciona el propio tiempo en toda su proporción, y no solo en el perímetro geográfico de la propia tierra. Ponerse en contra de los clanes se convierte en una guerra por la supervivencia, como si la propia existencia, la comida que comes, los labios que besas, la música que escuchas, las páginas que lees, no lograran darte el sentido de la vida, sino solo el de la supervivencia. Y así, conocer ya no es un indicio de compromiso moral. Saber, entender, se convierte en una necesidad. La única posible para considerarse aún hombres dignos de respirar.

Tenía los pies inmersos en el pantano. El agua me llegaba a los muslos. Sentía hundirse los talones. Ante mis ojos flotaba una enorme nevera. Me lancé sobre ella, la abracé, apretando fuerte los brazos, y me dejé llevar. Me vino a la mente la última escena de *Papillon*, la película protagonizada por Steve McQueen e inspirada en la novela de Henri Charrière. También yo, como Papillon, parecía flotar sobre un saco lleno de nueces de coco, aprovechando las mareas para huir de Cayena. Era una idea ridícula, pero en algunos momentos no tienes otra cosa que hacer más que entregarte a tus delirios como algo que no eliges, como algo que sufres y basta. Tenía ganas de chillar, quería gritar, quería desgarrarme los pulmones, como Papillon, con toda la fuerza del estómago, rompiéndome la tráquea, con toda la voz que la garganta aún podía bombear:

—¡Malditos bastardos, todavía estoy vivo!

Impreso en Talleres Gráficos
LIBERDÚPLEX, S.L.U.
Pol. Ind. Torrentfondo
Ctra. Gelida BV-2249 Km. 7,4
08791 Sant Llorenç d'Hortons (Barcelona)